BESTSELLER

Joseph Joffo nació en París en 1931, donde su padre trabajaba como peluquero. De él aprendió la profesión, al igual que sus hermanos. Los únicos estudios que realizó en su vida fueron los de la escuela primaria. En 1971 tuvo un accidente de esquí que lo dejó inmovilizado. Para divertirse, empezó a escribir sus recuerdos de infancia, y dos años después, *Un saco de canicas* estaba terminado. El libro se transformó en un *best seller* y fue traducido a 18 idiomas, además de ser adaptado al cine. Ha escrito también cuentos para niños y otras novelas.

JOSEPH JOFFO

Un saco de canicas

Traducción de
Lluís Maria Todó

DEBOLS!LLO

Título original: *Un sac de billes*

Décima edición: febrero de 2015
Sexta reimpresión: enero de 2019

© 1973 J. C. Lattes/Édition speciale
© 1974, de la edición en castellano para España y América:
Penguin Random House Grupo Editorial, S. A. U.
Travessera de Gràcia, 47-49. 08021 Barcelona
Traducido de la edición de J. C. Lattes/Édition, París, 1973

Printed in Spain – Impreso en España

ISBN: 978-84-9759-568-1
Depósito legal: B-28.757-2012

Impreso en Blackprint CPI Ibérica
Sant Andreu de la Barca (Barcelona)

P 89568 C

Penguin
Random House
Grupo Editorial

A mi familia

Quiero dar las gracias a mi amigo, el escritor Claude Klotz, por haber accedido a releer y corregir mi manuscrito.

J. J.

Prólogo

Este libro no es obra de un historiador.

A través de mis recuerdos de infancia, he querido narrar mis aventuras durante los tiempos de la ocupación.

Han pasado treinta años. La memoria, así como el recuerdo, pueden metamorfosear algunos pequeños detalles. Pero lo esencial está ahí, con su autenticidad, su ternura, su gracia, y la angustia vivida.

Para no herir susceptibilidades, he cambiado muchos de los nombres de personas que aparecen en este relato. Un relato que narra la historia de dos niños en medio de un universo de crueldad, de absurdo, y también a veces, de ayuda inesperada.

1

La canica gira entre mis dedos en el fondo del bolsillo. Es mi preferida, nunca me separo de ella. Y lo bueno es que es la más fea de todas, no se parece en nada a las de ágata, o a las grandes canicas metálicas que suelo mirar en el escaparate de la tienda del tío Ruben, en la esquina de la calle Ramey; es una canica de barro, con el barniz medio saltado. Por eso tiene asperezas en la superficie, y dibujos, parece el planisferio de la clase en pequeño.

Me gusta mucho, es bonito tener la Tierra en el bolsillo, las montañas, los mares, todo bien guardado.

Soy un gigante, y llevo encima todos los planetas.

—Bueno, ¿tiras o qué?

Maurice está esperando, sentado en la acera frente a la charcutería. Siempre lleva los calcetines flojos, papá le llama el acordeonista.

Entre las piernas tiene las cuatro canicas en un montoncito: tres formando un triángulo y la otra encima.

La abuela Epstein nos está mirando desde el umbral de la puerta. Es una anciana búlgara amojamada, y encogida más de la cuenta. Por extraño que parezca, ha conservado el color cobrizo que da al rostro el viento de las grandes estepas, y ahí, en el hueco de la puerta, sentada en su silla de anea, es un pedazo viviente de aquel mundo balcánico que el cielo gris de la puerta de Clignancourt no logra empañar.

Está ahí todos los días, y sonríe a los niños que vuelven del colegio.

Cuentan que huyó a pie a través de Europa, de pogrom en pogrom, hasta que vino a parar a este rincón del distrito XVIII, en el que se encontró con otros fugitivos del Este: rusos, rumanos, checos, compañeros de Trotsky, intelectuales, artesanos. Lleva aquí ya más de veinte años, y los recuerdos sí han debido empañarse, aunque el color de la frente y las mejillas no haya cambiado.

Se ríe al verme vacilante. Estruja con las manos la sarga gastada de su delantal, tan negro como el mío; era el tiempo en que todos los colegiales iban vestidos de negro. Una infancia de luto riguroso, en 1941, resultaba premonitorio.

—Pero ¿qué diablos estás haciendo?

¡Claro que no me decido! Me hace mucha gracia, Maurice, he tirado siete veces y lo he perdido todo. A él, con lo mío y lo que ha ganado en el recreo le han quedado los bolsillos que casi revientan. Apenas puede andar, le salen canicas por todas partes, y a mí sólo me queda la última, mi adorada.

Maurice gruñe:

—Si te crees que me voy a quedar aquí sentado hasta mañana...

Ahora sí.

La canica tiembla un poco en el hueco de mi mano. Tiro con los ojos bien abiertos. Fallada.

Ya está, no hubo milagro. Ahora hay que volver a casa.

La charcutería Goldenberg tiene un aspecto la mar de raro, parece como si estuviera dentro de un acuario, las fachadas de la calle Marcadet ondulan como locas.

Miro hacia el lado izquierdo porque Maurice está a mi derecha, y así no me ve llorar.

—Ya está bien de lloriqueo, dice Maurice.

—Yo no lloriqueo.

—Cuando te pones a mirar del otro lado es que estás llorando.

Me paso el revés de la manga del delantal por la cara y mis mejillas quedan secas. Vamos a tener bronca, hace más de media hora que deberíamos estar de vuelta.

Ya llegamos, ahí, en la calle Clignancourt está la tienda, y las letras pintadas en la fachada, grandes y anchas, con sus perfiles y sus trazos gruesos, como las que escribe la maestra de preparatorio: «Joffo-Peluquería».

Maurice me da un codazo.

—Toma, so tonto.

Le miro y tomo la canica que me devuelve.

Un hermano es alguien a quien se devuelve la última canica que se le ha ganado.

Yo recupero mi planeta en miniatura; mañana, en el porche, gracias a ésta ganaré muchas más, y me quedaré con todas las suyas. Se ha creído que porque tiene esos dichosos veinticuatro meses más que yo, puede hacerse el mandón conmigo.

Después de todo, ya tengo diez años.

Recuerdo que entramos en el salón, y los olores vuelven a invadirme.

Sin duda, cada infancia tiene su olor, a mí me tocaron todos los perfumes, toda la gama desde la violeta hasta la lavanda, vuelvo a ver los frascos en los estantes, el olor blanco de las toallas y el chasquido de las tijeras, que también vuelvo a oír, fue mi primera música.

Cuando Maurice y yo entramos, era una hora punta, todos los sillones estaban ocupados. Duvallier me tiró de la oreja al pasar, como siempre. Yo creo que debía pasarse la vida en el salón, Duvallier, debía de gustarle el ambiente, la charla... Es natural, era viejo y viudo, y en su pisito de la calle Simart, un cuarto piso, se lo pasaba muy mal, así que bajaba a la calle y se pasaba la tarde con los judíos, siempre en el mismo asiento, cerca del vestuario. Cuando todos los clientes se habían marchado, él se levantaba y se instalaba en el sillón: «La barba» decía.

Le afeitaba papá. Papá, el de las bellas historias, papá, el rey de la calle, papá el del crematorio.

Hicimos los deberes. En aquella época yo no tenía reloj, pero calculo que aquello no duraría más de cuarenta y cinco segundos. Siempre me supe las lecciones antes de estudiarlas. Estuvimos dando vueltas por la habitación para que mamá o alguno de mis hermanos no nos mandaran a estudiar otra vez, y luego volvimos a salir.

Albert estaba ocupándose de uno alto con el pelo rizado, sudaba tinta para lograr un corte americano, pero ello no le impidió volverse hacia nosotros.

—¿Habéis terminado los deberes?

Papá nos miró también, pero aprovechamos que estaba devolviendo un cambio para deslizarnos hasta la calle.

Entonces venía lo bueno.

Puerta de Clignancourt, 1941.

Para los críos, aquello era ideal. Hoy en día me siguen chocando estas «realizaciones para niños» de las que hablan los arquitectos. En las nuevas plazas de casas nuevas, hay bancos de arena, toboganes, columpios, un montón de chismes. Y todo concebido para ellos por expertos que poseen cincuenta mil licenciaturas en psicología infantil.

Y la cosa no funciona. Los niños se aburren, los domingos y los demás días.

Entonces yo me pregunto si a todos estos especialistas no les convendría preguntarse por qué nosotros éramos tan felices en aquel barrio de París. Un París gris, con las luces de las tiendas, los altos tejados y las franjas de cielo por encima, las aceras atestadas de cubos de basura para escalar, los porches para esconderse, y los timbres; había de todo, porteras entrometidas, coches de caballos, la florista, y en verano, las terrazas de los cafés. Y todo esto se extendía por un laberinto inmenso de calles intrincadas. Nos íbamos a explorar. Me acuerdo de una vez, que encontramos un río; se abrió a nuestros pies, al final de una sucia calleja. Nos sentimos descubridores. Después me enteré que se trataba del canal del Ourcq. Nos habíamos quedado allí hundiendo tapones y mirando las manchas irisadas del gas-oil antes de volver a casa, ya de noche.

—¿Adónde vamos?

Casi siempre es Maurice el que pregunta.

Cuando estoy a punto de contestar fijo la mirada en la parte de arriba de la avenida.

Y los vi venir.

Hay que reconocer que eran vistosos.

Eran dos, iban vestidos de negro, altos y cubiertos de correas.

Llevaban botas altas, que debían frotar durante días enteros para sacarles semejante lustre.

Maurice se volvió hacia mí.

—S.S. —murmuró.

Los miramos mientras avanzaban, no andaban deprisa, llevaban una marcha lenta y rígida, como si estuvieran en medio de una inmensa plaza llena de trompetas y tambores.

—¿Qué te apuestas que vienen a cortarse el pelo?

No creo que uno de nosotros pensara en ello antes que el otro.

Nos quedamos pegados al escaparate como si fuéramos siameses, y los alemanes entraron.

Entonces empezó lo bueno.

Oculto tras de nuestros cuerpos había un pequeño letrero pegado al cristal. Las letras negras sobre el fondo negro:

Yıddısh Gescheft

En el salón, en medio del silencio más intenso que jamás conoció una peluquería, dos S.S. con sus calaveras esperaban con las rodillas juntas en medio de clientes judíos para confiar sus cogotes a mi padre judío o a mis hermanos judíos.

Fuera, dos niños judíos se tronchan de risa.

2

Henri sacudió el polvo del cuello de Bibi Cohen, y éste se levantó del sillón y se dirigió a la caja. Maurice y yo estamos detrás, siguiendo los acontecimientos.

Siento una inquietud en la boca del estómago, esta vez creo que hemos ido demasiado lejos. Meter a dos brutos así en el corazón de la colonia judía era arriesgado. Demasiado.

Henri se volvió hacia el alemán.

—Por favor, señor.

El S.S. se levantó y se sentó en el sillón, con la gorra en las rodillas. Se miraba en el espejo como si su rostro fuera un objeto sin interés, incluso un poco repugnante.

—¿Bien corto?

—Sí, la raya a la derecha, por favor.

Detrás de la caja registradora estoy sofocado. ¡Un alemán que habla francés! Y además bien, con menos acento que mucha gente del barrio.

Le miro. Lleva un estuche de revólver muy pequeño y muy brillante, puedo ver la culata con una anilla que se mueve un poco como la de mi Solido. En seguida va a enterarse de dónde está y va a sacarlo, gritará y nos matará a todos, incluso a mamá que está guisando arriba sin saber siquiera que tiene a dos nazis en la peluquería.

Duvallier lee el periódico en su rincón. A su lado está Crémieux, un vecino que trabaja en una casa de seguros y que trae a su hijo para el corte de cada mes. Conozco a Crémieux hijo, va al colegio conmigo y en el recreo jugamos juntos. No se mueve, es bajito, pero en este momento da la impresión de que quiere serlo aún más.

No recuerdo a los demás, seguro que les conocía, pero los he olvidado. Me sentía cada vez más asustado.

Sólo sé una cosa, es que fue Albert el que abrió el fuego mientras rociaba con loción los cabellos de su cliente.

—Qué lata la guerra, ¿verdad usted?

El S.S. dio un respingo, debía de ser la primera vez que un francés le dirigía la palabra y se le agarró como a un clavo ardiendo.

—Sí, una lata...

Se liaron a hablar, los demás metieron baza, parecía que el ambiente se ponía amistoso. El alemán traducía para su compañero que no entendía el francés, y éste participaba con unos meneos de cabeza que Henri intentaba dominar. Había que cuidar de no darle un tijeretazo al gran señor de la raza germánica, la situación estaba ya bastante difícil.

Veía a mi padre mientras se afanaba con un cliente, mordiéndose la lengua, y las nalgas me escocían sólo con pensar en la zurra que no tardaría en llegar. Apenas aquel par de tíos hubieran pasado la puerta, yo me encontraría en las rodillas de Albert y Maurice en las de Henri, y tendríamos que esperar a que les dolieran las manos para seguir.

—Le toca a usted, por favor.

El segundo lo cogió mi padre.

Lo que fue de risa, a pesar del miedo, fue cuando entró Samuel.

Solía pasar por la tarde, darse una vuelta para saludar a los amigos. Se dedicaba a vender trastos viejos en Las Pulgas, a doscientos metros; su especialidad eran los relojes antiguos, pero en su puesto se encontraba de todo. Maurice y yo solíamos ir a revolver un poco.

Entró la mar de contento.

—Buenas tardes a todos.

Papá tenía el peinador en la mano y lo desplegó de un golpe antes de ponerlo al cuello del S.S.

Samuel tuvo el tiempo justo para ver el uniforme.

Se le pusieron los ojos más redondos que mis canicas y tres veces más grandes.

—Oh, oh, —dijo—, oh, oh, oh...

—Sí, ya ves —dijo Albert—, la clientela no falta.

Samuel se alisó el bigote.

—No importa —dijo—, ya pasaré cuando estéis más tranquilos.

—Muy bien, recuerdos a la señora.

Samuel seguía sin moverse, petrificado ante aquellos extraños clientes.

—De tu parte —murmuró—, de tu parte...

Se quedó aún unos segundos inmóvil, y luego se marchó como si anduviera sobre ascuas.

Treinta segundos más tarde, desde la calle Eugène Sue hasta los confines de Saint-Ouen, desde el fondo de los restaurantes yiddish hasta las trastiendas de las carnicerías cashers, todo el mundo sabía que el tío Joffo se había convertido en el peluquero titular de la Wermacht.

La noticia del siglo.

En la peluquería, la conversación seguía cada vez más amistosa. Mi padre se estaba pasando.

El S.S. vio nuestras cabezas a través del espejo.

—¿Son suyos los niños?

Papá sonrió.

—Sí, vaya un par de pillastres.

El S.S. meneó la cabeza, enternecido. Es curioso cómo en 1941 los S.S. podían enternecerse por los niños judíos.

19

—¡Ah! —dijo—, la guerra es terrible. La culpa es de los judíos.

Las tijeras no se detuvieron, le llegó el turno a la maquinilla.

—¿Usted cree?

El alemán asintió con la cabeza, con una seguridad a todas luces inquebrantable.

—Sí, estoy seguro de ello.

Papá dio los últimos toques en las sienes, con un ojo cerrado, como un verdadero artista.

Un movimiento de muñeca para quitar el peinador, y presenta su obra ante el espejo.

El S.S. sonríe satisfecho.

—Muy bien, gracias.

Se acercaron a la caja para pagar.

Papá se puso detrás para devolver el cambio. Apretado junto a mi padre yo veía su rostro muy alto y muy sonriente.

Los dos soldados se ponían las gorras.

—¿Están satisfechos? ¿Les ha gustado el corte?

—Mucho, es excelente.

—Pues bien —dijo mi padre—, antes que ustedes se marchen debo decirles que todas las personas que hay aquí son judíos.

En su juventud había hecho teatro; por la noche, cuando nos contaba sus historias gesticulaba con amplios ademanes a lo Stanislavsky.

En aquel momento, ningún actor delante de las candilejas habría podido igualar la majestad del tío Joffo detrás de su mostrador.

En el salón, el tiempo se detuvo. Luego, Crémieux se levantó primero, apretó la mano de su hijo y éste se levantó a su vez. Los demás le imitaron.

Duvallier no dijo nada. Dejó su periódico, guardó la pipa, y François Duvallier, hijo de Jacques Duvallier y de

Noémie Machegrain, bautizado en Saint-Eustache y católico practicante, se puso en pie. Estábamos todos de pie.

El S.S. no se inmutó. De repente sus labios me parecieron más delgados.

—Yo me refería a los judíos ricos.

Las monedas tintinearon sobre la placa de cristal del mostrador y se oyó un ruido de botas.

Debían de estar ya al otro extremo de la calle y nosotros seguíamos aún helados, petrificados, y por un momento pensé que, como en los cuentos, un hada maligna nos había convertido en estatuas de piedra y que nunca más volveríamos a la vida.

Cuando se deshizo el maleficio y todos volvieron a sentarse, yo supe que me había librado de la paliza.

Antes de volver a su tarea, mi padre acarició la cabeza de Maurice y la mía, y yo cerré los ojos para que mi hermano no pudiera decir que me había visto llorar dos veces en un día.

—¿Queréis callaros?

Mamá grita a través de la pared.

Como cada noche ha venido a verificar el estado de nuestros dientes, orejas y uñas. Ha dado una palmada sobre la almohada, nos ha arropado, y ha salido de la habitación, y, como cada noche, apenas la puerta se ha cerrado cuando mi almohada vuela a través de la habitación oscura y alcanza a Maurice, que suelta unos tacos de carretero.

Nos peleamos a menudo. Sobre todo por la noche, intentando hacer el menor ruido posible.

En general el que ataca soy yo.

Me pongo a escuchar con el oído aguzado. Oigo el crujido de las sábanas a mi derecha: Maurice ha saltado de la cama. Lo sé por el sonido modulado del muelle; en este instante debe estar a punto de saltar sobre mí. Pongo en tensión mis bíceps como alambres, jadeando de terror y de gozo: me preparo para una batalla encarnizada y...

La luz.

Maurice, deslumbrado, salta a su cama, y yo me esfuerzo por aparecer en un estado de reposo total.

Papá está aquí.

Es inútil fingir, nuestros trucos nunca dan resultado con él.

—La historia continua —anuncia.

Esto es fantástico, es lo mejor que podría suceder.

De todos mis recuerdos de infancia, y ya se verá que es muy corta, es éste uno de los mejores.

Algunas noches, entraba, se sentaba en mi cama o en la de Maurice y empezaba los relatos del abuelo.

A los niños les encantan las historias, los mayores se las leen o se las inventan, pero para mí aquello fue distinto. El protagonista era mi abuelo, y yo podía verle en un daguerrotipo con cuadro ovalado que había en el salón. Su rostro severo y bigotudo había adquirido con el tiempo un tono rosa descolorido como el de las canastillas de los bebés. Bajo el traje bien tallado se adivinaba una potente musculatura acentuada por la pose curvada que le había impuesto el fotógrafo. Estaba apoyado en el respaldo de una silla que parecía ridículamente endeble, a punto de hundirse bajo el peso de aquel gigante.

De sus relatos, conservo un recuerdo confuso de aventuras mezcladas unas con otras, como aquellas mesitas que van metidas unas dentro de otras, y todo en un escenario de desiertos blancos de nieve, de callejuelas tortuosas en el corazón de pueblos sembrados de campanarios dorados.

Mi abuelo tenía doce hijos, era un hombre rico y generoso, y conocido y estimado por todos los habitantes de una ciudad al sur de Odesa, Elisabethgrado, en la Besarabia rusa.

Vivía feliz y reinaba sobre la tribu hasta el día en que empezaron los pogroms.

Aquellos relatos acunaron mi infancia, yo veía las culatas de los fusiles hundiendo las puertas, rompiendo los cristales, la huida enloquecida de los campesinos, las llamas devorando las vigas de las isbas, en mis ojos bailaba un torbellino de filos de sables, de alientos de caballos desbocados, de fulgores de espuelas, y por encima de todo, destacándose sobre el humo, la figura gigantesca de mi antepasado Jacob Joffo.

Mi abuelo no era de los que dejan que maten a sus amigos con los brazos cruzados.

Por la noche se quitaba su hermosa bata rameada, bajaba a la bodega, y a la luz de una linterna sorda se ponía unas botas y un traje de mujik. Luego se escupía en las manos, las frotaba contra el muro, y se las pasaba por la cara. Entonces, negro de polvo y de hollín se iba solo y de noche hacia el barrio de los cuarteles y las tabernas frecuentadas por los soldados. Acechaba en la oscuridad, y cuando veía a tres o cuatro, sin prisa y sin cólera, con el alma pura del justo, los mataba golpeándoles la cabeza contra la pared, y luego, volvía a su casa satisfecho, canturreando una canción yiddish.

Pero más tarde las matanzas se intensificaron y el abuelo comprendió que sus expediciones de castigo habían dejado de ser eficaces, y renunció a ellas a disgusto. Convocó a la familia y les anunció con tristeza que resultaba imposible que él solo se cargara a los tres batallones que el zar había enviado a la región.

Así que había que huir, y deprisa.

El resto de la historia es una animada y pintoresca cabalgata a través de Europa, Rumanía, Hungría, Alemania, donde se sucedieron las noches de tormenta, las juergas, las risas, las lágrimas y la muerte.

Aquella noche nosotros escuchamos como siempre:

con la boca abierta. Los doce años de Maurice no le impedían estar fascinado.

La lámpara formaba sombras en la tapicería, y los brazos de papá se agitaban en el techo. Las paredes se poblaban de fugitivos, de mujeres aterrorizadas, de niños temblorosos, con ojos de sombra inquieta, abandonaban aldeas sombrías y lluviosas, de arquitectura retorcida, un infierno de pasados tortuosos y de estepas glaciales, y luego, un buen día, pasaban una última frontera. Entonces el cielo se despejaba, y la procesión descubría una bella llanura bajo un sol tibio, había cantos de pájaros, campos de trigo, árboles, y un pueblecito muy claro, con tejados rojos y la torre de un campanario, y ancianas con delantales sentadas en sillas, muy amables.

En la casa más grande había una inscripción: «Libertad - Igualdad - Fraternidad». Entonces todos los fugitivos dejaban sus fardos y desenganchaban las carretas, y el miedo se desvanecía en sus ojos, porque sabían que habían llegado.

Francia.

Siempre he creído que el amor de los franceses hacia su país no tiene gracia, es tan comprensible, tan natural, no tiene problema, pero yo sé que nunca nadie ha amado tanto a este país como mi padre, que nació a ocho mil kilómetros de él.

Como los hijos de maestro de los inicios de la enseñanza laica, gratuita y obligatoria, desde la más tierna edad recibí una cantidad inconmensurable de discursos-sermones en los que instrucción cívica, moral y amor al país se mezclaban a porfía.

Nunca pasé por delante del ayuntamiento del distrito XIX sin que su mano apretara un poco la mía. Con la cabeza señalaba las letras en el frontón del edificio.

—¿Sabes lo que significan estas palabras?

Yo aprendí a leer muy pronto, a los cinco años ya leía las tres palabras.

—Eso es, Joseph, eso es. Y mientras sigan escritas ahí, quiere decir que podemos estar tranquilos.

Era verdad que estábamos tranquilos, que lo habíamos estado. Una noche, en la mesa, cuando llegaron los alemanes, mi madre preguntó:

—¿No crees que vamos a tener problemas ahora que ellos han llegado?

Ya sabíamos lo que Hitler había hecho en Alemania, en Austria, en Checoslovaquia, en Polonia, por allí las leyes raciales marchaban a todo tren. Mi madre era rusa, y también debía la libertad a documentos falsos, había vivido la pesadilla pero no tenía el hermoso optimismo de mi padre.

Yo lavaba los platos y Maurice los secaba. Albert y Henri arreglaban la peluquería, les oíamos reír a través de la pared.

Papá hizo su gran gesto apaciguador, su gesto de actor de la Comedia Francesa.

—No, aquí no, en Francia no. Nunca jamás.

Pero aquella confianza se había visto seriamente quebrantada de un tiempo a esta parte. Desde que empezaron los trámites para el carnet de identidad, y sobre todo desde el día en que aquel par de tipos con impermeable vinieron a pegar el cartel en la vitrina sin decir nada. Me parece ver aún al más alto, llevaba boina y bigote, y colocaron el letrero y huyeron como ladrones nocturnos.

—Buenas noche, hijos.

Ha cerrado la puerta y nos hemos quedado a oscuras. Estamos a gusto bajo las mantas, nos llega el ruido de voces apagadas, luego el silencio. Es una noche como otra cualquiera, una noche de 1941.

3

Ahora tú, Jo.

Yo me acerco con la chaqueta en la mano. Son las ocho pero en la calle aún es de noche. Mamá está sentada en una silla detrás de la mesa. Lleva un dedal y un hilo negro tiembla entre sus manos. Sonríe tan sólo con los labios.

Me vuelvo hacia Maurice. Está bajo la pantalla de la lámpara, inmóvil. Con la palma de la mano alisa la solapa izquierda en la que le han cosido una estrella amarilla:

JUDÍO

Maurice me mira.

—No te apures, también va a haber medalla para ti.

La habrá, claro que la habrá, habrá medalla para todo el barrio. Esta mañana, cuando la gente salga a la calle, será como la primavera en pleno invierno, una floración espontánea: todo el mundo llevará su gran margarita en el ojal.

Cuando uno lleva eso, no le queda ya mucho por hacer: no puede ir al cine, ni subir en un tren, a lo mejor ya ni podremos jugar a las canicas, a lo mejor tampoco podremos ir al colegio. Entonces no estaría tan mal, eso de la ley racial.

Mamá tira del hilo. Lo corta con los dientes junto a la tela, y ya está, ya llevo la divisa; mamá da con dos dedos un golpecito sobre la estrella que acaba de coser, como una costurera de casa bien que termina un punto difícil. No ha podido evitarlo.

Papá abre la puerta y yo me pongo la chaqueta. Está recién afeitado, y con él ha entrado el olor de jabón y de alcohol. Mira las estrellas y después a su mujer.

—Bueno, bueno, bueno... —dice.

Recojo mi cartera y doy un beso a mamá. Papá me detiene.

—Y ahora ¿ya sabes lo que tienes que hacer?

—No.

—Pues ser el primero de la clase. ¿Sabes por qué?

—Sí —responde Maurice—, para hacerle la puñeta a Hitler.

Papá se ríe.

—Bueno —dice— algo así, algo así.

Hacía frío, en la calle, las galochas repiqueteaban sobre los adoquines. No sé por qué, pero volví la cabeza hacia atrás, las ventanas daban a la calle, encima de la peluquería, y los vi a los dos mirándonos detrás de los cristales, habían envejecido en los últimos meses.

Maurice iba delante y soplaba para hacer vaho. Las canicas sonaban al chocar en sus bolsillos.

—¿Vamos a llevarla mucho tiempo, esta estrella?

Se detiene y me mira.

—Y yo qué sé. ¿Por qué, te molesta?

Yo me encojo de hombros.

—¿Y por qué iba a molestarme? No pesa, se puede correr igual, así que...

Maurice ríe con sorna.

—Entonces, si no te molesta, ¿por qué te la tapas con la bufanda?

Este chaval siempre lo ve todo.

—No me la tapo con la bufanda. Ha sido el viento que la ha puesto así.

Maurice suelta una ruidosa carcajada.

—Tienes razón, chaval, ha sido el viento.

A menos de doscientos metros está la reja de la escuela, con el patio de los castaños, negros en este tiempo. Por lo demás, los castaños del colegio de la calle Ferdinand-Flocon siempre me parecieron negros, tal vez estaban muertos desde hacía tiempo, de tanto crecer en el asfalto, entre las rejas de hierro, eso no es vida para un árbol.

—¡Eh! ¡Joffo!

El que me llama es Zerati. Es amigo mío desde preparatorio. A tres pantalones por año, entre los dos hemos gastado un par de docenas en estos dichosos bancos.

Corre para alcanzarme, su roja nariz sobresale del pasamontañas. Lleva manoplas y anda envarado dentro del abrigo gris de siempre.

—Hola.

—Hola.

Me mira, clava la mirada en mi solapa y los ojos se le salen de las órbitas. Yo trago saliva.

¡Qué largo es el silencio cuando somos chicos!

—¡Qué bárbaro! —murmura— ¡Menuda suerte la tuya!

Maurice ríe, y yo también, me siento invadido por un alivio inmenso. Entramos los tres en el patio

Zerati no salía de su asombro.

—Es fantástico, es como una condecoración. Vaya suerte tenéis.

Me entran ganas de decirle que yo no hice nada para lograrlo, pero su reacción me tranquiliza, en el fondo es verdad, es como una gran medalla, no brilla, pero se ve igualmente.

En el porche hay grupos de niños, hay otros que corren en zigzag por entre los pilares que sostienen el tejado.

—¡Eh, chavales! ¿Habéis visto a Joffo?

Zerati no lo dijo con mala intención, al contrario, quería exhibirme un poco, darme lustre a los ojos de los demás, como si de repente yo hubiera realizado algún acto heroico y él quisiera pregonarlo a todo el mundo.

Se formó un círculo, y yo en el medio.

Kraber sonrió en seguida, la luz le daba en la cara.

—No eres el único, en segundo los hay que también la llevan.

Detrás, en la sombra, alguien empujó y aparecieron dos rostros, y éstos sí que no sonreían.

—¿Eres un judío, tú?

Resulta difícil decir que no cuando uno lo lleva escrito en la solapa de la chaqueta.

—La culpa de que haya guerra la tienen los judíos.

Esto me recuerda algo, no hace mucho...

Zerati sigue asombrado. No debe pesar más de treinta y cinco kilos, y en los concursos de bíceps, siempre es el último, por mucho que se esfuerce en contraer los músculos al máximo, a penas se le hinchan. Y sin embargo se encara con el grandullón.

—Estás chalado o qué. ¿Va a tener la culpa Jo de que haya guerra?

—Eso es. Hay que echar a todos los judíos.

Murmullos.

Pero ¿qué es lo que acaba de suceder? Yo era un crío, con mis canicas, mis sopapos, las carrerillas, los juguetes, las lecciones que estudiar; papá era peluquero, mis hermanos también; mamá guisaba, y los domingos papá nos llevaba a Longchamp a ver los caballos y a tomar el fresco, toda la semana al cole, y se acabó. Pero un buen día, de repente me cosen unos centímetros cuadrados de tela en la solapa, y me convierto en judío.

Judío. Para empezar ¿qué quiere decir eso? ¿Qué es un judío?

Siento que me invade la cólera mezclada con la rabia de no comprender.

El círculo se va estrechando.

—¿Has visto qué napias?

En la calle Marcadet había un cartel, al lado del zapatero, en la misma esquina, un gran cartel de colores. En la parte de arriba se veía una araña encaramada sobre el globo terráqueo, una migale gorda y peluda con cabeza de hombre, un tipo horrible, con los ojos achinados, las orejas como coliflores, la boca carnosa y una nariz tremenda, curvada como una cimitarra. En la parte inferior había escrito algo así como: «El judío intentando adueñarse del mundo». Maurice y yo pasábamos a menudo por delante de él. Aquello nos dejaba tan frescos, no teníamos nada que ver con aquel monstruo. No éramos arañas, ni teníamos una pinta semejante, gracias a Dios. Yo era rubito, con los ojos azules, y con una nariz como todo el mundo. Así que la cosa estaba clara: el judío no era yo.

Pero el caso es que de pronto, aquel bruto me decía que tenía una napia como la del anuncio. Y todo porque me habían puesto una estrella.

—¿Qué le pasa a mi nariz? ¿No es la misma que ayer?

No encontraba nada que responder, aquel grandullón; yo notaba que estaba buscando una réplica cuando tocó el timbre.

Antes de ponerme en la fila vi a Maurice en el otro extremo del patio, había como diez chicos a su alrededor, con aspecto de discutir de veras. Cuando mi hermano se puso al final de la hilera ponía la cara de cuando está de malas. Pensé que ya era hora de que tocaran el timbre porque la pelea no se habría hecho esperar.

Contrariamente a mi costumbre, me entretuve un rato y luego me puse detrás, al final de la hilera.

Entramos de dos en dos pasando por delante del viejo Boulier, y yo me puse en mi sitio, al lado de Zerati.

A primera hora tocaba geo. Hacía tiempo que no me preguntaban y me daba miedo, estaba seguro que me tocaría. Como cada mañana paseó la mirada por todos nosotros, pero no se detuvo en mí, pasó de largo y finalmente fue Raffard el que salió a la pizarra. Aquello me dio muy mala espina: a lo mejor es que yo ya no contaba, a lo mejor ya no era un alumno como los demás. Unas horas antes aquello me hubiera encantado, pero ahora me inquietaba, pero ¿es que todos la habían tomado conmigo? O intentaban romperme la cara o me daban de lado.

—Tomen sus cuadernos. En el margen, la fecha. Como título escriban: El valle del Ródano.

Obedecí como todos, pero me mosqueaba que no me hubiera preguntado. Tenía que estar seguro, tenía que cerciorarme de si aún existía o bien ya no servía para nada.

El tío Boulier tenía una manía: el silencio. Quería oír el zumbido de una mosca, cuando oía que alguien hablaba, o caía una regla, o lo que fuere, no se andaba con chiquitas, con el índice señalaba al culpable y la sentencia caía como la cuchilla de la guillotina: «Te quedarás sin jugar en el recreo, y treinta líneas: conjugar el verbo "hacer menos ruido de ahora en adelante" en pretérito anterior, pluscuamperfecto y futuro imperfecto».

Puse mi pizarra en el borde de la mesa. Era una pizarra de veras, no había muchas en aquella época, la mayoría llevaban una especie de rectángulo de cartón negro que no se podía mojar demasiado, y que iba bastante mal para escribir.

La mía era de verdad, con un marco de madera y un agujero para pasar el cordel que sujetaba el borrador.

La empujé con la punta del dedo. Se balanceó un instante y cayó.

Bruum.

Él estaba escribiendo en la pizarra de la clase y se volvió.

Primero miró mi pizarra, y después a mí. Todos tenían la vista fija en mí.

No es frecuente que un colegial intente que le castiguen. Tal vez nunca había ocurrido antes, pero yo, aquella mañana, habría dado todo el oro del mundo para que el maestro dirigiera hacia mí su dedo y me dijera: «Te quedarás castigado a las cuatro y media». Habría sido la prueba de que nada había cambiado, de que yo seguía siendo el de antes, un colegial como los demás, al que se puede felicitar, castigar o preguntar.

El señor Boulier me miró, y luego su mirada se quedó vacía, completamente vacía, como si todos sus pensamientos hubiesen emprendido el vuelo de repente. Lentamente tomó la regla de su mesa y la colocó sobre el mapa de Francia que estaba colgado a la pared. Mostró una línea que iba de Lyon hasta Aviñón, y dijo:

—El valle del Ródano separa los macizos viejos del Macizo Central de otras montañas más jóvenes...

Había empezado la lección y yo comprendí que el colegio se había terminado para mí.

Escribí el resumen de forma maquinal, y luego oí el timbre del recreo.

Zerati me dio un codazo.

—Corre, ven.

Salí y en el acto empezó el torbellino.

—¡Judío! ¡Judío! ¡Judío!

Bailaban a mi alrededor en corro. Uno me empujó por la espalda y reboté contra un pecho, me empujaron de nuevo y retrocedí, evité la caída y embestí para romper la cadena. Lo logré y vi a Maurice que se peleaba a veinte metros de mí. Los niños proferían gritos y yo pesqué uno al azar:

—¡Judío! ¡Judío! ¡Judío!

Disparé el puño y recibí un violento golpe en el muslo, creí que el colegio entero me caía encima, que moriría asfixiado bajo la horda que no cesaba de cargar.

Mi delantal se desgarró y recibí un gran tortazo en la oreja. El silbato del vigilante los detuvo.

Le vi venir como entre la niebla.

—Pero ¿qué diablos pasa aquí? ¡Largo todo el mundo!

Sentía que la oreja se me hinchaba por momentos y busqué a Maurice. Él llevaba el pañuelo fuertemente atado a la rodilla. La sangre empezaba a secarse formando manchas pardas. No pudimos hablar, había que volver a clase.

Me senté. Ante mí, encima de la pizarra estaba el retrato del mariscal Pétain. Un rostro hermoso y digno, y un quepis. En la parte inferior había una frase con su firma: «Mantengo mis promesas, incluso las de los demás». Yo me preguntaba a quién habría prometido que yo llevaría una estrella. ¿Qué sacaba con ello? ¿Y por qué los demás querían zumbarme?

Lo que me quedó grabado de aquella mañana, más que los golpes, mas que la indiferencia, fue aquella sensación de no poder comprender. Tenía el mismo color que los demás, la misma cara, había oído hablar de distintas religiones, y en el colegio me habían enseñado que antiguamente la gente se peleaba por esas cosas, pero yo no tenía religión, incluso los jueves iba con otros chicos del barrio al patronato, jugábamos a baloncesto detrás de la iglesia, lo pasábamos estupendamente, y luego el cura nos daba una buena merienda, pan moreno con chocolate, el chocolate del tiempo de la ocupación, con una pasta blanca en el centro, viscosa y lejanamente dulce. A veces llegaba a darnos un plátano deshidratado o una manzana... Mamá estaba tranquila, prefería sabernos allí a pensar que andábamos corriendo por la calle, paseándonos por los puestos de antigüedades de la puerta Saint-Ouen, o robando maderos de los derribos para construirnos cabañas o espadas.

Entonces, ¿dónde estaba la diferencia?

Las once y media.

Sigue doliéndome la oreja. Me visto y salgo. Hace frío, Maurice está esperándome. Ya no le sangra la rodilla.

No nos decimos nada, ¿para qué?

Subimos la calle juntos.

—¡Jo!

Alguien corre detrás de mí. Es Zerati.

Llega jadeante. Lleva en la mano una bolsa de tela cerrada con un cordón. Me la ofrece.

—Te la cambio.

Al principio no entendí.

Con un gesto elocuente señala la solapa de mi abrigo.

—Por la estrella.

Maurice no dice nada, está esperando dando taconazos en el suelo.

Me decido de repente.

—De acuerdo.

Está cosida con puntos muy separados, y el hilo es endeble. Paso un dedo, luego otro y doy un fuerte tirón.

—Toma.

Los ojos de Zerati brillan.

Mi estrella. Por una bolsa de canicas.

Fue mi primer negocio.

Papá cuelga la bata en la percha de detrás de la puerta de la cocina. Ya no comemos en el comedor para ahorrar calefacción. Antes de sentarse en la mesa nos pasa revista. Mi oreja hinchada, mi delantal roto, la rodilla de Maurice y su ojo que lentamente se va poniendo de color violeta.

Hunde la cuchara en los fideos, menea la cabeza y su boca se rasga en una sonrisa que aflora a los labios con dificultad.

Mastica, traga trabajosamente y mira a mi madre cuyas manos tiemblan a cada lado del plato.

—Esta tarde no hay colegio, decreta.

Maurice y yo dejamos caer la cuchara. Soy el primero en reaccionar.

—¿De veras? Pero ¿y la cartera?

Papá esboza un gesto negligente.

—Yo iré a buscarla, no te preocupes. Esta tarde os dejo libres, pero volved antes de que sea de noche, tengo algo que deciros.

Recuerdo que me sumergí en la alegría y el alivio.

¡Toda la tarde a nuestra disposición, mientras que los demás niños siguen trabajando! Se lo tenían bien merecido, nos habían dado esquinazo, bueno, pues ahora nos tocaba a nosotros ganar. Mientras ellos estarían pudriéndose con los problemas y los participios, nosotros iríamos a tomar un buen trago de aire de la calle, el mejor aire de las mejores calles, las calles de nuestro reino.

Por allí se encuentran escaleras fantásticas, con rampas hechas a propósito para que los niños las bajen a todo trapo con las nalgas ardiendo del frío del metal. También hay plazoletas, árboles, gatos hambrientos, los que habían logrado sobrevivir y no se habían convertido en civet en manos de las porteras.

Y nosotros lo recorrimos todo, cruzamos las calles vacías por las que deambulaban unos pocos taxis a gasógeno y algunas bicis. Delante del Sacré-Coeur había oficiales alemanes con unos largos abrigos que les llegaban hasta los tobillos, y con pequeños puñales al cinto. Se reían y tomaban fotografías. Dimos un rodeo para evitarlos y volvimos a casa persiguiéndonos a toda velocidad.

En el boulevard Barbès nos detuvimos para recobrar aliento y nos sentamos bajo el porche de una casa.

Maurice se palpó el vendaje que le había hecho mamá.

—Esta noche damos un golpe ¿vale?

Yo inclino la cabeza.

—Vale.

Lo hacíamos de vez en cuando. Cuando todo el mundo dormía, con infinitas precauciones, abríamos la puerta de nuestro cuarto, y, después de echar un vistazo al pasillo, confiados en el silencio reinante, bajábamos a la tienda descalzos, y cuidando de no hacer crujir las escaleras. Es una cuestión de práctica. Primero hay que tantear un poco con la punta del pie, luego ir descansando la planta sin tocar con el talón. Cuando llegábamos a la peluquería, pasábamos junto a los sillones, y lo que seguía era de impresión.

No penetraba la menor claridad de la calle, pues la persiana metálica estaba bajada. En medio de la oscuridad total, mis dedos reconocían el mostrador, los paquetes de hojas de afeitar, la placa de cristal ahuecada donde mi padre dejaba el cambio, y llegaban al cajón. Siempre había monedas tiradas de cualquier manera. Las cogíamos y subíamos de nuevo a acostarnos. Durante nuestra infancia nunca nos faltó el regaliz. Aquellos rollos negros como de caucho que se pegaban en los dientes y en las tripas y nos producían unos estreñimientos de padre y muy señor mío.

Habíamos quedado en que aquella noche nos convertiríamos de nuevo en atracadores.

Durante aquellas pocas horas de juerga nos habíamos olvidado por completo de lo ocurrido por la mañana. Nos encantaba vagabundear por la ciudad fumando cigarrillos de eucalipto.

Aquello sí fue un buen hallazgo. En la Francia privada de tabaco, cuando los hombres tenían que conformarse con la miseria del racionamiento, yo entraba en una farmacia y levantaba una mirada triste hacia el mancebo.

—Por favor, quisiera cigarrillos de eucalipto, mi abuelo es asmático.

A veces había que enrollarse un rato, pero casi siempre nos salíamos con la nuestra, salía yo triunfal con mi paquete y lo abríamos al cabo de diez metros. Entonces, con el pitillo en los labios, las manos en los bolsillos y envueltos en una aromática nube, nos paseábamos como reyes en medio de las miradas furibundas de los adultos racionados. A menudo invitábamos a Duvallier, a Bibi Cohen o a los anticuarios, que aceptaban agradecidos, pero a la primera bocanada echaban en falta la picadura nacional. La verdad es que era infecto, y tal vez debo a aquellos cigarrillos de antes que ahora no fume de veras.

En la plazuela, junto a la Butte, Maurice dijo de repente:

—Tenemos que volver, está oscureciendo.

Era verdad, detrás de la montaña aparecían las primeras brumas de la noche.

A nuestros pies se extendía la ciudad, ya cenicienta, como el cabello de un hombre que envejece.

Nos miramos un instante sin hablar. Yo amaba aquellos tejados, los monumentos que se difuminaban a lo lejos. No sabía aún que pronto no volvería a ver aquel paisaje familiar. No sabía que al cabo de pocas horas yo ya no sería un niño.

En la calle Clignancourt la tienda está cerrada. Muchos amigos nuestros se habían marchado tiempo atrás. Papá y mamá hablaban entre sí, y yo sorprendía entre sus susurros algunos nombres, eran clientes habituales, gente que venía a la peluquería y que luego veíamos en el café, y casi todos se habían marchado. Había otras palabras que salían a menudo en sus conversaciones: Ausweiss, Komandantur, línea de demarcación... Y también nombres de ciudad: Marsella, Niza, Casablanca.

Mis hermanos se habían marchado a principios de año. Yo no comprendí por qué razón, y los clientes eran cada día más escasos.

Algunas veces, en el salón antes atestado, no había más que el eterno Duvallier, fiel hasta el final.

Y no obstante, era la primera vez que papá había bajado la persiana en día de diario.

Desde las escaleras oímos su voz, que venía de nuestro cuarto.

Estaba echado en la cama de Maurice, con las manos bajo la nuca, y miraba nuestro reino como si intentara verlo a través de nuestros ojos.

Cuando entramos nosotros se incorporó y se sentó.

Maurice y yo nos sentamos frente a él, en la otra cama. Entonces empezó un largo monólogo que iba a resonar por mucho tiempo en mis oídos, mejor dicho, que aún sigue resonando en mí.

Maurice y yo escuchábamos como jamás habíamos escuchado a nadie.

—Muchas noches —empezó— desde que estuvisteis en edad de comprender las cosas, os he venido contando historias, historias reales en las que entraban miembros de vuestra familia. Pero ahora me doy cuenta de que nunca os he hablado de mí.

Sonrió y prosiguió.

—No es una historia muy interesante, no os hubiera apasionado como otras, pero os voy a decir de ello lo más importante. Cuando yo era niño, más chico que vosotros, vivía en Rusia, y en Rusia había un jefe todopoderoso que llamaban el zar. Este zar era como los alemanes de hoy en día, le gustaba hacer la guerra, y había pensado lo siguiente: enviaba emisarios...

Se detiene y frunce el ceño.

—¿Sabéis qué es un emisario?

Yo afirmé con la cabeza. No tenía la menor idea, pero sabía que en cualquier caso no se trataría de nada agradable.

—Enviaba emisarios a los pueblos, y allí ellos cogían a los niños como yo y los llevaban a unos campamentos para ser soldados. Les daban un uniforme, les enseñaban a marcar el paso, a obedecer las órdenes sin rechistar, y también a matar enemigos. Entonces, cuando tuve edad de partir y los emisarios estaban a punto de llegar a nuestro pueblo para llevarme con mis amigos, mi padre me habló como...

Su voz se hizo ronca, continuó:

—Como yo lo estoy haciendo esta noche a mi vez.

Fuera era ya casi de noche, apenas podía distinguirle sobre el fondo de la ventana, pero ninguno de los tres hizo el menor movimiento para encender la luz.

—Me llamó a una pequeña habitación de la granja donde él solía encerrarse para pensar, y me dijo: «Muchacho, ¿a ti te gustaría ser soldado del zar?» Yo dije que no. Sabía que me maltratarían y no quería ser soldado. La gente suele creer que todos los niños quieren ser soldados, pues bien, ya veis que es mentira. En todo caso, yo no quería.

«Entonces —me dijo—, no tienes mucho donde elegir. Ya eres un hombrecito, vas a marcharte y ya sabrás apañártelas porque no tienes un pelo de tonto.»

Le dije que sí, y después de abrazarlo a él y a mis hermanas, me marché. Tenía siete años.

Entre sus palabras yo oía a mamá que ponía la mesa y andaba. Junto a mí, Maurice parecía haberse transformado en estatua de piedra.

—Me gané la vida y escapé a los rusos, cosa que a veces no fue nada fácil, podéis creerme. Hice de todo, quité nieve a cambio de un mendrugo de pan, con una pala que abultaba el doble que yo. Me encontré con gente buena que me ayudó, y me topé con gente mala. Aprendí a utilizar la tijera, y me hice peluquero, he andado mucho. Tres días en una ciudad, un año en otra, y así llegué aquí, donde fui feliz.

»Vuestra madre tuvo una historia bastante parecida a la mía, en el fondo todo eso no tiene mucha importancia. Nos conocimos en París, nos enamoramos, nos casamos, y nacisteis vosotros. Así de sencillo.

Se detuvo y podía adivinar que estaba jugando con los volantes de mi cubrecama.

—Monté esta peluquería, que al principio era muy pequeña. El dinero que he ganado lo debo sólo a mi esfuerzo.

Da la impresión de que quiere seguir, pero se detiene repentinamente y su voz se hace más turbia.

—Ya sabéis por qué os cuento todo eso.

Yo lo sabía pero no me atrevía a decirlo.

—Sí, dice Maurice, porque también nosotros vamos a marcharnos.

Respiró profundamente.

—Sí, muchachos, vais a partir, hoy os toca a vosotros.

Sus brazos se movieron en un gesto de ternura reprimida.

—Y ya sabéis por qué: no podéis regresar cada día en este estado, ya sé que sabéis defenderos, y que no tenéis miedo, pero tenéis que saber una cosa, cuando uno no es el más fuerte, cuando sois dos contra diez, veinte o cien, ser valiente consiste en dejar el orgullo a un lado y largarse. Y además, hay algo peor.

Yo sentía un nudo que me subía por la garganta, pero también sabía que no lloraría. Ayer tal vez mis lágrimas habrían saltado, pero ahora es distinto.

—Ya habéis visto que los alemanes son cada vez más duros con nosotros. Primero fue el censo, el letrero en la peluquería, las visitas, hoy, la estrella amarilla, y mañana nos detendrán. Así que hay que huir.

Yo di un respingo.

—Pero ¿y mamá y tú?

Yo distinguí que me tranquilizaba con un gesto.

—Henri y Albert están en zona libre. Vosotros partís esta noche. Vuestra madre y yo arreglaremos algunos asuntos y nos marcharemos después.

Rió ligeramente y se inclinó para posarnos una mano en el hombro de cada uno.

—No os preocupéis. Los rusos no me pillaron a los siete años, los nazis no me pescarán a los cincuenta.

Me tranquilicé. Nos separábamos, pero en el fondo, era evidente que nos volveríamos a reunir después de la guerra, que no podía durar siempre.

—Y ahora, recordad bien lo que voy a deciros. Os vais esta noche, tomáis el metro hasta la estación de Austerlitz y compráis un billete hasta Dax. Allí, tendréis que cruzar la línea. Por supuesto, no vais a tener papeles para pasar, tendréis que arreglaros como podáis. Cerca de Dax hay un pueblo que se llama Hagetmau, id allí y buscad a la gente que se dedica a pasar la línea. Cuando estéis al otro lado, estaréis salvados. Estaréis en la Francia libre. Vuestros hermanos se encuentran en Menton, luego os enseñaré donde está en el mapa, está muy cerca de la frontera italiana, ya lo encontraréis.

La voz de Maurice se alza.

—Pero ¿cómo tomaremos el tren?

—No te asustes, os daré dinero, pero cuidado con perderlo, y con los ladrones. Llevaréis cinco mil francos cada uno.

¡Cinco mil francos!

Ni las noches de «atraco a lo grande» logré reunir más de diez francos. ¡Vaya fortuna!

Papá no ha terminado, y por el tono que emplea, sé que ahora viene lo más importante.

—Y para terminar, debéis saber que sois judíos, pero no lo digáis jamás. Ya lo habéis oído: JAMÁS.

Ambos asentimos a la vez con la cabeza.

—No se lo diréis ni a vuestro mejor amigo, no lo susurraréis ni que sea en voz baja, lo negaréis siempre. Ya habéis oído, siempre. Joseph, ven aquí.

Me levanto y me acerco. Ahora ya no le veo en absoluto.

—Joseph, ¿eres judío?

—No.

Su mano restalló en mi mejilla, un golpe seco. Nunca hasta entonces me había puesto la mano encima.

—No mientas, ¿eres judío, Joseph?

—No.

Había gritado sin darme cuenta, fue un grito decidido, definitivo.

Mi padre se puso de pie.

—Bueno, creo que ya os lo he dicho todo.

La mejilla me escocía todavía, pero había una pregunta que me daba vueltas por la cabeza desde el principio de la charla, y necesitaba una respuesta.

—Quisiera preguntarte una cosa: ¿qué es un judío?

Entonces papá encendió la lamparita con pantalla verde que había sobre la mesilla de noche de Maurice. Me gustaba, aquella lámpara, filtraba una luz difusa y entrañable que nunca volvería a ver.

Papá se rascó la cabeza.

—Pues bien, Joseph, me sabe mal reconocerlo, pero la verdad es que no lo sé con exactitud.

Le mirábamos y él debió de sentir que tenía que terminar, que aquella respuesta podía parecer un subterfugio a nuestro entender de niño.

—Antiguamente vivíamos en un país, nos echaron, y nos fuimos a otras partes, y hay épocas, como ésta que vivimos, en que la cosa continúa. Levantan la veda, y hay que huir de nuevo, esconderse, y esperar a que el cazador se canse. Vamos, ya es hora de ir a la mesa, os marcharéis inmediatamente después de cenar.

Ya no recuerdo aquella cena, me han quedado los sonidos tenues de las cucharas al chocar con los platos, los murmullos para pedir el agua, la sal, cosas así. En una silla de anea había nuestros dos morrales, muy hinchados, con ropa dentro, las cosas de aseo y varios pañuelos doblados.

Sonaron las siete en el reloj del pasillo.

—Bueno, dijo papá, ya estáis a punto. En un bolsillo del morral, el que tiene cremallera, tenéis el dinero y un papel con la dirección exacta de Henri y Albert. Voy a daros dos billetes de metro, dais un beso a mamá y os vais.

Ella nos ayudó a ponernos los abrigos y las bufandas. Nos estiró los calcetines. Sonreía sin cesar y las lágrimas le brotaban sin parar, sentí sus mejillas mojadas sobre mi frente, y también sus labios, húmedos y salados.

Papá la puso de pie y estalló en una carcajada, la carcajada más falsa que nunca he oído.

—¡Pero vamos! —exclamó—, ¡cualquiera diría que se marchan para siempre y que son unos recién nacidos! Anda, en marcha, y hasta pronto, hijos.

Nos besó rápidamente y nos empujó hacia la escalera. El morral me pesaba en el brazo, y Maurice abrió la puerta a la noche.

En cuanto a mis padres, se quedaron arriba. Más tarde, cuando todo hubo terminado, supe que mi padre se había quedado de pie, balanceándose suavemente, con los ojos cerrados, meciendo un dolor inmemorial.

En la noche sin luz, por las calles desiertas a la hora en que sonaba el toque de queda, desaparecimos en las tinieblas.

Se acabó la infancia.

4

Por aquí no! ¡Anda, date prisa!

Maurice me agarra por la manga y me saca de la barahúnda de gente. Yo paso por encima de un montón de maletas, de mochilas, nos escabullimos por entre equipajes y personas sudorosas.

—Ven, hay otra entrada.

Estamos en la estación de Austerlitz. Salen pocos trenes, pero los andenes están abarrotados. ¿Quiénes son esas gentes? ¿Serán también judíos?

Maurice corre en zigzag, finta, acelera, parece un jugador de fútbol chutando un balón invisible en medio de un bosque de jugadores inmóviles. Yo le sigo apretando mi morral para que no me golpee las piernas.

—Por ahí es más largo pero hay menos gente.

Los carros chirrían bajo las vidrieras. Hay muchas bicicletas colgadas. A través de los sucios cristales se adivinan los muelles, el Sena como un negro abismo salvado por la franja blanca del puente que lo cruza. A lo lejos, sobre el cielo, está Notre-Dame, y más lejos aún, está nuestra casa. Pero no hay que pensar en ello. De momento tenemos que subir al tren.

Nos colocamos detrás de un mozo que embiste a la multitud como si su carretilla fuera un aparato para hacer que la gente se aparte. Resulta un buen sistema, pues un segundo más tarde, estamos delante de la ventanilla con la cabeza aturdida de gritos, llamadas, silbatos, y altavoces. Delante de la ventanilla serpentea la cola.

—De los cinco primeros, ¿quién es el que tiene más pinta de simpático?

Miro los rostros. Tienen expresiones crispadas, nerviosas. Una señora con abrigo claro intenta colocarse unos mechones dentro del sombrero. Hay algo severo en su boca, una tensión que me disgusta. Ésta no.

El gordo parece amable, pero no estoy seguro.

—El chico que está tercero, el que lleva un jersey de cuello alto.

Maurice se acerca, no suele vacilar, pero esta vez va directo.

—Señor, es que a mi hermano le duele un pie... Venimos de muy lejos, ¿no podría...?

El tipo nos mira, durante un instante me temo que se niegue, luego hace un gesto de cansancio, en el que se confunden fatalismo y generosidad.

—Está bien, pasad, no vamos a discutir por unos minutos más o menos.

Maurice le da las gracias y al poco nos toca el turno.

—Dos terceras a Dax.

Yo tomo los billetes mientras él recoge el cambio. Y lo bueno es que nadie se fija en nosotros, dos mocosos perdidos entre la multitud, aquella gente tenía otros quebraderos de cabeza, y debían pensar que nuestros padres andaban por allí cerca.

Maurice va delante, y me enseña los anuncios.

—Vía siete. Nos queda más de media hora, intentaremos encontrar asiento.

El vestíbulo está lleno de vapor. Las columnas de hierro se elevan y se pierden de vista entre el humo.

Ya está, éste es nuestro tren.

Maurice suelta un taco. Y con razón: los vagones están atestados, hay gente en todas partes, en los pasillos, en las plataformas. Jamás lograremos entrar. A través de las portezuelas abiertas se adivina el amontonamiento de maletas, de bultos. Veo a un hombre acostado en una red y discutiendo acaloradamente.

—Vamos a ver más adelante.

Seguimos el tren esperando encontrar sitio más cerca de la locomotora, pero en todas partes hay gente, un auténtico conglomerado humano. Qué susto: tres compartimentos vacíos, pero están reservados a los soldados alemanes. Estos bancos vacíos resultan tentadores, pero no hay que jugar con fuego.

—Venga, vamos a meternos ahí.

Los estribos están muy altos, pero logro infiltrarme entre la pared y la gente apretada contra la ventanilla. Discuten a propósito de los asientos reservados, se enfrentan dos hombres que tienen el mismo número, la discusión sube de tono. Es inútil buscar asiento.

—Mira, aquí no está mal.

Es un diminuto intersticio, hay una maleta que hace de pared a un lado, una gran maleta de cartón marrón, con asa metálica. Podremos dejar los morrales en el suelo, y sentarnos encima y apoyarnos en el tabique que separa el pasillo del compartimento.

Nos sentamos uno junto al otro. Meto la mano en mi morral y saco un paquete con aire triunfal. Es un bocadillo de jamón con mantequilla, una auténtica maravilla. Maurice comprueba que tiene otro igual.

—Come con disimulo, que si no a ésos se les van a alargar los dientes.

Al cabo de dos bocados me entra sed. Daría diez años de vida por una granadina helada. Por una vez en la vida que llevo una fortuna en el bolsillo, no puedo ni tomarme una granadina. Hay que reconocer que la fortuna ha cedido un poco a menos después de comprar los billetes. Pronto no va a quedar ya mucho de los diez mil francos. Y tenemos que vivir bastante tiempo con ellos. Pero el dinero se gana trabajando. Cuando lleguemos a la Francia libre ya nos apañaremos para vivir.

En la vía que tenemos en frente hay un tren casi vacío, seguramente un tren de mercancías, y suavemente, sin golpes, se pone en marcha. Va hacia la estación, hacia París. Voy a hablar para comunicar mi extrañeza a mi hermano, cuando de repente me doy cuenta de mi error: aquel tren no se mueve, es que nos estamos marchando nosotros. Ahora sí que ya está. Me levanto y acerco la frente al cristal.

Los raíles se entrecruzan, pasamos por debajo de pasarelas y puentes de hierro. Los bloques de carbón brillan bajo la luna, aún avanzamos despacio, las líneas del balasto suben y bajan ondulantes.

A nuestro alrededor la gente habla. En la gran maleta de cartón se ha sentado una ancianita que nos mira con dulzura, se parece a las abuelas de las ilustraciones de mi libro de lectura. Lo tiene todo: los cabellos blancos recogidos en un moño, los ojos azules, las arrugas, el encaje del cuello, las medias grises...

—¿Vais muy lejos, ricos?

Sigue sonriendo y nos mira uno detrás del otro.

—¿Viajáis solos? ¿No tenéis padres?

En seguida me doy cuenta de que en adelante habrá que desconfiar del mundo entero, incluso de esta viejecita de libro de colegio. No tiene que saber nada, nada de nada.

Maurice ahoga su respuesta dentro del bocadillo.

—Sí, ahora vamos a reunirnos con ellos, están enfermos. Bueno, mi madre está enferma.

Toma un aire afligido, y casi me enfado con Maurice por haberle mentido, pero no, ha hecho bien. Ahora estamos condenados a mentir, y recuerdo las clases de moral del viejo Boulier: «No se debe mentir jamás». «Nadie cree a los mentirosos», etc. Maldito Boulier, seguro que nunca ha tenido a la Gestapo en los talones para decir semejantes sandeces.

—¿Cómo te llamas?

—Joseph Martin. Él es Maurice Martin.

Vuelve a sonreír y se agacha para alcanzar un capazo que tiene junto a la falda.

—Bueno, Maurice, seguro que tienes sed después de este pedazo de pan.

Saca una botella de gaseosa.

Maurice se deshiela.

—Un poco, sí.

Me mira a mí, sonriente.

—Y tú, seguro que también tienes sed.

—Sí, señora.

En el capazo lleva de todo, acaba de sacar un vaso de celuloide envuelto en una servilleta.

—Pues vamos a beber, pero sólo un poquitín, porque la botella tiene que durar hasta el final.

Qué buena está, y cómo pica en la lengua y el paladar, una multitud de burbujitas dulces explotan contra mis mucosas. El líquido oscila levemente, con regularidad, sube y baja por la pared del vaso siguiendo el traqueteo del tren. Ahora vamos deprisa. Me veo en el cristal, y más allá, el campo, un campo llano que gira sobre sí mismo a cada curva.

Ella es la última en beber, limpia el vaso con la servilleta y lo guarda todo en el capazo.

Maurice ha cerrado los ojos, ha apoyado la cabeza en la puerta del compartimento y la menea según la vibración. A lo lejos, detrás de la abuela, se oyen risas y cantos, que me llegan en retazos sumergidos en el estruendo de las ruedas y los raíles.

Se está bien aquí, en este espacio. No debemos preocuparnos hasta Dax. En Dax hay un control alemán, y tendremos que burlarlo... No debo pensar en ello, to-

51

davía no, voy a dormir, al menos lo intentaré, mañana hay que estar en forma.

Me vuelvo. Detrás del cristal, hay ocho personas en el compartimento, los afortunados que consiguieron asientos. Y un hombre, con el rostro apenas iluminado por la penumbra azul de la lámpara, me está mirando.

Debe mirarme desde hace rato. Se leen muchas cosas en sus ojos. Pena, más que nada. Su rostro es grave, tiene la tristeza de los que no se atreven a sonreír. Lleva un cuello muy raro, con los botones muy apretados. Mis ojos se deslizan sobre él, sobre la sotana. Esto me tranquiliza, no sé por qué. Sé que voy a dormirme en este tren que me lleva hacia la vida o hacia la muerte bajo la protección de este anciano: no nos hemos dicho ni una palabra, pero siento que él lo sabe todo de mí. Estaba ahí y velaba en medio del estruendo. Duérmete, niño.

De noche el cielo es más claro que la tierra. El cristal tiembla dentro del marco, ante mí hay dos hombres, se inclinan, llevan gorros de piel, grandes botas rojas, pantalones como los zuavos. Sus largos bigotes, hirsutos y curvados a la vez parten sus rostros en dos. Son rusos.

—¿Tú eres Joseph? Entonces ven con nosotros, el zar quiere verte, vas a ser soldado.

Echó a correr por el pasillo para escapar, es extraño, estoy volando por encima de las cabezas, qué agradable, planeo como un pájaro, ellos corren tras de mí y se sacan unos largos y afilados sables. Debo de haber saltado del tren, porque estoy corriendo por el andén de una estación, pero me llama, no los rusos, sino una voz de niño. Me paro, y veo a Zerati jadeante.

—Corre, ven, voy a enseñarte algo.

Vamos corriendo por calles que no conozco, la estación ha desaparecido, seguimos corriendo por calles desiertas, es de noche, pero una noche que no terminará jamás, el sol debe haber desaparecido para siempre, ya

no volverá para iluminar estas fachadas, estos árboles...
y de repente la reconozco: es la calle Ferdinand-Flocon,
mi colegio, y el que está en la puerta es el tío Boulier,
lleva una gran estrella amarilla en el pecho, y gesticula
con los brazos.

—Ven, Joffo, ven a beber gaseosa.

El patio está lleno de botellas, miles de botellas em-
pañadas, las hay en las clases, incluso en el tejado, bri-
llando a la luz de la luna. Hay alguien detrás de Boulier,
sale de la sombra y veo brillar su uniforme, es el S.S. al
que papá cortó el pelo un día, le conozco bien.

—¿Tienes documentación para beber esta gaseosa?

Boulier ríe cada vez más fuerte, no entiendo por qué,
el S.S. tiene un aspecto horrible. Sus dedos me aprietan
el brazo cada vez con más fuerza.

—Enséñame tus papeles, rápido, esto es Dax, y ne-
cesitas papeles.

Tengo que huir a toda costa, si no este cerdo va a
llevarme, me detendrá, hay que pedir socorro, que alguien me salve, Boulier se retuerce de risa en el suelo,
Zerati ha desaparecido.

¡Socorr...!

Mi propio grito me ha despertado. Miro a mi alrededor: nadie me ha oído. Maurice duerme con la boca
abierta y con un brazo por encima de su morral. La abuela está dormitando con la barbilla entre las manos. En el
pasillo hay siluetas vagas, que también deben de estar
durmiendo.

Tengo una sed atroz, si pudiera volver a mi sueño y
coger una botella de aquellas, y beber a chorro, sin parar, a grandes tragos...

No, no debo pensar en ello, tengo que dormir más,
dormir lo más posible...

DAX.

El nombre restalló en mis oídos como un latigazo.

El tren anda aún unos metros, los frenos chirrían, las ruedas, bloqueadas, resbalan unos pocos metros sobre las vías y se detienen.

Maurice está de pie, la luz mortecina que el cristal hace aún más siniestra da un color metálico a su rostro. Yo debo de hacer la misma cara.

Miro a mi alrededor estupefacto: el pasillo está casi vacío.

En el compartimento de detrás hay asientos vacíos. El cura sigue ahí.

Maurice se anticipa a mi pregunta.

—Muchos han saltado en marcha, mientras el tren frenaba.

Miro hacia el otro extremo del vagón: cerca de la puerta está esperando una pareja, están muy pálidos. Veo cómo la mano de la mujer aprieta convulsivamente el asa de una maleta.

El altavoz resuena, oímos una larga frase en alemán, y de repente les veo, son unos diez, en el andén. Cruzan las vías y vienen hacia nosotros. Son los gendarmes alemanes, llevan una placa de metal colgando sobre el pecho, como los gruesos collares de la Edad Media. También hay gentes de paisano con ellos, llevan impermeable.

La pareja ha echado a andar. El hombre va delante, pasa por delante de mí y siento su respiración entrecortada.

Maurice me coge el brazo.

—Entremos.

Corremos la puerta del compartimento y entramos. Hay un asiento libre al lado del cura.

Sigue mirándonos, también está pálido y le ha crecido la barba durante la noche. Qué tontería, me llevo una sorpresa, nunca pensé que los curas tuvieran barba, los que veía en el patronato eran tan lampiños que...

Junto a la ventana hay una señora muy delgada que

aprieta su salvoconducto entre los dedos, puedo ver la hoja blanca y temblorosa, hay sellos redondos y negros, con ángulos en el centro, y firmas, todo en tinta muy negra. ¡Qué bien debe sentirse uno con tanta firma, tanta rúbrica y tanta autorización en la mano...!

—¡Halt!

El grito viene del exterior y nos precipitamos a la ventanilla. A lo lejos, en el otro extremo, un hombre corre.

Unos diez hombres se dispersan a través de las vías. Uno de paisano da órdenes en alemán, también corre, se sube a un estribo del coche de al lado y se saca un silbato del bolsillo. El sonido estridente nos rasga los oídos. De repente un hombre aparece justo debajo de mí, debe haber pasado por debajo del vagón, entre las ruedas, pasa un andén, otro, da un traspiés.

—¡Halt!

Se detiene en el momento del disparo, pero no le han dado, estoy seguro de que no le han dado.

Levanta los brazos bruscamente y dos soldados se lo llevan a toda prisa hacia la sala de espera, le dan un culatazo, el de paisano sigue pitando.

Vuelvo a ver a la pareja de antes, que vuelven entre dos S.S., parece que se han encogido, la mujer sigue apretando su maleta como si llevara la vida dentro de ella. Anda deprisa, pasan por delante de nosotros y yo me pregunto qué es lo que estarán viendo los ojos húmedos de aquella mujer.

Más lejos han detenido a otros, la luz se refleja en cascos y fusiles.

Entonces me doy cuenta de que la mano del cura reposa sobre mi hombro, y que ha estado allí desde el principio.

Volvemos lentamente a nuestros asientos. El tren está en silencio, los alemanes han bloqueado las salidas.

Las palabras acuden solas a mis labios.

—Señor cura, nosotros no llevamos ninguna documentación.

Me mira y por primera vez desde París una sonrisa relaja sus labios. Se inclina y a penas oigo su susurro.

—Si pones esta cara de asustado los alemanes se darán cuenta antes que se lo digas. Poneos junto a mí.

Nos apretamos a su lado.

La abuela también está ahí, reconozco la maleta en la red, sobre su cabeza. Parece dormir.

—Documentación...

Aún están lejos, al principio del tren, parecen bastantes, hablan entre ellos y entiendo algo. Papá y mamá nos hablaban en yiddish a menudo, y se parece bastante al alemán.

—Documentación...

Se están acercando. Se oye el deslizar de las puertas cuando ellos las abren y cierran.

La abuela sigue con los ojos cerrados.

—Documentación...

Ahora están en el compartimento contiguo. Siento una extraña sensación en el vientre, es como si mis intestinos se hubiesen vuelto independientes de repente, y quisieran salir de su bolsa de piel. Sobre todo no hay que dar a entender que tengo miedo.

Meto la mano en el morral y sale el resto de un bocadillo. Le doy un mordisco en el momento que se abre la puerta. Maurice les mira tan tranquilo, con la mayor inocencia, y admiro este dominio digno de un actor consumado que tiene mi hermano.

—Documentación...

La señora delgada les tiende la hoja blanca. Veo la manga de un uniforme, charreteras, las botas están a pocos centímetros de mis galochas. El corazón me late lejanamente, con golpes regulares y poderosos. Lo difícil es tragar, vuelvo a morder.

El alemán lee, examina y devuelve la hoja. Luego alarga la mano hacia la abuela de la gaseosa, y ésta le da un papel verde, un carnet de identidad.

El alemán apenas lo mira.

—¿Esto es todo?

Ella sonríe y afirma con un gesto.

—Coja su maleta y salga al pasillo.

Hay otros que esperan detrás del cristal, charlando. Entre ellos hay un S.S.

El cura se levanta, baja la maleta y la abuela sale. Uno de los guardias toma su capazo y le hace una señal. Su moño blanco y chato brilla durante un instante a la luz del día y luego desaparece detrás del guardia.

Adiós, abuela, gracias por todo, y buena suerte.

El cura enseña sus papeles y se sienta. Yo sigo masticando. El alemán mira la foto y la compara con el original. Yo sigo masticando.

—He adelgazado un poco, dice el cura con la mayor naturalidad, pero soy yo.

Una sombra de sonrisa asoma al rostro del gendarme.

—La guerra, las restricciones...

No tiene acento, o muy poco, al pronunciar ciertas consonantes. Devuelve el papel y dice:

—...Pero los curas no comen mucho.

—Es un grave error, al menos en mi caso.

El alemán ríe y tiende la mano hacia mí.

Sin dejar de reír el cura me pellizca la mejilla.

—Los niños están conmigo.

La puerta se cierra después de un saludo-relámpago del alemán risueño.

Mis rodillas empiezan a temblar.

El cura se pone de pie.

—Ahora ya podemos bajar. Y como vais conmigo, vamos a desayunar juntos en el bar de la estación. ¿Os parece bien?

Compruebo que Maurice está más emocionado que yo, a él podían molerlo a palos sin arrancarle una lágrima, pero bastaba que alguien se mostrara amable con él para que se le descompusiera la expresión. En este caso no le faltaba razón.

Bajamos al andén. Tuvimos que pasar un control de equipajes, luego dimos nuestros billetes al revisor, y entramos en el bar siguiendo a nuestro salvador.

Tenía un aspecto bastante fúnebre, con techo alto y artesonado, bancos de hule negro, pesadas mesillas de mármol de pie torneado. Los camareros, con americana negra y delantal blanco, estaban esperando, apoyados en las columnas con bandejas brillantes y vacías en las manos.

Nuestro cura estaba ahora como unas pascuas.

—Y ahora —dijo— vamos a tomar café con leche y pan con mantequilla. Pero os advierto que el café es malta, el azúcar es sacarina, la leche es inexistente, y en cuanto al pan, necesitaríamos tíquets de pan, y vosotros no tenéis ni yo tampoco. Pero de todos modos nos calentaremos.

Yo carraspeo para aclararme la voz.

—Ante todo, Maurice y yo querríamos agradecerle lo que ha hecho.

Se queda un instante desconcertado.

—Pero ¿qué he hecho?

Maurice sigue, hay un deje de picardía en su voz.

—Ha mentido diciendo que íbamos con usted.

La cabeza del cura se balancea suavemente en negación.

—No he mentido —murmura— vosotros estabais conmigo, como lo están todos los niños del mundo. Incluso es ésta una de las razones por las que soy sacerdote, para estar con ellos.

Maurice no responde, remueve la pastilla de sacarina con una cucharilla de estaño.

—En todo caso, si no llega a ser por usted, se nos llevan. Esto es lo que cuenta.

Hay unos momentos de silencio, y luego el cura pregunta:

—Y ahora ¿adónde vais a ir?

Noto que Maurice vacila en hablar, pero no soporto la idea de que este sacerdote pueda creer por un momento que desconfiamos de él, después de lo ocurrido.

—Vamos a Hagetmau, y allí trataremos de cruzar la línea de demarcación.

El cura bebe y deja la taza en el plato con una mueca. Antes de la guerra debía de ser un aficionado al buen café, parece que no se acostumbra a los sucedáneos.

—Ya entiendo.

Maurice interviene a su vez.

—Después nos reuniremos con nuestros padres que están en el Sur.

¿Habrá notado nuestro azoramiento? ¿O es que aquello era tan frecuente que no valía la pena preguntar? En todo caso no hace ya más preguntas.

Se saca una gruesa cartera del bolsillo sujeta con una goma. Toma un pedazo de papel en blanco de entre las estampas piadosas, un lápiz con la punta gastada, escribe un nombre y una dirección y nos lo da.

—Lograréis pasar, ya lo veréis, y me gustará que me lo hagáis saber. Y además si alguna vez necesitáis de mí, nunca se sabe, no tenéis más que escribirme.

Maurice toma el papelito, lo dobla y se lo mete en el bolsillo.

—Tenemos que marcharnos, señor cura, quizás haya un coche de línea para Hagetmau pronto, y hay que darse prisa para no perderlo.

Nos mira mientras nos pasamos la correa del morral por encima de la cabeza.

—Tenéis razón, muchachos, hay veces en la vida en que hay que darse prisa.

Nos quedamos esperando, traspasados por esta mirada melancólica que nos llega al alma. Nos tiende la mano y se la damos uno tras otro.

Maurice pasa adelante y va hacia la puerta giratoria, al otro extremo del salón. Pero hay algo que me preocupa, y tengo que preguntárselo al sacerdote.

Doy media vuelta y me acerco de nuevo a él.

—Señor cura ¿qué le harán a la abuela del tren?

Sus ojos se iluminan, murmura una frase que no comprendo, y luego añade:

—Nada, no le harán nada, como no tiene documentación la mandarán de nuevo a su casa. Esto es todo.

Claro, ¿cómo no se me había ocurrido? Ya me la imaginaba en la cárcel, en un campo de concentración, qué sé yo... La han devuelto a su casa, esto es todo, nada grave.

Maurice me espera fuera. Hay algún rayo de sol frío, y ya no tiene el color grisáceo de antes. Yo también me siento mejor, como si esta luz nos hubiese lavado la cara y nos hubiese quitado el cansancio del viaje.

La estación de autobuses no queda lejos, había que pasar por una plaza llena de árboles con grandes cortezas protuberantes, cuyo nombre ignoraba. Hay que reconocer que entre la calle Marcadet, el gasómetro de Saint-Ouen y la basílica del Sacré-Coeur no tuve ocasión de encontrar muchas clases de árboles.

—¿El autocar para Hagetmau?

Detrás del mostrador, el tío no ha levantado la cabeza.

—Dentro de dos horas.

—Dos billetes, por favor.

Ya estamos de nuevo con los billetes en el bolsillo. Nuestro tesoro ha menguado de mala manera, pero no importa. Estamos sobre los adoquines de Dax, la Francia libre está ya cerca.

Pasaremos.

5

El autocar se detuvo a la entrada del pueblo. En la carretera nos había adelantado un automóvil alemán lleno de oficiales. Me llevé un buen susto durante unos segundos, pero pasaron sin prestar la menor atención a nuestro viejo cacharro.

El cielo está despejado y nos llega el olor del humo de las chimeneas. Es una comarca muy llana, las casas se apretujan alrededor del campanario de la iglesia.

Maurice se coloca el morral.

—Adelante.

Con paso decidido pasamos por un estrecho puente que cruza un río minúsculo, un hilillo de agua que desaparece entre los guijarros.

La calle mayor hace pendiente y está mal pavimentada. Al andar nuestros talones resuenan sobre los adoquines. Llegamos a una fuente que hay bajo un soportal. No hay nadie en las calles. A veces cruza un perro, nos huele las pantorrillas y desaparece por una callejuela. El aire huele a vaca y a leña quemada, el aire es cortante, parece que llega sin esfuerzo hasta lo más profundo de nuestros pulmones.

Hay dos tiendas de comestibles, una frente a otra, en lo que debe de ser la calle mayor. Ambas están cerradas.

—Maldita sea, dice Maurice, parece que todo está muerto.

Este silencio empieza a impresionarme también a mí. Después del estrépito del tren, el tumulto de la salida y de la llegada, de repente nos sentimos como si nos faltara un sentido, como si nos hubiesen metido en los oídos dos enormes bolas de algodón.

—Deben estar en el campo...

El reloj de la iglesia de unas campanadas por encima de nuestras cabezas, y Maurice se lleva una mano a la cabeza.

—Claro, son las doce, todo el mundo está comiendo.

Ésta es una palabra que nunca hubiese tenido que decir. Los bocadillos se terminaron hace tiempo, el café quién sabe donde está ya, y este aire fuerte y frío me ha dado un hambre feroz. Si cerrara los ojos, vería aparecer filetes con patatas.

Andamos por el pueblo sin rumbo fijo, hay un sendero que lleva al campo desierto, y más allá empiezan los bosques.

Volvemos sobre nuestros pasos y nos encontramos en otra plazoleta más pequeña que la de antes. Frente a un edificio que debe ser el ayuntamiento, hay un café-restaurante.

Lo vemos ambos a la vez y miro a Maurice con ansiedad:

—A lo mejor aquí podríamos comer algo...

Maurice vacila un poco, seguro que tiene más hambre que yo. En casa no paraba nunca, era capaz de empalmar el postre del almuerzo con el chocolate de la merienda y seguir sin interrupción con la sopa de la cena.

—Vamos, que voy a desmayarme de hambre.

Abrimos la puerta y nos quedamos en el umbral. Toda la gente que no hemos visto en la calle, está ahí. A lo largo del salón presidido por un mostrador en el que hay una inmensa y anticuada cafetera, unas cien personas se apiñan en las mesas. Tres camareras van y vienen llevando platos, botellas de agua, cubiertos. Se está caliente gracias a una inmensa estufa de porcelana cuya tubería zigzaguea a media altura a través del salón. Detrás de la puerta hay tres percheros cargados de abrigos.

—¿Qué queréis, niños?

Una camarera, acalorada y despeinada intenta colocar en su sitio un rizo que le cae sobre la frente. Porfía en su empeño un momento, y luego lo deja.

Maurice, aún medio aturdido, responde.

—Quisiéramos comer.

—Venid por acá.

Nos guía y atravesamos el comedor en medio del intenso ruido de tenedores y cuchillos. Junto al mostrador hay una mesilla sin mantel, en la que coloca dos platos.

—Hay lentejas con tocino y berenjenas rellenas. De postre, queso al cero por ciento de materia grasa y una fruta. ¿Os va bien? Para empezar os traeré rábanos con sal.

—Muy bien, de acuerdo.

Se va corriendo hacia la cocina, de donde sale otra camarera con un plato de lentejas en cada mano. No tienen aspecto de llevar mucho tocino, estas lentejas.

Miro a los comensales. No se trata de campesinos: ofrecen esta mezcla de gente que suele encontrarse en las estaciones y en las salas de espera, pero en general son gente de ciudad. Hay niños, algunos muy pequeños.

Maurice se acerca por encima del plato.

—Aquí vamos a encontrarnos con la calle Marcadet en peso.

Así que son fugitivos, como nosotros, judíos por supuesto, y están esperando para pasar la frontera. Pero ¿qué esperan? Tal vez sea más difícil de lo que nos figurábamos.

Nuestra camarera vuelve con tres rábanos en el centro de un plato, y deja el salero entre los dos.

—Buen provecho, muchachos.

Maurice da las gracias y añade:

—¿Siempre tienen tan lleno como ahora?

Ella levanta los brazos al cielo.

—Desde hace seis meses, cada día, y a veces más. Creedme, desde que los alemanes pusieron la línea a un kilómetro de aquí, hicieron la fortuna de muchos.

Sigo la mirada de la muchacha y veo a la dueña que está secando una taza con delicadeza, detrás del mostrador. Es una mujer colorada y reluciente, con el cabello rizado.

—Ya puede hacerse la permanente cada quince días. Con lo que gana, podría pasarse el día en la peluquería.

Intenta una vez más poner en su sitio el rizo rebelde y se lleva nuestros platos vacíos. No hay nada tan fácil de comer que tres rábanos, cuando se tiene hambre, y sobre todo si de los tres, dos están vacíos.

—Y... ¿es fácil pasar?

Ella se encoje de hombros.

—Sí, bastante fácil, en general no hay problema, sólo que hay que esperar a que sea de noche, de día resulta muy peligroso. Con permiso.

Vuelve al instante con las lentejas, las deja, y vuelve a marcharse sin que podamos hacerle más preguntas.

Maurice mira a su alrededor.

—Lo divertido sería encontrarnos con alguien del barrio.

Las berenjenas que siguen son fibrosas, y el relleno, inexistente. El queso, soso y seco. Las manzanas están mustias, pero como la camarera comete el error de dejar el frutero cerca de nuestra mesa, todas van a parar al fondo de mi morral.

Maurice dobla la servilleta y observa:

—Es mejor que no nos quedemos mucho en este país si no queremos quedarnos en los huesos.

Poco a poco el comedor se va quedando vacío. Quedan algunos remolones junto a sus tazas de malta o de achicoria, pero los demás han desaparecido.

Pagamos la cuenta que nos parece terriblemente cara, y nos encontramos de nuevo en las calles de Hagetmau arrastrando nuestros morrales con las manos en los bolsillos.

Ha empezado a soplar un viento seco y desagradable.

—Oye —dice Maurice— vamos a tratar de pasar esta noche. No vale la pena quedarnos por aquí. Lo primero que hay que hacer es informarse, saber dónde podemos encontrar a alguien que nos pase.

Me parece razonable. A cincuenta metros de nosotros un muchacho de unos quince años pasa montado en una enorme bicicleta negra. En el portaequipajes lleva un cesto de mimbre. Se detiene delante de una puerta, llama, cuando le abren tiende un paquete del cesto y saluda en voz alta:

—Buenos días, madame Hudot, aquí tiene su pedido.

La invisible madame Hudot murmura unas gracias, se aleja, vuelve, y veo su mano depositando una moneda en la del chico de los encargos.

—Gracias, madame Hudot, adiós, madame Hudot, hasta otra, madame Hudot.

Se monta en la bicicleta y se queda mirando cómo nos acercamos a él. Tiene las mejillas rollizas, y duras, las manos rojas y cubiertas de vello rubio, y las uñas mugrientas.

—Quisiéramos preguntarte una cosa.

Se ríe y compruebo que tiene unas espléndidas caries en la mayor parte de los dientes.

—Os la diré antes de que me la preguntéis. Queréis saber quién os puede ayudar a pasar, ¿verdad?

Maurice le mira fijamente. Nunca se dejó impresionar por los mayores.

—Sí, eso es.

—Pues es muy fácil, salís del pueblo por la carretera principal, andáis trescientos metros y en la primera granja a mano derecha preguntáis por el tío Bédard. Pero os advierto que os cobrará cinco mil francos por persona.

Me quedo helado. Maurice también encaja el golpe. El chico nos mira riendo.

—Ahora bien, hay otra solución; si os interesa yo mismo os puedo pasar por quinientos francos. ¿Lo preferís?

Nosotros reímos con alivio. Simpático, el chico, vaya que sí.

—Bien, entonces os propongo algo: Os doy mi cesto y vosotros termináis los recados. Todo es carne, las direcciones vienen en cada paquete. No os costará encontrarlas, y vais a recoger buenas propinas. Mientras, yo voy a cambiarme y a las diez nos encontraremos bajo el puente, junto a la arcada. No podéis perderos, sólo hay uno.

Maurice me pasa su morral, yo me lo cuelgo, y él toma el cesto.

El chico, más ligero, monta en la bici y ríe con toda su podrida dentadura.

Al llegar a la curva se vuelve y grita:

—Por cierto, supongo que los tenéis, los quinientos francos por cabeza, porque se paga por adelantado.

Contesto yo:

—Sí, sí, los tenemos.

El repartidor desaparece a toda prisa.

Me vuelvo hacia Maurice.

—¿Lo tienes, los mil?

Menea la cabeza preocupado.

—Desde luego que los tengo, pero justos. Cuando hayamos pagado prácticamente nos quedaremos sin blanca.

Yo agito los morrales con entusiasmo.

—¡Pero es igual! Una vez estemos en la zona libre ya nos arreglaremos. Figúrate que no hubiésemos encontrado a este chaval. Si tenemos que pagar cinco mil cada uno, nos quedamos aquí. ¡Imagínate!

—Mientras tanto —corta Maurice— hay que repartir la carne.

Allí dio comienzo una de las tardes más curiosas y más gozosas de mi vida. Íbamos de granja en granja, veíamos gallinas, patos en estanques negros como la tinta; el cielo estaba despejado, sólo una franja de nubes festoneaba rozando al horizonte.

Estábamos ebrios de contento.

Un par de parisinos criados entre los efluvios de las alcantarillas se encontraban de repente respirando los aires puros del campo. Mientras que Maurice daba a cada campesino su asado, su chuleta o su filete, lo cual, dicho sea de paso, daba a entender que el mercado negro iba viento en popa en aquella zona, yo iba a ver a los conejos en las jaulas, y mientras que las campesinas iban a buscar el dinero, yo jugaba con los cachorrillos de perro, o con los lechones en su lecho de paja podrida. Y luego estaban los caballos. Ya no quedaban muchos, la mayor parte de ellos habían sido requisados, pero siempre había uno o dos, viejos y corpulentos, tipo percherón, inmóviles, con el hocico rozando el pesebre en busca de una comida inexistente. Entraba en las cuadras y les rascaba la frente; los caballos balanceaban sus largas colas cuyas crines, a las que la paja se había adherido, se mezclaban unas con otras. Y luego nos marchábamos hacia otro lugar. En una choza que había junto a la iglesia, un anciano nos hizo pasar a una sala de techo bajo con las vigas negras de humo. Encima de la chimenea tenía una foto en la que se le veía vestido de soldado de la guerra del catorce, con la capa, las vendas en las pantorrillas y la máscara antigás. Nos enseñó los patitos, una caterva de pollos amarillos, chillones y vacilantes, que avanzaba en fila india... Me sentía fascinado.

La cesta estaba ya casi vacía, y las monedas tintineaban en el bolsillo de Maurice. La gente se extrañaba al no ver al repartidor habitual, que se llamaba Raymond, pero luego nos daban el dinero igualmente.

Después de la carne para estofado del guardabosque, sólo quedaba ya una entrega por hacer: medio gigot que había que llevar a casa del maestro, que se encontraba apartada, detrás de un bosquecillo.

Maurice y yo íbamos charlando. Las piernas empezaban a pesarme, pero íbamos deprisa cuando llegamos donde empezaban los árboles.

—¡Pssst!

El silbido me heló la sangre en las venas. Maurice frenó en seco.

Desde detrás de un árbol un hombre nos hacía señas, pero al vernos petrificados en medio de la carretera sonrió, bajó un pequeño talud y se acercó a nosotros.

Por la ropa y por la cara supe que no era nadie de por allí, que era un fugitivo como nosotros. Sus ojos acosados, las manos agitadas, todo indicaba que se trataba de uno que intentaba pasar la línea.

Era rechoncho, con cara de boxeador y la frente despejada. Nos miró unos segundos.

—Disculpad. ¿Sois de aquí?

—No.

Tragó saliva y nos examinó como si buscara algo en nuestros rostros.

—¿Sois judíos?

Maurice se cambió el cesto de mano.

—No.

Las mandíbulas se le crisparon durante un instante.

—Yo sí. Mi mujer y mi suegra están en el bosque. Queremos pasar.

Se dio una palmada en la rodilla del pantalón. La mitad de su chaqueta estaba cubierta de barro seco y agrietado.

—¿Qué les ha ocurrido?

Agitó la mano con gesto desesperado.

—Fue anteayer, a treinta kilómetros de aquí siguiendo el Adour, tenía las señas de una persona que se dedica a pasar a la gente. Me las dieron en Burdeos. Encontré al tío, nos cobró veinte mil francos por los tres y se nos llevó de noche. Hacía rato que andábamos y se agachó y dijo: esperen aquí, voy a ver si el terreno está despejado. Yo le dije que iría con él, que siendo dos nos arreglaríamos mejor. Entonces me golpeó con su bastón y echó a correr. Traté de alcanzarle pero caí. Nos quedamos toda la noche en el bosque y desde que ha salido el sol estamos andando.

Maurice parece sopesar los pros y los contras. De detrás de un árbol salen dos mujeres. Parecen agotadas.

—Mire, nosotros también vamos a pasar, pero no sabemos si el chico que va a guiarnos querrá llevarles con él. En todo caso vengan, ya se lo preguntarán. A las diez debajo del puente, al otro extremo del pueblo.

—Gracias, gracias de todo corazón. Estamos tan cansados que... en fin, espero que esta vez podamos pasar la línea y que...

Balbucea unas palabras inconexas, nos da la mano y vuelve al bosque. Oímos cómo da la noticia a las dos mujeres que le acompañan.

¡Ojalá Raymond esté de acuerdo!

Maurice se ha puesto de nuevo en marcha y se vuelve hacia mí con el ceño preocupado.

—De cualquier modo más vale desconfiar, en este país hay gente que se gana la vida de formas extrañas...

—¿Tú crees que Raymond sería capaz de...?

Maurice menea la cabeza.

—No lo sé, y como no lo sé, voy a ir con cuidado.

Andamos unos minutos en silencio.

—Lo primero que hay que hacer es no separarnos de él ni una pizca.

—De acuerdo, y luego, si intenta marcharse, le saltamos encima. ¿Crees que le podríamos, los dos a la vez?

Hace una mueca de duda.

—Ya veremos. A lo mejor nos conduce sin problemas. ¿Echamos una carrera?

—Espera que deje los macutos en el suelo.

Hincamos una rodilla.

—Hasta el árbol amarillo, aquel grande, el que hace esquina.

—De acuerdo. A sus puestos. ¿Preparados? ¿Listos? ¡Ya!

Nuestros pies aporrean el suelo, siento que la lengua me sale de la boca, me retraso cincuenta centímetros, un metro, recupero, pierdo de nuevo, me lanzo con todas mis fuerzas, demasiado tarde.

Sentado con la cabeza entre las rodillas, intento en vano recobrarme.

—¡No tiene mérito! ¡Eres mayor que yo!

Maurice jadea.

—No tiene nada que ver. Conozco a algunos pequeños rápidos como bólidos.

Volvemos con paso lento a buscar los morrales y el cesto que se han quedado en la carretera.

—¿Tú no tienes hambre?

—Sí. Pasarse la tarde acarreando carne después de haber comido lentejas no es cosa fácil.

Maurice se registra los bolsillos.

—Con lo que queda del cambio del coche de línea a lo mejor podemos comprar algo.

Llamamos a una puerta.

Nos abrió un viejo con una gorra. Ya no quedaban jóvenes en el país.

Discutimos unos minutos y finalmente nos dio un par de huevos que nos zampamos en la calle. Estaban ricos.

Empezaba a oscurecer.

La hierba está mojada y nuestras galochas brillan bajo la luna. Ya no se ven las agujas del reloj del campanario, pero un cosquilleo en el estómago me dice que ha llegado la hora.

Y pensar que tan sólo unos días antes habría estado loco de alegría por encontrarme en semejante situación: no falta nada: la noche, el roce de los matorrales, la espera, los indios en frente con sus espías al acecho, y yo, el vaquero desarmado que tiene que franquear el límite de su territorio. Con mi vida pendiente de sus fusiles... Casi lamento no oír los lentos tambores de guerra, y a los alemanes les faltan las plumas. La noche es clara. ¿Es eso bueno o malo? Ni idea.

Lentamente, muy despacito, voy moviendo las piernas, hay que evitar que las ramas crujan, nunca se sabe, el menor ruido puede poner en guardia a un oído atento. Junto a mí, Maurice contiene la respiración. Al otro lado de la arcada distingo la silueta de los tres judíos que hemos encontrado en la carretera.

Los alemanes están en frente, al otro lado del bosque. Es raro que no hayan disparado todavía, me siento terriblemente visible y vulnerable.

—Escucha...

De noche las bicicletas hacen ruido, es que la dinamo del alumbrado roza con el neumático. Pero lo mejor del caso es que el ciclista va silbando. Un silbido ligero, una melodía alegre... La conozco, es una canción de Tino Rossi.

Esto sí que es malapata, este ciclista nocturno va a descubrirnos, sería el colmo que... Se ha detenido cerca de donde estamos. El manillar y el pedal rascan el muro de piedra. El hombre baja de la bici y viene hacia nosotros. Lo veo destacándose contra el cielo. Se detiene: es Raymond.

Parece la mar de contento, no tiene demasiada pinta de explorador comanche. Lleva las manos en los bolsillos y su voz se alza sin contención alguna cuando se dirige a nosotros.

—Bueno, ¿nos vamos?

Maurice le da nuestro dinero que él se guarda dentro de la camisa, y le señala las siluetas a pocos metros.

—Es una gente que también quisiera pasar, están muy cansados y tienen dinero.

—Me parece muy bien, diles que vengan. ¿Cuántos van?

—Tres.

Raymond se frota las manos.

—Una noche afortunada. En general los otros guías no me dejan casi nada. Bueno, en marcha.

Me pongo de pie con suma precaución, tratando de que no me cruja ni una articulación. Raymond se ríe con sorna.

—No te preocupes chaval, no vale la pena hacerse el sioux. Tú ve detrás de mí. haz lo que yo haga, y déjame el resto.

Nos pusimos en marcha. Yo sudaba como un condenado dentro de mi abrigo. Nuestra pequeña columna, en medio del campo, me pareció que era visible a miles de kilómetros. Un genio maléfico colocaba bajo nuestras suelas las piedras más ruidosas de todos los senderos del mundo; tenía la impresión de que hacíamos un estruendo infernal. Hitler en persona nos debía de oír desde su casa de Berlín. Por fin entramos en el bosque. Raymond avanzaba en medio de los helechos rompiendo los quebradizos tallos. Cuando llegamos a los árboles tuve la impresión de no estar solo, de que había otras personas que caminaban a nuestra izquierda. Intenté penetrar la oscuridad por entre los troncos, pero no vi nada.

Raymond se paró. Yo di de narices con su espalda y contuve la respiración. Seguramente también él lo había oído, pero no pude evitar avisarle.

—Hay alguien a la izquierda.

Raymond no se volvió.

—Ya lo sé, unos doce. Es el viejo Branchet el que los guía. Dejaremos que se adelanten y luego continuaremos. Podemos sentarnos un momento.

Los matorrales y las cortezas crujieron bajo nuestras nalgas, y quedamos inmóviles escuchando el ruido del viento en las ramas altas.

—¿Falta mucho? —susurró Maurice.

Raymond hizo un gesto vago.

—En línea recta llegaríamos en seguida, pero vamos a rodear el calvero.

Reemprendemos la marcha, y no nos detenemos más. Me parece que la arena se va haciendo más fina, y se eleva en lentas colinas. En el suelo hay pinocha, y resbalo varias veces por culpa de mis suelas mojadas.

¿Cuánto hace que salimos? ¿Diez minutos o tres horas? Me resulta imposible decirlo, he perdido por completo la noción del tiempo.

El bosque empieza a hacerse menos espeso, los árboles se distancian y forman un paseo despejado ante nosotros. Con un gesto Raymond nos reúne a su alrededor.

—¿Veis aquel camino de allá? Lo seguís unos doscientos metros. Encontraréis un foso, id con tiento, es bastante profundo y lleva agua. Cruzad el foso y llegaréis a una granja, podéis entrar aunque no haya luz, el granjero está al corriente de todo. Podéis acostaros en la paja, así no pasaréis frío.

Habla Maurice.

—Así que... ¿allí ya es la zona libre?

Raymond se vuelve y ríe con suavidad.

—¿La zona libre? ¡Pero si ya estamos en ella!

El primer sentimiento que me embargó fue el de frustración. Habíamos pasado la línea ¡y yo sin enterarme! Era nuestro objetivo, nos habíamos puesto en camino para ello, todo el mundo hablaba de ello, era como el fin del mundo, y yo, sin darme cuenta, había pasado como si tal cosa, completamente inconsciente, aquel trazo en lápiz que partía en dos el mapa de Francia que papá nos había mostrado una noche.

¡La línea! Me la imaginaba como un muro, una franja repleta de garitas, cañones, ametralladoras, alambradas, con patrullas que se deslizaban en la oscuridad, con grandes proyectores que escudriñaban cada brizna de hierba. En las torres habría oficiales con cara de buitre que vigilaban con prismáticos que ocultaban sus ojos feroces. Y en lugar de todo eso, nada, nada de nada. Ni por un segundo tuve la impresión de tener al apache más insignificante a mis talones. Era como para aburrir el Oeste.

Junto a nosotros, el trío de judíos se felicitaban y daban las gracias a Raymond que adoptaba un aire de modestia.

No dejaba de estar contento, pues estábamos a salvo, pero no podía desprenderme de mi amargura. No pude evitar preguntarle a Raymond si siempre había la misma calma.

—En general no hay problemas. Aquí tenemos suerte. Los puestos caen lejos, y hay lugares que no se pueden ver desde el puesto de carretera ni desde el del pueblo de Carmot. Lo malo sería que enviasen patrullas, pero si lo hacen por fuerza tienen que pasar por el vado, cerca de la granja Badin, es el único paso, si no habrían que cruzar un bosque de zarzales. Pero en cuanto Badin les ve manda a su hijo que conoce atajos y viene a avisarnos.

Raymond se sube el pantalón y nos da la mano.

—Pero no vayáis a creer que es así de fácil por todas partes, en algunos sitios, a menos de veinte kilómetros de aquí ha habido muertos no hace mucho. La cosa se pone cada vez más difícil. Bueno, adiós y buen viaje.

Desapareció, los troncos ocultan su silueta, vuelve a subir hacia el pueblo.

Nos ponemos de nuevo en marcha, esta vez solos. Maurice me da la mano, no hay que perderse. Pasar la noche en este bosque sería bastante desagradable, sobre todo ahora que el frío arrecia por minutos.

—¡Cuidado!

Ha hecho bien en avisarme: el foso está ahí abajo, el agua de reflejos irisados chapotea entre un amasijo de ramas y montones de guijarros.

—Sostén el morral.

Maurice baja primero. Cuando da un silbido discreto le paso el equipaje y bajo a mi vez asiéndome a las matas de hierba. Las púas aceradas de una zarza me tiran del calcetín. Me libero, subo la pendiente y ahí está la granja, frente a nosotros, como un bloque de granito macizo colocado sobre la espalda desnuda de la tierra.

Ayudamos a subir a los tres que van con nosotros y llegamos al patio.

¡Menudo susto! Ahí hay un hombre, inmóvil en la oscuridad. Me parece altísimo, lleva un cuello de piel que le oculta las orejas, sus cabellos se mueven al viento que viene del llano.

Avanza hacia nosotros con paso mecánico. Tiene una voz áspera, como la voz de los guardias del teatro de títeres. Una voz gruesa en la que se arrastran los guijarros y las palabras.

—Bueno niños, ya habéis llegado. En el establo encontraréis paja seca, ahí detrás. Las mantas están detrás de la puerta, no son muy bonitas pero están limpias. Podéis dormir cuanto queráis. Sólo os pido una cosa, si tenéis cerillas o encendedor, dádmelos en seguida, no me gustaría ver cómo arde toda la cosecha con vosotros dentro.

Hago que no con la cabeza, y Maurice también.

—Entonces no hay problema, si necesitáis algo llamad a aquella ventana, ¿la veis?, la primera después del gallinero. Allí duermo yo. Hala, buenas noches.

—Por favor, ¿qué hora es?

Le cuesta sacar el reloj de la chaqueta forrada de piel de cordero, parece como si estuviera sepultado bajo una infinidad de chalecos y jerseys. Por fin la esfera brilla en su mano.

—Las once y cuarto.

—Muchas gracias. Buenas noches.

La puerta de madera cruje sobre sus viejos goznes y el cálido olor me salta a la nariz. Con sólo oler la paja seca se me cierran los ojos. ¡Vaya jornada! ¡Y después de una noche en tren!

Me encaramo a una gavilla y me hundo en otra que se aplasta. No me quedan fuerzas para ir a buscar las mantas. Por un tragaluz del tejado entra una luz grisácea.

Nuestros tres compañeros susurran al otro extremo del establo.

Oigo a Maurice que se acerca y una tela rígida me rasca la mejilla.

—Enróllate con esto.

Lo hago con gran trabajo, hasta ahora la angustia, la excitación, todo me ha mantenido despierto, pero con el alivio de la llegada la tensión ha cedido de golpe y el peso de los párpados me arrastra, dos fardos me llevan sin remisión hacia un mundo negro y pesado en el que me hundo vertiginosamente, cada vez más lejos, cada vez más hondo. Un último esfuerzo y logro distinguir por encima de mi cabeza el rectángulo más claro del tragaluz, llego hasta comprobar que en las cuatro esquinas está decorado con telarañas plateadas y flexibles, y me duermo de repente, con un gran suspiro.

No voy a dormir mucho, una hora o tal vez dos. Abro los ojos bruscamente y no necesito palpar con la mano a mi lado: sé que mi hermano no está ahí.

A partir del momento en que mamá creyó que ya no era necesario tener mi cuna junta a ella, Maurice y yo hemos dormido siempre en la misma habitación. Y siempre se ha producido un extraño fenómeno que no sé si es recíproco, porque nunca hemos hablado de ello: sin que él haya hecho el más leve ruido, sin que me haya despertado el menor crujido del parquet, siempre he «sentido» su ausencia. Cada vez que bajaba a la cocina a beber un vaso de agua, cada vez que se deslizaba fuera de la cama por una razón u otra, siempre he tenido perfecta consciencia de ello.

¿Quién me avisaba? ¿Qué oculto instinto cumplía tan sorprendente misión?

En todo caso, en el momento que nos ocupa yo no me pregunté qué engranaje consciente o inconsciente me había advertido de la marcha de mi hermano. El hecho estaba ahí.

A unos cientos de metros de la línea de demarcación, en el momento en que, agotado como yo por las últimas veinticuatro horas, Maurice Joffo debía estar sumergido en las delicias del sueño, se había marchado.

Nada de asustarse. No puede andar lejos. La explicación más plausible: cuando uno se levanta de noche, el noventa por ciento de las veces es para ir a mear. Así que la cosa está clara: Maurice ha ido a mear.

Pero mi razonamiento, por brillante que sea, no me tranquiliza mucho rato. Hemos meado juntos en la pared de la granja antes de entrar aquí, cuando se marchó el granjero. Y los esfínteres siempre han sido de primera calidad en nuestra familia: cuando uno ha meado al acostarse, ya no vuelve a hacerlo hasta la mañana siguiente. Así que el problema sigue en pie: Maurice no ha ido a mear. Entonces, ¿adónde ha ido? Y sin decirme nada...

Esto es lo que me cuesta más de entender, que se haya ido a escondidas, sin decirme nada.

O tal vez haya ido a pedir de beber al granjero, o quizá... La cabeza se me enturbia con tantas suposiciones posibles.

Oigo un ruido de voces susurrantes. Aguzo el oído, aparto las mantas y cruje la paja. El ruido viene de fuera.

Una idea me hiela el alma: ¿y si fueran los alemanes? No. Imposible, estamos en la Francia libre, no pueden llegar hasta aquí... ¿O tal vez ladrones? Parece ser que hay bandas de gamberros que se dedican a asaltar a los refugiados y les roban cuanto llevan: joyas, maletas, dinero... Tal vez Maurice les ha oído y ahora está espiándoles en la oscuridad.

Con mis calcetines que no hacen el menor ruido cruzo el suelo de tierra apisonada cubierta de polvo de paja. Con los dedos reconozco la madera de la puerta. Levanto con trabajo el pesado pestillo. Con gran precaución miro por la rendija y doy un salto hacia atrás: los murmullos vienen hacia mí, unas figuras agrupadas se acercan a mí.

Su respiración crece, parece como si todos aspiraran invisibles cigarrillos. Reconozco a un hombre que estaba cerca de nosotros en el restaurante, este mediodía. Con ellos van dos niños, uno que alguien lleva en brazos, y una niña con calcetines blancos. Qué imprudencia, estos calcetines blancos, se ven a la legua. Realmente, nos hemos convertido en fugitivos de nuevo, pero hemos perdido el sentido del camuflaje. Pasan rozándome y se hunden en la paja. Se oyen siseos ahogados de conversaciones.

Y Maurice sin aparecer. ¿Qué caray puede estar haciendo?

La ansiedad empieza a adueñarse de mí, tengo que ponerme a actuar antes que se convierta en pánico y empiece a gritar su nombre o salga en su búsqueda en medio de la negrura. Y ello no serviría de nada, sólo para atraer la atención de los demás.

Salgo. La noche está cada vez más clara y fría.

Meto las manos en los bolsillos del abrigo.

Un papel.

Acabo de tocar con los dedos un papel que no estaba ahí antes. Por el tacto reconozco las perforaciones rotas de una hoja de bloc de espiral. Es el que llevaba Maurice, o mejor dicho, el que mamá le dio antes de partir. Una sabia precaución, una libreta y un lápiz, en ciertos casos pueden ser los objetos más útiles del mundo. Debe de haber escrito a oscuras y dejar el mensaje en mi bolsillo antes de marcharse.

La luna ilumina lo suficiente para que pueda leer las líneas garabateadas en diagonal.

«En seguida vuelvo. No digas nada a nadie. M.»

Ha firmado M. como en las historias de espías, en que los personajes son designados mediante un código o una inicial.

Me siento aliviado. Sigo sin saber dónde está, pero va a volver, esto es lo principal. Vuelvo a mi lecho, recupero la manta y me envuelvo en ella, feliz de volver a encontrar aquel calor oloroso. A pocos metros hay alguien que duerme gimiendo dulcemente, con una música tenue, melodiosa, casi agradable, que ayuda a dormir.

—Perdón.

Un cuerpo pasa por encima de mí y se tumba a mi lado. Siento un perfume de agua de colonia mezclada con sudor. Es una mujer; lleva un abrigo de gruesa lana que me cubre una mano.

Parece que empieza a clarear. Debo de haber dormido varias horas.

Me incorporo apoyándome en un codo: ahora la luz basta para que pueda ver que el establo está repleto de refugiados, no puedo precisar la cantidad pero están por todas partes, tumbados en todas posiciones. Tal vez me equivoque, pero creo que somos unos cincuenta, o quizá más. A lo mejor aún faltan más por llegar, pero Maurice no aparece.

Todos duermen. A mi lado, la luz ilumina a la mujer del abrigo. En su mejilla tiembla una lágrima. Llora durmiendo. Tal vez no ha cesado de llorar desde su llegada.

Ahí vienen más. Esta vez llegan en cantidad. Me arrebujo en mi propio calor y con los ojos semicerrados sigo la instalación de los nuevos visitantes. Oigo que alguien jura en yiddish, muy bajito, y pronto vuelve a reinar el silencio.

—¿Estás dormido?

Ahí está, de súbito, sin que le haya visto llegar. Me siento de un salto.

—Pero ¿qué diablos...?

Posa su dedo sobre mi boca.

—Más bajo, ya te explicaré.

Resulta francamente difícil dar una bronca a alguien cuando se está reducido a susurros casi inaudibles, así que escucho a Maurice absolutamente consternado.

Lo que hizo es muy sencillo, me lo contó la mar de satisfecho, ahogando la risa, pero puede resumirse en pocas palabras: había vuelto sobre sus pasos, había pasado la línea ocho veces, había guiado a cuarenta personas y se había ganado veinte mil francos.

Ya es completamente de día. Queda aún una nubecilla que va a largarse hacia el Oeste, y luego tendremos todo el sol para nosotros. La hierba está aún un poco húmeda y nos hemos sentado sobre los morrales. ¡Veinte mil francos! Esto significa un Perú, podremos comer, podremos viajar tranquilamente hasta Menton.

No obstante, en esta aventura hay algo que me apena.

—Maurice ¿y si te detienen?

Se alisa el cabello.

—Ya oíste lo que dijo Raymond, no hay el menor peligro. Cuando pasamos la primera vez me fijé bien en el camino: primero una línea recta, luego una curva a la izquierda alrededor del calvero, el puentecito, y ya está. Es más fácil que ir de la puerta de Clignancourt a Ornano. Hay menos peligro de perderse.

No quedo completamente satisfecho:

—Hay algo más, ¿no crees que hacer pasar a toda esta gente a cambio de dinero es un poco sucio?

Maurice me mira fijamente.

—Punto primero: yo no he obligado a nadie. Segundo: a quinientos francos en lugar de cinco mil, no pueden decir que les he robado. Además les he guiado bien y sin incidentes. Una buena mujer ha perdido el zapato y he tenido que ir a buscarlo entre unas zarzas, pero aparte esto, todo ha ido sobre ruedas. Y por último, amado hermano, hay algo que tal vez olvidas, y es que necesitamos pasta si queremos llegar a buen puerto.

—Pero habríamos podido...

Pero Maurice se ha disparado, y en estos casos no hay quien le detenga.

—¿Así que crees que porque estamos en la zona libre vamos a quedarnos mano sobre mano? ¿Crees que la gente va a darte de comer por tu cara bonita? Y si los guardias nos piden los papeles y nos encuentran sin blanca, ¿te figuras que van a felicitarnos?

Siento que, una vez más, tiene razón.

—...y tengo que pensar en la forma de ganar dinero. Esta noche me ha tocado a mí, la próxima vez te tocará a ti apañártelas a tu modo. No creas que porque eres el pequeño te quedarás ahí sentado mientras yo me mato a trabajar como un...

—Bueno, bueno, no grites así, ya lo he entendido.

Maurice se ha puesto a chillar como un condenado.

—¿Te crees que es muy divertido ir y venir siete veces con diez personas detrás de mí? ¿Te crees que no hubiera preferido quedarme durmiendo tranquilamente? ¡Y ahora vienes tú con tus aires de señorito a decirme lo que habría tenido que hacer!

Yo me pongo a dar saltos.

—¡Pero si yo no he dicho eso! ¡No me has entendido bien!

Con un gesto brusco saca del bolsillo un paquete de billetes arrugados.

—Toma, anda, ve a devolvérselos si quieres.

Yo miro estupefacto el dinero que tengo ahora entre las manos. El dinero que ha ganado incluso arriesgando su vida, y que nos permitirá continuar nuestro camino, el dinero que acaba de entregarme un niño agotado.

Aliso los billetes, los doblo y se los paso sin decir nada. Ya se ha calmado. Con la barbilla apoyada en las rodillas está mirando el sol que acaba de aparecer.

Pasa un buen rato, y luego pregunto:

—¿Vamos a tomar el tren?

Por mi voz debe notar que intento entablar conversación y hacerme perdonar.

—Sí, es lo mejor. He hablado con uno de los que he guiado esta noche. La estación más cercana está en Aire-sur-l'Adour. Hay que andar con cuidado porque está lleno de polis con órdenes de detener a los judíos.

Esto sí que me ha dejado fuera de combate. Para qué diablos hemos hecho semejante viaje, ¿para caer en un infierno parecido?

Maurice nota que me lo he tomado mal. Menea la cabeza y añade:

—Pero no es lo mismo, éstos son franceses. Los hay que dejan pasar, otros se dejan untar, y también están los que obedecen órdenes. Pero según me dijo aquel hombre mientras andábamos, no vamos a tener problemas.

Tengo hambre. Las lentejas están lejos, y los rábanos más aún.

—¿No crees que podríamos pedir leche y pan al granjero? Ahora podemos pagar.

Maurice estira las piernas anquilosadas.

—De acuerdo. Creo que nos hace buena falta.

Diez minutos después estábamos en una habitación baja que servía a la vez de cocina, de dormitorio y de comedor. Sobre la mesa, cubierta de un hule manchado con círculos rosados de vasos y botellas, había dos tazones de gruesa loza llenos de leche, y dos rebanadas de pan gris y espeso cubiertas, ¡oh lujo supremo!, de una capa de mantequilla de medio dedo de espesor. Estábamos a solas con el granjero, los demás se habían ido al amanecer, o antes del amanecer.

El dueño del lugar nos miraba comer. Seguía con su chaqueta de piel puesta, y yo me preguntaba si alguna vez se la quitaba. Tal vez en primavera, porque era seguro que había dormido con ella. A la luz del día parecía más viejo, un triste mechón de cabello le recorría el cráneo y los pelos del bigote seguían las arrugas de la comisura de los labios.

—¿Vais muy lejos?

Contesto yo, con la boca llena.

—Vamos a tomar el tren hasta Marsella.

Confío en él, sin duda alguna es una excelente persona, pero ya lo he tomado por costumbre. Cuanto menos se diga, tanto mejor.

Menea la cabeza.

—Pues sí que vais a ver cosas.

Nos mira enternecido y añade:

—Cuando de chico iba al colegio, al sur, en un pueblecito del Hérault donde mi padre cultivaba castañas, el maestro nos hacía leer un libro que se llamaba La vuelta a Francia, trataba de dos niños. Había dibujos al principio de cada capítulo. Vosotros os parecéis un poco a ellos.

Maurice traga un bocado.

—Y ¿qué les ocurría?

El campesino hace un gesto indefinido con la mano.

—No recuerdo bien, toda clase de aventuras, sólo recuerdo que terminaba bien.

Se calla unos instantes y añade:

—Pero en aquel cuento no había alemanes.

Hemos terminado y Maurice se levanta. El hombre se saca un cuchillo del bolsillo, una navaja con el mango de madera. El filo está muy gastado y parece un pequeño sable. Toma el pan de la mesa y corta dos grandes pedazos haciendo girar el pan alrededor del cuchillo. Nos los da.

—Metedlo en el morral. Os irá bien durante el camino.

Y una vez más, nos ponemos en marcha.

La carretera provincial serpentea incluso en terreno llano. Los campos están vacíos, la tierra aún gris, y los arbustos forman manchas más oscuras. En la lejanía se desparraman las granjas. De un camino ha surgido un perro y nos sigue, está lleno de barro y parece disfrutar de nuestra compañía. Menea rápidamente la cola cuando, después de habernos adelantado, se queda esperando inmóvil en medio de la carretera.

«Veintisiete kilómetros a pie, qué gasto, qué gasto... Veintisiete kilómetros a pie, qué gasto de zapatos...»

No hemos hecho veintisiete kilómetros, apenas si hemos andado tres, pero hemos cantado la canción veintisiete veces. Cantar a pleno pulmón provoca un extraño fenómeno: vacía la mente y hace que los músculos funcionen solos. Si no fuera por este dolor en el talón que va en aumento, me sentiría capaz de ir a pie hasta Marsella y aun más lejos, pero noto que se va formando una ampolla. Hace tiempo que no me quito los zapatos, demasiado tiempo.

Aquí hay otro mojón: Aire-sur-l'Adour, diecinueve. Aún quedan diecinueve mojones por andar.

—¿Quieres un poco de pan?

Maurice dice que no con un gesto.

—Durante un esfuerzo, jamás. Todos los deportistas saben que no hay que comer cuando se está realizando un esfuerzo. Corta el aliento.

—¡No somos deportistas!

Se encoje de hombros.

—No, pero nos queda mucho por andar, así que más vale no comer.

Seguimos andando mientras el cielo se va cubriendo despacio. Nuestras sombras, negras y recortadas poco antes, se han vuelto imprecisas y han ido desapareciendo lentamente.

«Veintiocho kilómetros a pie...».

Si no toco con el talón en el suelo, me siento mucho mejor, tengo que andar con la punta del pie izquierdo. Es cuestión de entreno.

—¿Andas cojo?

—No te metas.

Me parece que los cubos blancos hundidos en la cuneta que marcan los cien metros están cada vez más distanciados. Al principio marcaban los cien metros, pero ahora están al menos a trescientos metros, o más.

Ahora es el tobillo lo que se me cansa. Andar de puntillas es un trabajo para los músculos, es superior a mí, vuelvo a poner el talón en el suelo. La pierna me tiembla hasta el muslo. En el acto siento el agudo aguijonazo de la ampolla al rozar con el calcetín.

No me pararé, ni hablar de eso. Terminaré con un muñón, pero que no se diga que la marcha se ha retrasado por mi culpa. Aprieto los dientes y me pongo a silbar. Con el codo sujeto el morral para que no se balancee.

Aire-sur-l'Adour dieciocho.

De repente Maurice se aparta de la carretera y va a sentarse al pie del indicador. Apoya su pálida cabeza en la punta roja de la piedra.

—No puedo más, estoy hecho polvo. He dormido poco.

Esto soluciona mi problema.

—Duerme un poco, pronto te sentirás mejor. No hay ninguna prisa.

Noto que no tiene ni fuerzas para contestar. Tiene una expresión tensa. Se tiende hecho un ovillo en la cuneta.

Yo aprovecho para desatarme el cordón del zapato. Como siempre que me hago un nudo, me cuesta horrores deshacerlo.

Es lo que me temía: la lana se ha pegado a la piel, en el lugar del roce hay una roncha rosada del tamaño de una moneda de un franco.

Si arranco el calcetín, va a sangrar más. Más vale dejarlo así. Muevo los dedos del pie suavemente para aliviar el dolor.

Pues sí que estamos buenos, uno hecho polvo, y el otro con una ampolla. Nunca llegaremos a esta dichosa aldea. Todo iba demasiado bien.

Saco un pañuelo del morral. Está bien planchado y bien doblado, con cuadros verde claro y marrón en la orilla. Con él me confecciono un vendaje de urgencia colocándolo bien por encima del calcetín y sobre la herida. Así sentiré menos el roce.

Me cuesta ponerme de nuevo el zapato, pero lo consigo. Doy unos tímidos pasos por la carretera. Parece que la cosa va mucho mejor así.

El perro me está mirando con el hocico entre las patas y la lengua colgando. Tiene aspecto de un puro bastardo parisino, como los que se encuentran al pie de los faroles entre la calle Simard y Eugène Sue. A lo mejor también es un refugiado, y también ha pasado la línea como nosotros, a lo mejor es un perro judío.

Oigo un ruido de ruedas detrás de mí.

Por un sendero perpendicular a nuestra carretera avanza una carreta tirada por un caballo. Me fijo mejor, no es una carreta es mucho más elegante; parece un simón descubierto, como en las películas de época.

Maurice sigue durmiendo.

Si el coche va hacia el pueblo, tenemos que aprovecharlo. Quedan aún dieciocho kilómetros, y dieciocho kilómetros gastan no sólo los zapatos, sino también las piernas de los niños, aunque sean mayores.

No pierdo de vista al simón. Va a dar la vuelta. ¿A la izquierda o a la derecha? Si es a la izquierda nos ha fastidiado, si es a la derecha, tenemos una probabilidad.

A la derecha. Me levanto y me dirijo a él. El cochero tiene un látigo a mano pero no lo utiliza. A la vista del rocín que tira del carretón, hay que reconocer que no serviría de mucho. Cada paso que da parece el último, y le entran a uno ganas de mirar si la familia sigue detrás el cadáver del difunto.

A pocos metros de mí el hombre tira de las riendas y para.

Me adelanto haciéndome el cojo.

—Disculpe señor, ¿no va usted a Aire-sur-l'Adour por casualidad?

—Sí, en efecto, allí me dirijo. Me detengo dos kilómetros antes, para ser más exactos.

Este señor posee la distinción de otras épocas. Si supiera hacer reverencias, lo intentaría.

—Y usted... en fin, ¿sería usted tan amable de llevarnos a mi hermano y a mí en su simón?

El hombre frunce las pobladas cejas. Seguro que ya he dicho algo que no debería. O es que este tío es de la policía, o un colaboracionista, y ya me veo encima un mar de desgracias por mi culpa. Lo mejor habría sido avisar a Maurice y escondernos.

—Joven, este vehículo no es un simón, sino una calesa.

Me quedo mirándole con la boca abierta.

—Ah, vaya, perdone.

Tanta educación parece emocionarle.

—No tiene ninguna importancia, pero es conveniente, muchacho, aprender desde la más corta edad, a decir las cosas por su nombre. Encuentro ridículo decir un «simón» cuando se halla uno en presencia de una auténtica calesa. Pero todo ello sólo tiene una relativa importancia, y su hermano y usted pueden compartir conmigo este coche.

—Muchas gracias, señor.

A saltitos corro hasta mi hermano que duerme como un tronco con la boca abierta. Le despierto sin ningún miramiento.

—¿Qué pasa?

—Date prisa, la calesa te está esperando.

—La ¿qué?

—La calesa. ¿No sabes lo que es? Un simón ¿lo entiendes así?

Se frota los ojos, recoge el morral y contempla perplejo el coche que le está esperando.

—Por todos los diablos, ¿de dónde has sacado eso?

No contesto. Maurice saluda respetuosamente a nuestro conductor que nos está mirando sonriente, y subimos al coche.

La suspensión gime, los asientos dejan asomar los muelles aquí y allí, pero a fin de cuentas resulta extremadamente agradable.

El hombre chasquea la lengua y nos ponemos en movimiento. Se vuelve hacia nosotros.

—Como pueden observar, la velocidad resulta mínima, y el confort rudimentario, pero es preferible a la marcha pedestre. Hasta hace menos de seis meses yo poseía un automóvil, pero me fue requisado para servir sin duda a algún oficial alemán de la zona ocupada. Así pues, para mis desplazamientos, me he visto obligado a exhumar esta antigualla, que los atentos cuidados de mi granjero habían conservado en buen estado.

Escuchamos fascinados, sin decir ni media palabra.

—Me presento: soy el conde de V.

¡Vaya por Dios, un conde! Yo los imaginaba más bien con un sombrero de pluma y una espada en el cinto llena de cintas, pero si él lo dice, debe de ser verdad. En todo caso, es el primero que veo en mi vida.

—En cuanto al caballo —prosiguió—, si es que puedo llamarlo así, es el último que no ha sido requisado por el ayuntamiento. Hay que tener en cuenta que tiene los días contados, ha alcanzado una edad ya muy respetable para un caballo, y dentro de poco tiempo no podré ya engancharlo.

Aire-sur-l'Adour diecisiete.

En realidad, no vamos mucho más aprisa que a pie. Ahora nuestro cochero charla por los codos. Nosotros participamos con monosílabos que pronunciamos por turno para que no tenga la impresión de hablar solo.

—A decir verdad, queridos niños, cuando un país pierde una guerra como nosotros hemos perdido la presente, de forma tan neta, tan definitiva, es que el poder de dicho país no ha demostrado estar a la altura de su misión, y lo diré con la cabeza bien alta: la República no ha estado a la altura de su misión.

Lo que faltaba, una cuesta. Nuestra velocidad pasa a ser inferior a la de un coche funerario. El conde sigue perorando, y señala el cielo con el dedo erguido.

—Francia tan sólo fue grande durante el tiempo de los Reyes. Bajo la monarquía, nunca conocimos una catástrofe semejante, un rey no habría aceptado jamás ver a su pueblo colonizado desde el interior por toda clase de sectas, de razas, que no han cejado hasta llevar a la nación hasta el borde del abismo...

Estaba esperando que dijera algo por el estilo.

Sigue perorando, ahora ya no escucho.

Aire-sur-l'Adour dieciséis.

—Le ha faltado a Francia un gran movimiento de

reacción nacional que, luego de retornar a las fuentes profundas de su genio, le habría permitido recobrar una fe, y por ello mismo, una fuerza capaz de rechazar al teutón más allá de nuestras fronteras. Pero esta fe la perdimos...

Su voz decae melancólicamente. Me da la impresión de estar representando un papel, como en el teatro, sin creer demasiado en él.

—Llegaron palabras, palabras nuevas: «libertad, igualdad, fraternidad», que contribuyeron a cerrar los ojos y entorpecer el alma de las generaciones que se sucedieron. Dichas palabras halagaron al pueblo con locas esperanzas, y enmascararon los verdaderos valores del espíritu francés: los valores de grandeza, sacrificio, orden, pureza...

Con el rabillo del ojo veo a Maurice que está bostezando. Sigo con la mirada el vuelo de un cuervo que voltea por encima de los campos. ¿Qué presa pueden encontrar por ahí? Me pregunto si los cuervos comen cadáveres. Es difícil averiguarlo. Le preguntaría al conde de buena gana, pero tiene otras cosas en que pensar.

Aire-sur-l'Adour dos.

El conde nos deja aquí. Estoy ya a punto de bajar, pero el se vuelve una vez más:

—Jovencitos, me han escuchado ustedes durante todo el trayecto con atención y buen sentido, y no dudo que estas pocas reflexiones, a corto o largo plazo, encontrarán un profundo eco en sus jóvenes entendimientos. De modo que, para darles las gracias y felicitarles a la vez, voy a llevarles hasta el final, lo cual me permitirá prolongar mi paseo. No me den las gracias.

Con un gesto principesco se da la vuelta y sacude las riendas sobre las visibles costillas del viejo caballo.

Tengo miedo de echarme a reír si miro a mi hermano, así que me pongo a observar el horizonte.

Ahora ya se ven más casas. Una mujer con un niño en los brazos, nos mira pasar desde el patio de su casa.

Y así fue como Maurice y yo, nacidos en la puerta de Clignancourt, París XVIII, llegamos a la plaza de la estación de Aire-sur-l'Adour en una calesa del siglo pasado, llevando como cochero al conde de V., uno de cuyos antepasados se distinguió en Marignan (1515), y del cual, según las últimas noticias, fue el último vástago.

6

A zul, blanca y rosa. Por poco la ciudad coincide con los colores de la bandera nacional. Azul es el cielo que la cubre, blancas las colinas que la rodean, rosa los tejados que se extienden, se encabalgan y empiezan al pie de las escaleras de la estación Saint-Charles.

Y por encima de todo esto, la minúscula mancha dorada de la virgen de la guarda que domina el conjunto.

Marsella.

No recuerdo ya casi el viaje, sólo que fue muy distinto del de París a Dax.

Habíamos dormido como lirones, y a media noche comimos un bocadillo con carne de ternera que nos ofreció una señora. Para ayudar a pasarlo nos dio igualmente huevos duros y galletas. Recuerdo que me pasé mis buenos diez minutos con los labios pegados al grifo del lavabo del que manaba un hilillo de agua sosa y tibia que no lograba saciar mi sed. Hubo transbordos y largas esperas en los andenes de estaciones desconocidas en las que los empleados escribían con tiza las horas de retraso de los trenes en grandes pizarras negras. Fue un viaje lento, pero lo pasé sumido en una especie de agradable letargo: teníamos dinero, teníamos tiempo, nadie iba a pedirnos nada. Dos niños en medio del galimatías de los adultos. Tenía la impresión de ser invisible, de poder entrar en cualquier parte. La guerra nos había convertido en dos duendecillos de los que nadie se preocupaba, y que podían ir y venir a sus anchas.

Recuerdo que una vez, acostado en un banco, debajo de una de aquellas grandes vidrieras que había antes en los andenes de las estaciones, vi pasar unos gendarmes. Los había por todas partes. Por su conversación nos enteramos de que también ellos tenían órdenes de detener a todos los judíos y mandarlos a los campos de concentración.

Y en aquella pura mañana de invierno, en la que las grandes escobas del mistral barrían el cielo de nubes, nos encontrábamos de nuevo en una gran ciudad, pero ¡qué distinta!

Desde lo alto de la resplandeciente escalinata, aturdidos ya de viento y de sol, y ensordecidos por los altavoces cuyas voces arrastraban las vocales que nosotros teníamos costumbre de omitir, la ciudad se extendía a nuestros pies, hormigueaba bajo los plátanos cuyo follaje hendían los cables del tranvía. Bajamos y entramos en este gran circo que es Marsella por la puerta grande: el Boulevard d'Athènes.

Más tarde supe que el gran puerto era una importante sede del gangsterismo, de la droga, del placer, un Chicago europeo.

Carbone era el dueño y señor, lo hemos visto en las películas, se han escrito libros y artículos. Sin duda es cierto, pero a mí siempre me ha disgustado oírlo decir. Marsella, para Maurice y para mí, que nos dábamos la mano para no perdernos, aquella mañana fue una gran fiesta risueña, aireada, el paseo más hermoso de mi vida.

Como habían suprimido el tren de las doce y dieciocho, no teníamos tren hasta la noche, así que nos quedaba mucho tiempo.

A veces el viento nos pillaba de lado, y andábamos como los cangrejos, riendo. Todo hacía subida o bajada, la ciudad se desparramaba desde las colinas, como un queso.

Llegamos a una gran encrucijada. Nos detuvimos y luego bajamos una gran avenida llena de gente, de tiendas, de cines.

No estábamos asombrados, un par de parisinos vagabundos del distrito XVIII no iban a impresionarse por cuatro fachadas de cine, pero todo aquello respiraba una alegría, una vivacidad que nos maravillaba.

En una esquina había un gran cine azul, con tragaluces como los de los viejos barcos. Nos acercamos para mirar las fotos de los anuncios: eran las aventuras del barón de Munchhausen, una película alemana con Hans Albert, la gran *vedette* del Tercer Reich. En una de las fotos se le veía volando montado en una bala de cañón. En otra peleaba con sable contra una horda de espadachines. Se me hizo la boca agua.

Di un codazo a Maurice.

—Fíjate, no es nada caro...

Miró la taquilla y el cartel de los precios, y respondió:

—Abren a las diez...

Eso significaba que estaba de acuerdo. Yo daba saltos de impaciencia en la acera.

—Vamos a dar una vuelta y volvemos.

Seguimos por el gran boulevard, había inmensas terrazas cubiertas en las que los hombres, con sombrero gris, leían los periódicos y fumaban cigarrillos como si no hubiera racionamiento, y luego, de repente, la calle se abrió, hubo una gran ráfaga de aire que nos cortó la respiración y paramos en seco. Maurice fue el primero en reaccionar.

—Caray, el mar.

Nunca lo habíamos visto, y no se nos había ocurrido que podíamos toparnos con él así, tan de repente. Había venido hasta nosotros sin avisar, se había desvelado súbitamente a nuestros ojos, sin la menor preparación.

El mar dormía entre las barcas balanceantes del puerto viejo, y, entre Saint-Jean y Saint-Nicolas, lo veíamos extenderse hasta perderse de vista, horadado de islas blancas, minúsculas y soleadas.

Ante nosotros estaba el puente, las flotillas de embarcaciones, y el ferry-boat que hacía uno de sus primeros viajes del día.

Nos acercamos lo más que pudimos, hasta el borde del muelle. A nuestros pies el agua era verde, y en cambio a lo lejos, ¡tan azul! Era imposible precisar dónde el azul se convertía en verde.

—¡Eh, chavales! ¿vamos al castillo de If? Subís a bordo y nos vamos.

Ambos levantamos la cabeza.

Tenía aspecto de marino de pacotilla, metido en un gabán, y con una gorra con galones. Sus flacas piernas flotaban dentro de un pantalón blanco que le iba grande.

Los turistas no abundaban en aquella época. Nos mostraba una barca amarilla que se balanceaba suavemente, con bancos rojos. Las tablas estaban pidiendo a gritos una mano de pintura.

¡Pues sí que se podían hacer cosas, en Marsella! El cine, los barcos, los viajes que proponían a uno de buenas a primeras... Me hacía una ilusión bárbara a mí, el castillo de If, un castillo en el mar debía ser algo fantástico!

Lentamente, y a regañadientes, Maurice hizo que no con la cabeza.

—¿Por qué no? Para los niños es a mitad de precio. No me diréis que no tenéis esta pequeña cantidad. Venga, hombre, subid.

—No. Se menea demasiado. Nos marearíamos.

El hombre se echó a reír.

—Bueno, me parece que tenéis razón.

Tenía los ojos claros y bondadosos. Nos miró con atención.

—Por la manera de hablar se nota que no sois de por aquí, vosotros.

—No, venimos de París.

Se sacó las manos de los bolsillos en un gesto emocionado.

—¡París! Pero si lo conozco mucho, tengo un hermano que vive allí, en la puerta de Italia, es fontanero.

Estuvimos un rato charlando, quería saber cómo iban las cosas por allí, si la vida era muy dura con los alemanes, aquí lo peor era la comida, ya no quedaba nada en los mercados de la calle Longue, detrás de los Réformés, en la Plaine no había más que calabazas, la gente hacía cola para comprar lechugas y se peleaba por las patatas.

—Fijaos en mi pantalón.

Nos enseñó el cinturón flojo.

—En un año he perdido doce kilos. Hala, venid, si os interesa os voy a enseñar el motor de la barca.

Subimos encantados, el cabeceo era lento y agradable. En la parte delantera, dentro de una especie de cabaña de jardín, estaba el motor. Nos explicó para qué servía cada cosa, desde la hélice hasta el carburador, se apasionaba, era un charlatán terrible, y nos costó separarnos de él.

Paseamos por el puerto bordeando el muelle de Riveneuve, había barriles, rollos de cuerda, y un olor salado que era el olor de la aventura. De la calle Fortia o de la plaza de los Aceites a cada momento esperaba que surgieran legiones de piratas y filibusteros. Hay que reconocer que era muy distinto de los canales de la calle Marcadet, en los que flotaban nuestros barcos hechos con una hoja de cuaderno.

—¿Tomamos el barco para atravesar?

—De acuerdo.

Era una embarcación muy chata, los viajeros se apretujaban detrás de los cristales, al abrigo del viento. Nosotros nos quedamos fuera, azotados por el viento con su aroma de sal que nos penetraba en la piel.

El viaje era corto, dos o tres minutos, no más, pero se podía ver la ciudad desde abajo: La Cannebière era como un trazo recto que partía los tejados en dos.

Al otro lado del muelle todo era muy distinto. Había un laberinto de callejuelas minúsculas con ropa tendida de una ventana a otra ventana, pero no creo que el sol llegara nunca a penetrar en aquellos barrios.

Paseamos un poco. Las calles tenían escalinatas, y desaguaderos por donde circulaba agua sucia.

Empezaba a sentirme poco a gusto. En el umbral de las puertas había mujeres hablando, la mayoría sentadas en sillas de anea. También las había en las ventanas, con los brazos cruzados sobre el antepecho.

De repente Maurice dio un grito.

—¡Mi boina!

Era una mujer gorda la que se la había quitado. Tenía un pecho enorme y bamboleante, se reía a carcajadas dejando ver los empastes.

Automáticamente, yo me quité la mía y me la metí en el bolsillo. Todavía no había dicho que llevábamos boina. Ahora ya no se llevan, será que hoy en día los niños tienen la cabeza menos delicada que antes.

En cualquier caso, la boina de Maurice había recorrido rápidamente un buen trecho. En pocos segundos había abandonado su cabeza, la señora gorda se la había tirado a una niña medio desnuda en la penumbra de un pasillo, y de repente una llamada nos hizo levantar la cabeza.

En una ventana del primer piso, una mujer aún más

gorda que la primera tenía entre sus dedos amorcillados el precioso tocado. Se reía también como todas.

—Anda, rico, ven a buscarla.

Maurice, desolado, veía su hermosa boina vasca girar en el dedo de la señora gorda.

Me mira.

—No puedo dejársela, tengo que ir por ella.

No soy viejo, pero conozco la vida. Hay mujeres como éstas cerca de Clignancourt, y los mayores del CM2 hablan a menudo de ellas durante el recreo. Le retengo.

—No vayas. Beniquet dice que transmiten enfermedades y que te sacan el dinero.

La doble perspectiva no parece entusiasmar precisamente a mi hermano.

—Pero no puedo dejarla ahí.

Las mujeres siguen riendo. Hay una que la toma conmigo.

—Mirad el pequeño. ¡Qué mono! Se ha quitado la boina, no tiene un pelo de tonto.

Nos quedamos en medio de la calle, y se van abriendo otras ventanas. Vamos a amotinar al barrio entero si la cosa sigue así.

Una señora muy alta abrió la puerta de un café cercano. Aún veo su melena pelirroja, una auténtica llama que descendía hasta la cintura. Se puso a gritar a la que tenía la boina.

—¡Eh, María!, ¿no te da vergüenza meterte con los niños? Anda, devuélvesela.

María siguió riendo con su risa ahogada en la grasa. Luego, como una buena chica, nos devolvió la boina.

—Anda, ¡largaos deprisa, sinvergüenzas!

Maurice cogió la boina al vuelo, se la hundió hasta las orejas, y echamos a correr por las calles a toda velocidad. Las cuestas eran tan pronunciadas como en

Montmartre, era más sucio pero más alegre. Nos perdimos en el barrio del Panier y un reloj dio las diez.

Nos habíamos olvidado del cine: entre el mar, el barco y las putas, íbamos a llegar tarde.

El mar nos sirvió de punto de referencia, cuando pudimos verlo todo fue más fácil. Llegamos al puerto delante de un estanco y subimos por un gran boulevard que se llamaba La Cannebière.

Tres minutos más tarde, estábamos sentados en la tercera fila del cine, con el morral sobre las rodillas y las manos en los bolsillos. Estábamos casi solos, y la sala no tenía calefacción. Había un par de clochards detrás de nosotros, y alrededor de sus asientos había un montón de paquetes y de bultos que impedían el paso. Recuerdo que primero dieron las actualidades, con un hombre bajito con un gran bigote que se llamaba Laval, y nos hablaba sentado ante una mesa y mirándonos con unos ojos abultados y feroces. Después llegaron los tanques en la nieve y comprendí que eran los alemanes que esperaban la primavera para entrar en Moscú. El locutor decía que hacía mucho frío, pero que la moral de los hombres era excelente, y en la pantalla aparecían dos soldados que agitaban ante la cámara sus manos cubiertas de manoplas blancas.

Después hubo un desfile de modas de París, las mujeres daban vueltas, tenían los labios negros, llevaban peinados altos y zapatos con enormes tacones de madera. Las habían retratado en las calles, delante de los monumentos: la Torre Eiffel, el Arco de Triunfo, y para terminar, la blanca iglesia del Sacré-Coeur.

Durante un breve instante, perdidos dentro de aquel cine marsellés, volvimos a ver nuestro barrio, y aquello me hizo pensar bruscamente que casi no había pensado en papá ni en mamá desde nuestra partida. Seguro que ellos sí pensaban en nosotros, y me habría gustado hacerles saber que todo marchaba bien, y que mañana, esta misma noche, habríamos llegado sanos y salvos. La secuencia se prolongaba y por un momento esperé que el realizador hubiera tenido la idea de filmar a las maniquíes en la calle Clignancourt, frente a los almacenes, pero por desgracia no fue así, los fotógrafos de los años cuarenta huían de los barrios populares como de la peste. Necesitaban cosas grandiosas y sublimes: Versalles, las fuentes de la plaza de la Concordia, Notre-Dame, el Panteón, nunca salían de estos lugares ya consagrados.

Hubo un intermedio larguísimo, durante el cual Maurice y yo jugamos a hacernos preguntas con las palabras que salían en los anuncios del telón. Yo le decía la primera y la última letra y él tenía que encontrar la palabra entera. Cuando acertaba le tocaba a él.

Al fin se enfadó porque la palabra que había tomado yo era minúscula; intercambiamos un empujón, dos bofetadas, tres puñetazos y empezó la pelea.

Los pasos torpes, casi paquidérmicos, de una acomodadora que bajaba por el pasillo nos calmaron al instante. Tuvimos tiempo de darnos algunos puntapiés juguetones por debajo del asiento, y luego empezó la película.

Como era un cine de sesión continua, vimos la película tres veces seguidas.

Desde entonces he visto muchas películas, feas, hermosas, ridículas o conmovedoras, pero nunca he vuelto a sentir la sensación de maravilla que tuve aquella mañana. A las investigaciones de los eruditos sobre el cine hitleriano hay que añadir un nuevo dato: la producción nazi logró una obra que hechizó durante una mañana a dos niños judíos.

Son los imponderables de la propaganda.

Eran ya las cuatro cuando salimos de allí, con los ojos llenos de ensueños, pero con una fuerte migraña que el aire libre no tardó en disipar.

Habíamos descansado mucho, y yo tenía un hambre de lobo. Maurice, sin consultarme, entró en una pastelería.

En una estantería de cristal quedaban unos cuantos pasteles inverosímiles, en cuya confección no entraban ni los huevos, ni la mantequilla, ni el azúcar ni la harina. El resultado era una nata rosada en el centro de una pasta pegajosa y resistente a la vez, y todo coronado por una pasa de corinto y un cuarto de cereza confitada.

Al cuarto bocado estaba a punto de pedir socorro.

Con la boca aún llena Maurice me dijo:

—Nos queda aún mucho tiempo antes de que salga el tren. ¿Qué podemos hacer?

Tomé una decisión rápidamente:

—Podríamos volver a ver otro poco el mar...

No nos atrevimos a llegar muy lejos, no podíamos dejarnos perder el tren. Los pocos que circulaban iban sobrecargados, con racimos de muchachos colgados a las puertas. Tan sólo fuimos a las cercanías de la catedral, donde empiezan las grandes dársenas, donde el puerto se parece a una fábrica, con sus grúas, sus cabrestantes, sus aparatos para alzar y reparar los barcos. Anduvimos errantes a lo largo de las rejas de los docks como si fuéramos dos emigrantes intentando embarcarse clandestinamente.

Maurice extendió el brazo ante él.

—Hacia allá es África.

Escudriño en aquella dirección como si fuera a ver surgir monos, un león, una negra con un plato en el labio, tamtams, y bailarines vestidos con taparrabos de paja.

—Y Menton, ¿por dónde cae Menton?

Señala un punto a la izquierda.

—Es hacia allí, cerca de Italia.

Pienso un momento y luego digo:

—Y las señas, ¿tienes sus señas?

—Sí, y de cualquier modo ya los encontraremos, no debe haber muchas peluquerías.

—¿Y si se dedican a otro oficio?

Ahora le toca a Maurice pensar. Levanta la cabeza.

—¿Y por qué siempre tienes que complicar las cosas?

Vaya, a eso le llamo yo un corte.

—Así que soy yo el que complica las cosas, ¿no?

—Sí, eso es, siempre complicas las cosas.

Me río con suficiencia.

—Y a lo mejor he sido yo el que me he dejado robar la boina, ¿no?

Con un gesto involuntario comprueba si la prenda en cuestión sigue bien agarrada al cráneo.

—¿Y es culpa mía si la tía aquella me la ha cogido? Tú que hablas tanto, lo que habrías tenido que hacer es ir a buscarla.

—La boina era tuya, así que tenías que ir tú por ella, si no fueras un gallina.

La bronca dura un minuto, y después echamos a andar con buen paso. Este tipo de peleas siempre nos han hecho bien, nos ayudan a mantener los lazos fraternos, porque después nos sentimos mucho mejor.

Empieza a oscurecer, hay que ir hacia la estación. Es un ómnibus y se detiene en todos los pueblos, aún nos queda mucho por andar.

Subimos las escaleras bordeadas de estatuas macizas y simbólicas y me vuelvo antes de entrar en el enorme vestíbulo. Sé muy bien que la estación de una ciudad ya no es del todo la ciudad, y que aquí, en la estación Saint-Charles, ya no estoy por completo en Marsella. Marsella está ahí, con las horas ha ido perdiendo sus colores, pero el bullicio sube aún hasta nosotros, presidido por el quejido de los tranvías. Sé que no voy a olvidarla jamás, es una hermosa ciudad, una ciudad de sol, de mar, de cine, de putas, de barcos y de robo de boina.

Voy a hacer pipí al W.C. subterráneo de la estación.

El lugar huele a cloro, y mis zapatos resuenan de forma terrible.

Vuelvo a subir y me encuentro entre las piernas de dos guardias que impiden el paso.

No me han visto, están de espalda.

¿Volver a bajar silbando, como si tal cosa? No, nada de eso, me oirían.

Me deslizo entre ellos cuidando de no empujarles.

—Perdón, disculpe...

Me dejan pasar y me alejo prudentemente, con pasos pequeños, con este andar pensativo y espontáneo a la vez de un muchacho que no tiene nada que ocultar.

—¡Eh, tú! ¿adónde vas?

De repente siento que el sudor me sale por todos los poros. Tal vez en este momento acaba de cambiar nuestra suerte.

Me vuelvo hacia ellos y me acerco. Tienen una pinta horrorosa. Más tarde me encontré con otros más simpáticos para que pueda decir que éstos eran del tipo bulldog. Me quito la boina como un niño bien educado.

Este gesto, y tal vez el hecho de haberme lavado la cara y las manos en el lavabo, y también que me haya mojado el pelo, peinado y hecho la raya recta, todo ello seguramente actuó a mi favor. Hay momentos en que pocas cosas bastan para que la vida se detenga o prosiga.

—Voy a tomar el tren.

Son altísimos. Parecen gemelos, con las manos detrás de la espalda y balanceándose sobre los talones.

—Esto ya nos lo figuramos. ¿Llevas documentación?

—No, la lleva papá.

—Y ¿dónde está tu papá?

Me vuelvo. En el vestíbulo, junto a la consigna de equipajes hay mucha gente.

—Por allá. Se está ocupando de las maletas.

Siguen mirándome. Si me dicen que les lleve hasta él, me han fastidiado.

—¿Dónde vives?

—En Marsella.

—¿En qué dirección?

—En La Cannebière, encima del cine.

Es curioso, las mentiras salen por sí solas y la mar de bien, con la condición de que no se piense mucho antes de decirlas. Me vienen ganas de añadir otras, me siento con ánimo de inventar una biografía entera.

—Mi padre es el propietario del cine.

Me parece que si no me detienen pronto, voy a contarles que poseemos toda Marsella.

No parecen muy impresionados, pero de cualquier modo, la pregunta siguiente la formulan en un tono muy distinto.

—Entonces debes ir al cine a menudo, ¿no?

—Sí cada vez que ponen una película nueva. Ahora dan «El barón de Munchhausen», es muy bonita.

Nunca hubiera creído que fueran capaces de sonreír. Casi lo logran.

—Anda vete.

—Adiós.

Me pongo la boina y me marcho. Casi me siento apenado de que se haya terminado la comedia, pero ahora cuidado, tengo que mirar que no me sigan, tengo que seguir fingiendo.

Maurice está a mi derecha, está sentado en un banco en el exterior de la sala de espera. Me dirijo directamente al lugar donde se supone que está mi padre. Me deslizo por entre las maletas y los grupos de viajeros, y me coloco de manera que el último vagón haga de pantalla entre los dos polis y yo.

No he hecho el menor signo a mi hermano, y él no se ha movido. Ha debido comprender que algo iba mal.

Ahora, lo mejor que puedo hacer es seguir perdido en la multitud, pero sin dar demasiado la impresión de que quiero esconderme, y también hay que evitar que nos vean juntos a Maurice y a mí. Me meto en medio de los grupos de gente y de pronto les veo venir.

El corazón se me para. Tenía que haberme supuesto que aquel par de brutos no iban a dejar las cosas en suspenso, ¡y yo que estaba tan orgulloso de haberles contado aquellos embustes! Siempre hay que estar alerta: el momento en que uno cree que ha ganado es siempre el momento más peligroso.

Se acercan muy despacio, con las manos detrás de la espalda, como siempre.

Pasan por delante de mi hermano que sigue sentado al lado de una buena señora. El hombre que está a mi lado consultando el horario debe tener unos treinta años, podría ser mi padre, así que va a serlo. Pongo cara alegre y animada y le pregunto la hora.

Parece sorprendido, y por dos razones: la primera, porque hay un reloj de tres metros de diámetro justo en frente de nosotros, y la segunda porque le debe extrañar que ostente semejante sonrisa para hacerle esta pregunta.

Me mira un momento, un poco burlón:

—¿No sabes leer la hora?

Me río alegremente, cosa que parece sorprenderle aún más. Me debe tomar por un crío completamente chiflado. Con el rabillo del ojo compruebo que los guardias están ya a nuestra altura, pero a unos diez metros de nosotros. Con el jaleo de la gente no pueden oír lo que decimos.

—¡Pues claro que sé leer!

—Pues bien, levanta los ojos y verás un reloj que va a informarte tan bien como yo.

Nos han echado un vistazo y han pasado. Aquel señor no supo jamás que durante breves segundo fue, para dos gendarmes, propietario de un gran cine de Marsella, y padre de un muchacho de diez años.

Me vuelvo un poco y de repente una mano se posa en mi hombro. Doy un respingo. Es Maurice.

—¿Qué ocurre?

Lo arrastro rápidamente detrás de una columna y le pongo al corriente de todo.

Parece preocupado también, y no le faltan razones.

—He oído lo que habla la gente, la estación está llena de controles. La sala de espera de segunada clase está llena de detenidos, están controlando a todo el mundo.

Nos miramos sin decir nada.

—¿Qué vamos a hacer?

Manosea los billetes de tren que lleva en el bolsillo.

—Podemos salir de la estación, pero perdemos los billetes. Sólo son válidos para esta noche. Y no me atrae mucho quedarme en Marsella. ¿Dónde dormiríamos? Siempre es posible encontrar un hotel, pero también deben estar muy vigilados.

—Mira a tu izquierda.

Despierto de mis reflexiones. Lo que acaba de entrar es un regimiento entero. El oficial que va delante lleva un quepis rodeado de listas doradas, al menos es capitán.

Maurice jura entre dientes.

El tren que tenemos que tomar no está aún en el andén, las vías están vacías, y se hunden en la oscuridad para unirse a lo lejos, allí donde la noche es completa.

Tengo una idea.

—Oye, si seguimos la vía, por fuerza llegaremos a otra estación.

Maurice menea la cabeza, varias veces, dudando.

—No, podrían atropellarnos, y además si hay gente trabajando, o guardabarreras, nos verían aún más fácilmente.

Mientras estamos parlamentando, los guardias se han desplegado y piden la documentación a la gente que espera en los andenes. Veo que se llevan a algunos a la sala de espera. Esta vez sí que no hay escapatoria, ya me veo allí dentro.

En este mismo momento el altavoz anuncia la llegada de nuestro tren. Hubo un instante de tumulto, había pocos coches e iban llenos, así que los viajeros habían adquirido la costumbre de precipitarse sobre los escasos asientos que no habían sido reservados. Nos mezclamos con la multitud y llegamos entre los primeros. La suerte estaba a nuestro favor: los revisores no habían cerrado las portezuelas y pudimos subir al tren.

En el pasillo Maurice me dijo:

—Si hay algún control, nos metemos debajo del asiento. No creo que vayan a buscarnos allí.

No era excesivamente seguro, pero no hubo control.

Con más de media hora de retraso, el tren dio una sacudida y nosotros dimos un inmenso suspiro de alivio. Era la última etapa.

El viaje fue largo, era un auténtico cacharro aquel tren, que hacía frecuentes paradas en medio del campo sin que nadie supiese por qué. Los obreros ferroviarios recorrían el balasto junto a los vagones, y yo, medio dormido, oía sus voces, sus acentos, sus imprecaciones.

Amaneció cuando pasábamos por Cannes, y luego debí dormirme. Maurice me despertó, y sin saber cómo, después de haber pasado por encima de la gente que había en los pasillos, me encontré en una plaza. Las palmeras balanceaban sus hojas por encima de mi cabeza, eran las primeras que veía, exceptuando los ejemplares medio mustios que vi un domingo que mamá nos llevó al jardín de Luxemburgo.

Cuatro meses en Menton.

Parece ser que la ciudad ha cambiado, se han construido rascacielos como en todos los pueblos costeros, residencias, nuevas playas, hasta la frontera italiana, y más allá. Durante aquellos meses de guerra era aún una ciudad pequeña enriquecida gracias a los ingleses y a algunos millonarios tuberculosos que habían ido a terminar sus días al sol. Los grandes hoteles y el sanatorio estaban ocupados por el Estado Mayor italiano y por un mínimo de tropas que se dedicaban al dolce farniente, bañándose en verano, y en invierno tonteando por las calles, los jardines Biones o la avenida que hay delante del antiguo casino. Yo era un niño turbulento, y desde el primer momento la ciudad me fascinó con su encanto ya anticuado, sus soportales, sus iglesias italianas, sus viejas escalinatas y la antigua escollera, desde cuyo extremo se veía la ciudad antigua y las montañas que caían al Mediterráneo.

A la llegada nos permitimos una comida bastante sustanciosa para la época, en un pequeño restaurante cerca de la estación. La camarera nos puso bajo su protección directa y nos procuró los mejores manjares de la cocina.

Salimos con la cabeza un poco cargada y dispuestos a dar con nuestros hermanos.

La peluquería estaba en un local bastante bonito que hacía esquina con una calle bastante ancha que lleva al museo.

Maurice lo vio el primero. Me dio un codazo.

—Mira.

A pesar de los reflejos de la vitrina puedo ver el interior. Aquel chico alto que pasa la maquinilla por una nuca inclinada es Henri, el mayor.

No ha cambiado nada, tal vez un poco más delgado, pero a penas. No nos ha visto.

—Ven, vamos a entrar.

La campanilla de encima de la puerta suena. El otro empleado se vuelve, la cajera nos mira, los clientes nos miran por el espejo, todo el mundo tiene los ojos puestos en nosotros, excepto Henri.

Nos quedamos de pie, en medio del local.

La cajera interviene:

—Sentaos, niños...

Por fin, Henri se digna volverse y se queda con la maquinilla en el aire:

—Oh, oh, oh, ¡pero si están aquí este par de granujillas!

Se agacha y nos abraza. Sigue oliendo tan bien como en casa, el mismo olor.

—Sentaos, estoy listo en dos minutos.

Con gran rapidez da un pase de navaja debajo de las patillas, un último tijeretazo igualador detrás de una oreja, un cepillazo en el cuello, un pase de espejo ultrarrápido, y le quita el peinador a su paciente.

—Discúlpeme cinco minutos, señora Henriette. Tengo que ocuparme de esta pareja.

La patrona asiente, y salimos los tres.

Nos ha cogido de la mano y nos lleva a grandes zancadas hacia la ciudad antigua; durante el trayecto, que hacemos corriendo para alcanzarle, las preguntas salen disparadas:

—¿Y los padres? ¿Cómo habéis logrado pasar? ¿Cuándo habéis llegado?

Contestamos los dos a un tiempo, y por fin consigo preguntar:

—¿Y Albert?

—Hoy es su día de fiesta. Está en casa.

—¿Dónde está vuestra casa?

—Ya lo verás.

Subíamos hacia la iglesia de Saint-Michel por calles tortuosas, las escaleras bajaban hasta el mar. Pasamos por la calle Longue, que me recordó Marsella y el robo de la boina. También allí había ropa tendida en las ventanas. Un pequeño arco unía ambos lados de la calle a la altura de un primer piso.

Casi debajo del arco Henri entró en una puerta baja. Había una escalera que bajaba, con los escalones altos y estrechos.

—No hagáis ruido. Vamos a darle una sorpresa.

Hizo girar la llave en el cerrojo y nos encontramos en un pequeño comedor amueblado con un gran aparador provenzal, una mesa redonda y tres sillas. Por la rendija de una puerta entreabierta vimos a Albert que estaba leyendo en la cama.

—Traigo invitados.

Albert quedó extrañado.

—¿Qué haces aquí? ¿Cómo es que no estás en la peluquería?

—Adivina quién está aquí.

Albert no tiene mucha paciencia. Se puso en pie de un salto y entró en el comedor.

—Oh, oh, oh, ¡pero si aquí están este par de granujas!

Le saltamos al cuello, todos estábamos contentos, la familia se formaba de nuevo.

Nos sirvieron gaseosa, pan y chocolate, y como yo me extrañara de un lujo tan costoso, Henri me explicó que con un poco de astucia podía uno arreglarse.

Les contamos nuestras aventuras desde el principio, y ellos no se cansaban de oírnos. Los cinco minutos de Henri se convirtieron en una hora. Nos contaron también cómo les habían ido las cosas a ellos. En el tren habían encontrado un control de la guardia alemana, y un joven muy delgado presentó su documentación antes que nadie, inocente y bonachón.

El alemán leyó deletreando con dificultad:

—Rauschen...

El interesado le ayudó amablemente:

—Rauschenberger. Simon Rauschenberger.

El guardia puso mala cara.

—Y usted es francés...

El simpático y sonriente joven asintió con la cabeza.

—De París, distrito XIV, calle de Alésia.

El alemán se rascó la barbilla perplejo.

—¿Religión?

Rauschenberger tosió discretamente.

—Católica, por supuesto, pero cuidado...

Levantó un dedo sacerdotal.

—¡Católica ortodoxa!

El gendarme, visiblemente traumatizado, le devolvió los papeles. Henri y Albert pudieron escabullirse confundiéndose con la multitud.

—Y aún queda mucho por contar, dijo Albert, pero vamos a tener que acomodar a estos jovencitos.

—Mientras no encontremos nada mejor vamos a poneros un colchón en el comedor. En el armario encontraréis sábanas y mantas. Estaréis como reyes, y os haréis vosotros mismos la cama.

Henri volvió a su trabajo y Albert puso agua a calentar en la cocina. Nos lavamos en un gran caldero con un jabón negro, una especie de pasta pegajosa en una caja metálica, que si no olía precisamente a rosas, al menos limpiaba de maravilla. Lo estaba necesitando, el último baño quedaba ya lejos.

Nos pusimos ropa limpia que sacamos algo arrugada del morral, y me sentí más ligero que nunca.

—Y ahora —dijo Albert— vais a ir de compras: aquí tenéis dinero y una lista de cosas que hay que comprar. Esta noche daremos una fiesta.

Y con una bolsa de malla en la mano bajamos las escaleras hacia la calle, cruzamos y nos encontramos en la playa de Sablettes, al pie de la ciudad antigua.

La arena estaba dura, y la playa no era muy grande, pero no había nadie: unas pocas barcas de pesca con sus redes colgando y las olas que apenas rompían. Saltamos, corrimos, bailamos, gritamos, estábamos ebrios de gozo y de libertad. Por fin lo habíamos logrado, por fin habíamos encontrado la dichosa libertad.

Al fin caímos rendidos boca abajo, con el pelo y los zapatos llenos de arena. Nos mojamos un poco y nos alejamos de la playa a disgusto.

En las plazoletas los pescadores jugaban a la petanca y se gritaban en la lengua del lugar, que se parecía al italiano.

En las tiendas no cesaban de preguntarnos el nombre, y Maurice contestaba: «somos hermanos de Henri y Albert». En el acto las dificultades se esfumaban, todo el mundo parecía conocerles, y el carnicero nos entregó sin ticket un formidable entrecot, la tendera nos dio cuatro kilos de patatas, seis huevos, una lechuga y cien gramos de harina.

Decididamente, nuestros hermanos sabían defenderse.

Volvimos a casa cargados como mulas.

—¡Los hermanos Joffo a pelar patatas!

Nos sentamos en la cocina con un cuchillo en la mano, y al mirar por la ventana quedé estupefacto, ahí abajo se veía el mar, estábamos al menos en un quinto piso.

Bajar una escalera para entrar en una casa que resulta ser un quinto, es lo que se llama arte de magia.

Entre los tres preparamos el festín, y cuando llegó Henri con una botella de vino, la mesa estaba puesta, las patatas se doraban en la sartén y yo ya no podía aguantarme, tenía la impresión de que la saliva iba a salírseme de la boca.

Ya no me acuerdo de la cena. Albert nos sirvió a Maurice y a mí medio vaso de vino para celebrar la llegada, y aquello fue lo que acabó conmigo. Después del queso (diez por ciento de materia grasa, la cosa cambia), oí que Maurice hablaba de la estrella amarilla, del cura de Dax, de los gendarmes de Marsella, y me quedé dormido en la mesa, con la cabeza apoyada en los antebrazos.

Dormí diecisiete horas de un tirón.

Los tres días siguientes fueron admirables.

Henri y Albert se marchaban por la mañana temprano, nosotros nos levantábamos a eso de las nueve, y después de desayunar bajábamos a la playa a hacer una partida de pelota. En aquella época los balones escaseaban. La portera nos prestó uno, y mi amor por el fútbol data de aquel momento. Maurice era el portero. Delimitábamos las porterías con nuestros abrigos, y yo chutaba con todas mis fuerzas, y aullaba de alegría cuando él no lograba parar el balón.

Teníamos la playa entera a nuestra disposición, los escasos transeúntes nos miraban desde lo alto de la baranda.

Hacíamos los recados y cocinábamos rápidamente para nosotros dos, pues Henri y Albert comían con su jefe. Mi especialidad era la pasta. La hervía con un pedacito de margarina y sal, untaba el fondo de la fuente con queso de cancoillotte, que sustituía al gruyère y se encontraba fácilmente en las tiendas, y la ponía al horno para gratinar. Resultaba un plato delicioso.

Por la tarde íbamos de exploración y el campo de nuestras investigaciones aumentaba sin cesar. Al segundo día, en la ladera de la bahía de Garavan, descubrimos una inmensa villa con los postigos cerrados. Estaba rodeada de una larga valla, y a través de las rejas cerradas por una pesada cadena se veía un espeso jardín que era una selva virgen. Tarzán debía de andar por allí, y me extrañaba no verle surgir saltando de rama en rama.

El lugar estaba desierto. Los dueños debían estar lejos, tal vez la guerra les había hecho huir, tal vez estaban muertos, en cualquier caso no estaban allí.

Con la ayuda de las ramas bajas de un pimentero, y de una pequeña escalera de mano, pronto estuvimos en el corazón del paraíso.

Había estatuas medio ocultas por las plantas trepadoras, y sobre todo una piscina vacía con el mosaico amarillo cubierto de musgo. Nos pasamos la tarde entera jugando allí, escalando pedestales, batiéndonos en interminables duelos, hasta que sonaron las seis en Saint-Michel.

Volvimos a casa a toda marcha, pues habíamos quedado en que nosotros nos encargábamos de poner la mesa y ordenar la casa cada noche.

Después de una cena rápida fuimos a acostarnos, y apenas estuvimos en la cama, Maurice atacó:

—Oye, Jo, nos lo estamos pasando bomba, ya lo sé, pero ¿no crees que podríamos tratar de ganar algún dinero?

Señaló la habitación de nuestros hermanos y añadió:

—Así les ayudaríamos un poco...

Se ganaban bien la vida, a la vista estaba, pero dos bocas más se notan, sobre todo si tienen buen apetito. Maurice les había dado los restos de los veinte mil francos, pero tenía razón, no podíamos permitir que nos mantuvieran hasta el fin de la guerra. Y luego había otra cosa: desde que salimos de París, nos habíamos acostumbrado a valernos por nosotros mismos, habíamos descubierto el placer que sienten los niños al desenvolverse en un mundo de adultos.

No creo que nuestra decisión de trabajar viniera motivada por escrúpulos; sencillamente, a nuestra edad, ganarnos la vida se había convertido en el mejor de los juegos, mucho más interesantes que los partidos de fútbol en la playa o que los vagabundeos en las villas abandonadas.

Poco después de las cuatro y media a veces encontrábamos niños de nuestra edad. No nos salvamos del inevitable «Parisino, cara de cochino, parisién, cara de sartén», pero a los diez años, la posesión de una pelota arregla muchas cosas.

A los pocos días me había hecho amigo de un mentonés de mi edad que se llamaba Virgilio y vivía en una vetusta casa en la calle de Bréa.

Después de unas cuantas partidas de tabas junto a la puerta de su casa, me dijo que durante las vacaciones iba a guardar vacas a una granja que había en la montaña, sobre Sainte-Agnès. Le pagaban bastante bien, el patrón era muy simpático, pero sólo podía trabajar cuando no iba al colegio.

Decidí hablar de ello en seguida con Maurice, e iba la mar de orgulloso de tener ya un proyecto cuando me lo encontré en la calle Longue, con un gran delantal azul atado a la cintura y con el pelo y las cejas grises de harina. El muy bestia me había tomado ya la delantera y trabajaba en la panadería de la esquina.

Le tomé dinero prestado a Henri y a la mañana siguiente, a las ocho, estaba en la plaza del mercado para tomar el coche de línea para Sainte-Agnès.

Con la frente pegada al cristal vi cómo el mar iba alejándose mientras el coche traqueteaba, escupía el humo

116

del gasógeno y subía la carretera serpenteante a una media de quince por hora. El pueblo estaba medio abandonado. Era una pequeña aldea típicamente provenzal como las que se ven en las postales y que tanto atraen a los amantes de las piedras antiguas.

En las callejas, aún más tortuosas que las del viejo Menton, me encontré a un viejo que empujaba a un diminuto asno cargado de leña, y le pregunté el camino de la granja del señor Viale, que era el nombre que me había dado Virgilio.

Me lo explicó con gran trabajo, y me encontré siguiendo un sendero en el flanco de la colina, completamente perdido en medio de un grandioso escenario de rocas, precipicios y torrentes.

Llevaba conmigo mi inseparable morral; mientras subía las pendientes iba mordiendo media torta que el día antes Maurice había traído de la panadería. Maurice se dedicaba a avituallar a la familia de pan, harina y repostería. Por mi parte yo me prometí que bajaría mi parte de leche, mantequilla, queso, todo lo que fuera humanamente posible obtener en una granja.

Era evidente que no podría bajar a Menton muy a menudo. Virgilio me había avisado que si Viale me contrataba, dormiría en una minúscula habitación una de cuyas paredes estaba formada por la roca viva. No debía de ser muy confortable, pero aquello no me arredraba, al contrario.

Las montañas fueron separándose y pronto tuve ante mí la llanura que se ensanchaba. Los cultivos en bancales descendían hasta el valle, y después de dos o tres kilómetros de marcha totalmente solitaria, descubrí las construcciones.

En el centro había un antiguo «mas» con tejas romanas amarillas por sol, pero al lado el propietario había construido una casa más alta que recordaba más a un hotelito de las afueras entre Saint-Denis y Pierrefitte que a una construcción meridional. Había también cobertizos de sillar y chapa ondulada que debían servir de granero y almacén.

Avancé con precaución porque no me fiaba de los perros, pero pude entrar en el patio sin que saliera ninguno.

Fui hasta la puerta del hotelito y llamé.

Salió a abrir la señora Viale.

Por chico que fuera yo en aquella época, aquel personaje me sorprendió en seguida por su incongruencia. Más tarde, al recordar a aquella mujer, me he dado cuenta de por qué me extrañó tanto sin que comprendiera la razón. Había pertenecido a la alta sociedad parisina; me contó varias veces que sus padres vivían en el faubourg Saint-Germain y que su padre era miembro del cuerpo diplomático. Había aprendido golf, equitación, bordado, piano y clavecín, y se pasaba largas horas leyendo a los buenos escritores en su suntuosa habitación tapizada de teletón y con pesados tapices de damasco, mientras bebía chocolate.

A los veintidós años, aunque muy cortejada, todavía no había elegido entre los numerosos candidatos que aspiraban a compartir su vida con ella, y durante el invierno de 1927 empezó a toser. Como tuvo un ataque de tos bastante violento al tomar café en Lasserre, y este ataque dejó una mancha parduzca en un fino pañuelo de muselina que se había llevado a la boca para ahogar la tos, su madre la mandó al médico y resultó que el pulmón izquierdo empezaba a velarse.

Para una persona de su rango social, en un caso semejante no había más que una cosa por hacer: se marchó a Menton.

Su madre la instaló en una villa apartada de la ciudad y del sanatorio, en la que sólo se encontraba gente vul-

118

gar, y allí vivió ella acompañada por una señorita de compañía y una cocinera.

La señorita de compañía tenía diecisiete años, y la cocinera sesenta y cuatro.

Al cabo de unos meses, fortalecida por el aire puro, empezó a salir a pasear por el campo apoyándose en un bastón.

Un día de la primavera del año 1928 siguió un sendero más peligroso que otros y se torció un tobillo. Se quedó durante tres horas sentada en una piedra creyendo que nunca pasaría nadie por allí, y que iba a morirse de insolación a pesar de su capellina. Ya estaba esperando la llegada de los buitres cuando sonaron unos pasos sobre los guijarros: era el señor Viale, propietario y cosechero, que volvía a su granja.

Tenía unos treinta años y un bigote a lo Clark Gable pero en más espeso, y tomó a la muchacha en brazos y se la llevó a su casa.

Catorce años más tarde, aún no había salido de ella.

Fue un escándalo espeluznante. Al cabo de tres meses se casaron en la alcaldía de Gorbio, pues el señor Viale era librepensador, y la familia rompió toda relación con ellos.

Ella se adaptó magníficamente a su nueva condición de granjera y daba de comer a los animales, cambiaba la paja, cortaba leña, escardaba, sembraba, hacía todas las tareas con la distinción y la elegancia que resultan de una excepcional educación.

Me contó esta historia por lo menos cuatro veces durante la primera semana que pasé con ellos. Mientras daba de comer a las gallinas escuchaba alguna pieza de Haendel, Bach o Mozart en un fonógrafo que ponía al máximo de volumen. En su habitación había montones de discos de 78 revoluciones, envueltos en fundas grises con un ancho agujero en el centro para poder leer en el disco el título del fragmento. También leía muchísimo, y me prestó las obras completas de Anatole France, por el que sentía gran predilección. También me confesó que leía de vez en cuando a Pierre Loti, pero consideraba tal lectura como un esparcimiento culpable al que sucumbía a veces, lo mismo que un miembro de la Academia devora a hurtadillas novelas de la serie negra.

Antes de que el señor Viale llegara yo ya sabía que iba a quedarme y que mi trabajo principal no sería limpiar los establos de los escasos animales que quedaban, ni arrancar las hierbas que crecen después de la lluvia junto a las cepas de viña, sino escuchar a la señora de la casa, esta última sentada en un puf y con una taza de té en la mano.

Cuando entró el dueño le expliqué que había conocido a Virgilio y que quería trabajar, hacer todas las tareas que quisiera mandarme, etcétera.

Me aceptó en seguida, y hoy pienso que fue más por dar gusto a su mujer que por necesidad de ayuda en el trabajo agrícola. No era yo alto ni fuerte, y por mucho que abombara el pecho no creo que lograra impresionarle. Pero había logrado lo más importante: estaba colocado, y aquella misma noche dormí en la pequeña habitación que me había descrito Virgilio. Habíamos fijado el sueldo, y me dormí completamente feliz: ya trabajaba, ya no estaba a cargo de mis hermanos, por fin ganaba dinero. Aún no había llegado la temporada de trabajo fuerte, y por la mañana salí con mi jefe para «hacer chapuzas» como él decía. Levantábamos pequeños muros de piedra y yo tenía que mantener la plomada; también recuerdo que removía el mortero y lo llevaba al señor Viale que reparaba las grietas en la pared de la casa vieja subido en una escalera. Me pasé dos mañanas enjuagando botellas con una escobilla, con las manos cubiertas con unos guantes de goma que me iban grandes y me llegaban a los codos. En mi vida había visto tantas botellas juntas, la bodega estaba llena de ellas.

Comía con ellos y la señora Viale me enteraba de algunos detalles de su pasado: su visita a la exposición de Bagatelle en julio de 1924, su puesta de largo, su primer vals vienés con un oficial italiano...

Viale la escuchaba mientras fumaba su pipa, y luego se levantaba.

Yo me ponía en pie para seguirle, pero me detenía con un gesto.

—Descansa un poco ahora, esta mañana has trabajado de firme.

Yo no osaba decirle que habría preferido estar con él en el campo, o reparar el tejado del granero, antes que escuchar historias sobre la sociedad mundana de entreguerras, pero me daba perfecta cuenta de que esto también formaba parte de mi trabajo, era una connivencia entre él y yo.

Así pasaron diez días entre gallinas, patos, mortero, Anatole France, y los sempiternos relatos de mi amada patrona. Comía a las mil maravillas y me había olvidado de la guerra. Tampoco mis amos parecían demasiado preocupados por ella. Él pensaba que hablar de la guerra no servía para nada, y ella la consideraba una cosa un poco inconveniente, hecha por gente vulgar, generalmente trivial, y que las personas de buen gusto tenían otros temas de conversación.

Una noche, después de la sopa, una sopa espesa en la que las verduras enteras se mezclaban con los macarrones y caían en el estómago como un cemento ardiente, le pedí permiso a Viale para bajar al pueblo al día siguiente, que era lunes, para ver a mis hermanos. Saldría con el coche de la mañana, y estaría de vuelta hacia las cinco.

Lo encontró razonable, y mientras su mujer y yo hacíamos una partida de ajedrez, juego en el que ella me había iniciado, él dejó un sobre encima de la mesa: mi paga.

Al día siguiente bajé tal como estaba previsto. Además de mi dinero llevaba huevos envueltos en papel de periódico en una caja de zapatos, así como un kilo largo de tocino magro, tesoros inestimables. Ya veía la tortilla monstruosa que Maurice y yo nos haríamos para almorzar.

Les di las gracias y partí hacia Saint-Agnès. Recuerdo que me volví hacia la granja perdida en el fondo del valle, rodeada de montañas, aquella granja en la que se había construido una vida, feliz en el fondo, aunque tan distinta de lo que habría tenido que ser. Vi a la señora Viale cruzar el patio, tenía las dimensiones de un soldado de plomo, y pensé que sería hermoso vivir allí hasta el fin de la guerra, al abrigo de todo, sin otra preocupación que esperar.

Me habría causado un profundo dolor saber en aquel instante que no iba a volver jamás a la casa de los Viale, que no los volvería a ver.

El lunes estaba seguro de encontrarles en casa. Era el de cierre obligatorio de los comercios, y debían de haberse quedado un poco más en la cama. Tal vez Maurice había salido y estaba jugando en la playa.

Al bajar del coche delante de la fuente, en la plaza del mercado, me moría de ganas de chutar el balón y de meter unos cuantos goles. Subí por la calle de París a toda velocidad, sujetando el morral para que no se rompieran los huevos y subí por la calle Longue. El portal estaba abierto y empujé la puerta de nuestra casa.

Contrariamente a lo que había imaginado, todos estaban levantados, Albert y Maurice estaban en pijama tomando el desayuno. Henri se terminaba el café junto a la ventana. Llevaba un traje azul oscuro, camisa blanca, corbata y había una maleta cerrada esperando junto a la mesa.

Antes de volver a cerrar la puerta yo ya sabía que había ocurrido algo.

Nos besamos y Albert me trató de destrıpaterrones con alegría forzada. En seguida hice la pregunta:

—¿Qué pasa?

Nadie respondió y Maurice me sirvió un tazón de café con leche descremada sin despegar los labios. Henri tenía las facciones crispadas de alguien que no ha dormido en toda la noche, y terminó por ponerme al corriente:

—Hemos recibido malas noticias.

Sobre el aparador había una carta con infinidad de sellos, la mayoría representaban un águila.

Tragué saliva.

—¿De los padres?

Albert inclinó la cabeza.

—Más vale que lo sepas en seguida: están detenidos.

Durante los últimos días lo había olvidado todo, había vivido en medio de mis montañas, lejos de los hombres, con una señora que me contaba hermosas historias, y un granjero que era una buena persona, y aquello había bastado para hacer desaparecer todo lo demás; pero bruscamente volvía a la realidad y esto me daba un sabor amargo en la boca. Por fin logré balbucir:

—¿Y cómo ocurrió?

Henri tomó la palabra y me contó lo más importante. Papá y mamá habían abandonado París, allí la situación empeoraba cada día para los judíos, una noche había habido una redada monstruosa, y habían escapado por los pelos. Lo habían abandonado todo y habían viajado de autocar en autocar, pues los trenes se habían puesto imposibles para los que no tenían *ausweıss*, y por fin habían llegado a Pau completamente agotados. Habían conseguido cruzar la línea de demarcación tras múltiples peripecias, pero allí las autoridades de Vichy les habían detenido y encerrado en un campo de concentración. Habían logrado hacer pasar una carta que era la que mis hermanos acababan de recibir.

Lo que Henri no me dijo aquel día es que el campo en el que estaban internados era un campo de tránsito, de donde todos los días salían convoyes para llevar a los prisioneros a residencias forzosas.

Leí la carta, la había escrito papá, mamá había añadido sólo una raya después de la firma de mi padre: «Besos a todos. Ánimo».

No se quejaban, mi padre no parecía haber tenido mucho tiempo para redactarla. Al final decía: «Si encontráis a los pequeños, llevadles al colegio, es muy importante, cuento con vosotros para ello».

Levanté los ojos hacia mis hermanos.

—¿Qué hay que hacer?

Henri señaló la maleta.

—Pues ya lo ves, me voy para allá.

Yo no lograba comprender.

—Pero si vas allá van a cogerte también a ti. Si saben que ellos son judíos, sabrán que tú también lo eres, y te detendrán.

Albert sonrió con tristeza.

—Has reaccionado lo mismo que yo ayer. Pero nos hemos pasado buena parte de la noche discutiendo y finalmente nos hemos puesto de acuerdo en un punto: siempre se puede intentar alguna cosa.

Está jugando con la cuchara, intenta mantenerla en equilibrio sobre el borde del tazón.

—Yo volveré lo antes que pueda —dijo Henri— mientras tanto Albert sigue en la peluquería y esta tarde mismo va a inscribiros en el colegio. Está bien trabajar, pero tal vez he andado equivocado al no preocuparme bastante de vosotros. Papá tiene muchas preocupaciones, pero ha pensado en ello, así que vamos a hacer lo que él dice, y vosotros, trabajad de firme en el colegio. ¿De acuerdo?

Maurice y yo no lo estábamos mucho, pero no podíamos negarnos.

—De acuerdo.

Diez minutos más tarde, Henri se había marchado.

Al mediodía hicimos una soberbia tortilla con tocino; Albert se extasió ante mi paga, pero su corazón estaba ausente.

A la una y media de la tarde entrábamos en el patio de la escuela y Albert preguntó por el director.

Éste nos pidió las libretas de escolaridad, y pensé con alivio que debían estar durmiendo bien amparadas por montones de otras libretas en algún armario de la escuela primaria de la calle Ferdinand-Flocon, París-XVIII, a más de mil kilómetros de allá. Con los brazos cruzados esperábamos el fin de tanta palabrería y abrigábamos la secreta esperanza de que sin papeles, sin libretas, sin nada, fuera completamente imposible matricularnos. No comprendía todo lo que decían, pero al parecer las dificultades eran insuperables.

Por fin, después de abundantes deliberaciones, el director, un hombre de tipo meridional muy acusado, con un enorme cronómetro en la muñeca que me fascinaba especialmente, se echó hacia atrás con un suspiro de asmático.

Nos miró de arriba abajo a Maurice y a mí, intentando descubrir en nosotros a dos posibles gamberros, y luego dijo:

—Bien, queda entendido. Pueden ir a sus nuevas clases, voy a presentarles a sus maestros.

Maurice se puso verde. Yo debía de tener el mismo color.

—¿Ahora mismo? —tartamudeó.

El director frunció el ceño. Esta pregunta significaba para él la primera muestra de rebeldía notoria. Nuestra evidente falta de entusiasmo era una ofensa y una falta característica.

—Claro que sí, ahora mismo —dijo severamente.

Albert se apiadó de nosotros.

—Ya se los traeré mañana por la mañana, tengo que comprarles las carteras y los cuadernos.

El director hizo una mueca con los labios.

—No se olvide de la pizarra, les será igualmente de gran utilidad. Los libros los da la escuela.

Salimos del despacho después de saludar respetuosamente.

En el patio se oía el murmullo de una voz recitando la lección. Volvía a encontrar aquel ambiente familiar.

Maurice no cedía.

—Qué tío bestia, ¿te has fijado cómo quería encerrarnos en el acto, sin dejarnos ni respirar?

Albert se reía.

—Me da la impresión que el director ya se ha dado cuenta de qué clase de granujas sois, así que más vale que os andéis con cuidado.

Gracias a las amistades que Albert había hecho en la peluquería, pudo procurarse tickets de tejido y la última esperanza se esfumó: me encontré delante del espejo apolillado en la trastienda de un sastre con el infamante uniforme: una nueva bata negra con un fino ribete rojo. Maurice tenía la misma, pero en una talla superior.

Luego vino la cartera, con el estuche de lápices y dos cuadernos. No había escapatoria posible, estábamos listos para el colegio.

Albert nos dejó para ir a ver a unos amigos, y nosotros, después de dejar las compras a casa, bajamos a chutar tristemente el balón.

Aquello no nos divirtió mucho, y empezamos una persecución por los bloques de la escollera hasta el paseo que hay delante del Casino, cerrado desde el principio de las hostilidades, y cuya pintura empezaba a quebrarse.

Maurice me contó su oficio de panadero, y yo le expliqué cómo se hacía el mortero y cómo había que hacer para lavar lo más rápidamente posible millares de botellas. Todo fue muy melancólico.

Además, sin que hablásemos de ello uno ni otro, pensábamos continuamente en lo que ocurriría a nuestros padres. Estaban lejos los días en que papá entraba para contarnos historias de pogroms que ponían los pelos de punta. Ahora él estaba viviendo uno, el mayor pogrom que jamás conoció la Historia.

Por la noche hicimos otra tortilla, esta vez con patatas, y Albert quiso que nos acostáramos temprano.

A las ocho nos apagó la luz y proclamó:

—¡Mañana al colegio!

Me dormí apesadumbrado. Normalmente yo debería encontrarme en aquel momento en mi granja, jugando al ajedrez con la señora Viale; realmente los tiempos eran difíciles, no se podía estar seguro de nada.

Mi maestro resultó ser una maestra.

Hay que tener en cuenta que todos los hombres se habían ido a la guerra, la mayoría estaban prisioneros, y no quedaban más que las maestras y algunos jubilados que volvieron a llamar para educar a los jóvenes franceses de los años de la ocupación. A Maurice le tocó un anciano con perilla que llevaba muchos años jubilado y que intentaba continuamente imponer silencio a una jauría desenfrenada de treinta y cinco niños en medio de una atmósfera oscurecida de bolitas de papel.

Cada noche mi hermano me contaba sus aventuras que daban a entender que él participaba en las refriegas. Fabricaba complicados aviones, pajaritas, empezaba a almacenar canicas y no aprendía absolutamente nada.

Yo no tenía tanta suerte, pero nuestra maestra era joven, yo la encontraba bonita y simpática, y sin darme cuenta trabajaba bien.

El gobierno de Vichy había pensado que los niños franceses podían padecer privaciones, y repartía a las cuatro de la tarde galletas vitaminadas, lo que daba lugar a infinitas y complejas transacciones. Para los más canijos, la enfermera destacada en el colegio llegaba a las diez y repartía pastillas aciduladas supervitaminadas y cucharadas de aceite de hígado de bacalao. En el mismo instante, en toda Francia, ocupada o no, todos los colegiales de seis a catorce años tragaban la purga con la misma mueca de asco.

Como a mí no me daban caramelos, hacía intercambios con mi vecino que, como pesaba menos que yo, sí tenía derecho a ellos. Cuatro canicas por su gragea supervitaminada. Luego recuperaba las canicas en el recreo, pues tiraba cada vez mejor y los hermanos Joffo empezaban a ser temidos y a adquirir fama de punteadores de categoría, lo cual es doblemente admirable en un país en el que reina la petanca.

Maurice recurría a todas las argucias, llegaba a perder diez partidas seguidas para fingir que ya no servía para jugar, pero ni aún así lograba engañar al eventual contrincante.

Encontré de nuevo a Virgilio, y esta vez nos hicimos amigos de verdad, siempre nos deteníamos frente a su casa al salir de clase y nos quedábamos hasta la noche jugando interminables partidas de tabas, juego que él prefería a las canicas y que en este país se jugaba durante todo el curso, fenómeno excepcional en los medios escolares, en los que se suele cambiar de juego según los meses y las modas.

Pasaban los días, aquello resultaba menos duro de lo que había supuesto, pero seguíamos sin noticias de mi hermano.

Cada noche, pues al mediodía comíamos en el colegio, echaba un vistazo al buzón colgado torcidamente detrás de la puerta, pero nunca había el menor rastro de cartas, y ya hacía ocho días que Henri se había marchado.

Albert estaba cada día más nervioso, lo notaba en gestos insignificantes, se fumaba su ración de tabaco en dos días y sabía que estaba de un humor de todos los diablos.

Seguro de su principio de que siempre queda algo por intentar cuando parece que ya no hay nada que hacer, una noche nos anunció que si antes del fin de semana no recibíamos noticias (era un jueves), él partiría a su vez el lunes por la mañana... Nos dejaría dinero y ya nos arreglaríamos.

Si al cabo de diez días él no había vuelto, tendríamos que abandonar Menton y dirigirnos a una pequeña aldea del Macizo Central en la que vivía una de nuestras hermanas mayores que estaba escondida desde mucho antes que nosotros.

—¿Lo habéis entendido bien?

Lo que yo había entendido sobre todo es que nos habíamos separado, reunido de nuevo, y que empezaba una nueva separación. Aquello no acabaría nunca.

La lámpara proyecta sobre la mesa un círculo preciso, nuestros tres rostros están en la sombra, sólo nuestras manos inmóviles viven en la luz.

Había terminado los deberes y aparté el plato para

tomar el libro de geografía. Tenía que aprender una lección sobre la hulla blanca, y había que saberse el resumen de memoria para el día siguiente.

Maurice se levantó sin decir nada y apiló los platos y los cubiertos, le tocaba a él lavar los platos.

Cuando abría el grifo del agua, una llave tintineó en el cerrojo y entró Henri, con el rostro radiante. Albert se puso pálido.

—¿Qué?

—Están libres.

No había habido ningún intervalo entre pregunta y respuesta. Henri dejó la maleta, se quitó la corbata como un personaje de novela policíaca y aspiró el olor a tortilla que aún flotaba en el aire.

—Parece que no os quedáis parados mientras yo recorro Francia en busca de nuestros queridos padres...

Quedaba aún un huevo, y Albert lo puso al fuego mientras él empezaba su narración. Se había quitado los zapatos y movía los dedos dentro de los calcetines.

Fue una auténtica aventura la que nos contó durante la velada, y por una vez, nos acostamos tardísimo.

A su llegada a Pau se había informado sobre la situación del campo de internamiento, y lo había encontrado sin dificultad. Era en el estadio de la ciudad donde habían aparcado a las familias judías. Estaban llegando por millares. Los detenidos se cobijaban en tiendas. Había que solicitar audiencia al jefe del campo. Y prácticamente nunca las concedía. Esta decisión tenía también su causa económica, pues la afluencia de recién llegados podía perturbar la circulación de los alimentos en la ciudad. A doscientos metros de la entrada había una taberna en la que los gendarmes, antes de entrar en servicio, tomaban un café en el que el patrón echaba una buena dosis de aguardiente a cambio de un billete suplementario deslizado al amparo de un apretón de manos.

Henri, bastante desamparado, bebía en el mostrador y había logrado trabar conversación con un gendarme que le aconsejó que se volviera a casa. Henri dijo que sus padres habían sido detenidos por error, que eran gente modesta, que nunca se metían en política, que no eran judíos, y que su padre había venido para ayudarle en una peluquería en la que trabajaba. El gendarme le había compadecido y se había marchado, y Henri estaba también a punto de largarse a su vez cuando el gendarme volvió con un sargento que le ofreció unas tijeras.

—¿No le importaría arreglarme un poco? Estoy de servicio y no me da tiempo de llegarme a Pau, el capitán es implacable con el pelo demasiado largo, no me gustaría que me dejara sin permiso. Como François me ha dicho que es usted peluquero...

Finalmente se instalaron en el fondo de la taberna. El sargento se puso una servilleta anudada al cuello, y Henri, con las tijeras, una navaja que le prestó el patrón y agua de la cafetera, le hizo el más hermoso corte de pelo de su vida.

Todo el mundo quedó encantado, Henri se niega a cobrar pero pide al sargento que interceda cerca del coronel jefe del campo para que acepte recibirle.

El sargento vacila un momento, y luego dice: «No le prometo nada, pero esté mañana por la mañana a las diez en la puerta. Veré qué puedo hacer». Henri le dio su nombre y pasó la noche en un hotel cerca del castillo que, entre paréntesis, estaba lleno de chinches.

A las diez se presentaba en el puesto de guardia, la primera vez los centinelas le echaron, volvió a la carga, y temía ya que le encerraran con los prisioneros cuando por fin vio al sargento de la víspera que avanzaba lentamente por la avenida central, entre los barracones que tenían cada uno un número pintado con alquitrán.

El sargento le hizo entrar y lo llevó hacia una construcción de piedra separada de los barracones. Por el camino le puso al corriente:

—Consiente en recibirle, pero tenga cuidado, está que.echa chispas. Siempre está así, pero hoy es peor que nunca.

Henri le dio las gracias, entró en una primera oficina donde esperó diez minutos, en una segunda donde esperó veinte minutos, y por fin en una tercera donde un hombre con bigote gris, nariz ganchuda y calvo no le dio tiempo de hablar. Su discurso fue rápido y sin la menor ambigüedad:

—Henri Joffo, sea usted breve y no olvide que al entrar aquí ha puesto en peligro su libertad sin por ello obtener la de sus padres. Usted no ignora que tenemos órdenes de poner a todos los judíos extranjeros a disposición de las autoridades de ocupación.

—Pero señor director...

A aquel tipo no era fácil pegársela, y Henri se dio cuenta en seguida de ello.

—No admito excepción alguna. Tengo aproximadamente seiscientos sospechosos, y si soltara a uno solo sin una razón convincente, no veo por qué no iba a hacer lo mismo con todos los demás.

Henri no se dio por vencido. Lo más difícil de explicar era el paso de la línea.

—Señor director, yo soy francés. He luchado en Dunkerke, en Flandes, en la campaña de Bélgica. Si vengo a verle no es para pedirle un favor o exigirle una excepción que sería su deber negarme, sino para enterarle de que hay un simple error, y que en nuestra familia no hay por casualidad un solo judío.

El señor director puso cara de disgusto y pidió naturalmente qué pruebas tenía. Henri nos lo describió de forma tan precisa que a veces creo haber asistido a la escena y haber visto a aquel hombre, típico ejemplar de militar corto de entendederas pero honrado, y al que la actitud castrense que adoptó Henri impresionó favorablemente.

—Antes que nada es fácil ver que mi madre es católica, usted tiene su libro de familia y su carnet de identidad. Su nombre de soltera es Markoff. Desafío a quien quiera a encontrar a un solo judío ruso llamado Markoff. Y a mayor abundamiento, los Markoff son descendientes directos de la rama menor de los Romanoff y, por lo tanto, de la familia imperial, con la que siempre hemos estado emparentados por parte de madre.

Henri se permitió el lujo de añadir.

—No creo que nadie con algún conocimiento histórico sobre este período de la Rusia zarista pueda pensar que un miembro de la familia imperial pudiera ser judío, sería el derrumbamiento de todas las iglesias de la Gran Rusia cristiana y ortodoxa.

—¿Y su padre?

Entonces vino lo bueno, el gran farol.

—Mi coronel, usted no ignora que todos los judíos han sido despojados de la nacionalidad francesa por las autoridades alemanas. Pero mi padre es francés, como lo demuestran los papeles que obran en su poder. Y si es francés, es que no es judío, no existen medias tintas. Por lo demás, para más seguridad, puede usted telefonear a París, a la prefectura.

Los tres estábamos pendientes de los labios de Henri, que se terminaba los cigarrillos de Albert, gorreando a la descarada del paquete olvidado sobre la mesa. En otra ocasión, su propietario habría puesto el grito en el cielo, y habría despertado a toda la casa, pero ahora ni se daba cuenta.

—Aquello era peligroso, comentó Henri, pero yo pensé que no se molestaría, que no iba a arriesgarse a pasarse horas esperando la conferencia, que mis argumentos le parecerían lo bastante sólidos para quedar convencido. Me había parecido que no era un cazador encarnizado de judíos, algo me decía incluso que aquel trabajo de carcelero le disgustaba, y que podría soltar a dos personas teniendo razones para hacerlo, unas razones que podía juzgar convincentes.

»Su reacción no se hizo esperar. Aún no había terminado yo la frase cuando él descolgaba el teléfono.

Henri remedó la escena, pegando junto a su oído un auricular imaginario.

—Deme París, la prefectura de policía, servicio de investigación de identidad.

Vuelve a su voz normal y reconoce:

—Era difícil seguir pareciendo seguro de mí mismo. Era preciso incluso que expresara la satisfacción de quien va a ver confirmadas sus palabras, pues mientras esperaba la conferencia, aquel animal no me apartaba la vista de encima. Si hubiese notado en mi conducta la más leve huella de inquietud, habría salido de dudas, y a mí no me quedaba más que irme para los barracones destinados a los recién llegados.

Chupó aún su cigarrillo y lo aplastó en el plato que servía de cenicero. El humo me picó en los ojos.

—Mientras estábamos esperando yo tenía una última esperanza, es que no lograra obtener la comunicación. Sería mucha casualidad que entre Pau y París no hubiese alguna avería cualquiera, un circuito estropeado, una telefonista que hubiera olvidado de bajar una palanca, algo por el estilo, en fin, me agarraba a cualquier cosa. E incluso si lograba hablar con París debía ser imposible de procurar semejante información. Me imaginaba archivos interminables, con ficheros polvorientos, a toneladas, y en estos ficheros carpetas, y en las carpetas papeles, de forma que nadie podía informar a nadie, lo que suele uno imaginarse de una administración... La espera se prolongaba, y mi esperanza aumentaba a cada segundo. En cualquier momento, harto de perder el tiempo, iba a colgar el teléfono con brusquedad, farfullaría alguna agria observación sobre los servicios responsables, y daría carpetazo al asunto.

No fue así. Yo veía la escena perfectamente. En mi cerebro infantil sonaban dos voces, la de Henri, y la del coronel, seca y tajante, y luego un sonido gangoso al otro extremo del hilo, una voz que a ratos resultaba cubierta por el ruido, y de la que iba a surgir la vida o la muerte.

—¿Oiga? ¿Servicio de investigación de identidad?

...

—Aquí el coronel T. del campo de tránsito de Pau. Desearía una información a propósito de cierta persona llamada Joffo. J de Jaca; Joffo, con dos efes, nombre: (?), domicilio: calle Clignancourt. Profesión, peluquero. ¿Ha sido desposeído de la nacionalidad francesa o no?

—...

—En este momento tengo a su hijo aquí, y...

—...

—No, la madre no es judía, y pretende que el padre tampoco.

—...

—De acuerdo, sigo a la escucha.

Más tarde, cuando otra gente ha telefoneado delante de mí, me he fijado a menudo en esta mirada distraída que tienen hacia la persona que tienen en frente. No la consideran ya un interlocutor, pues su atención, su mente está lejos. Miran entonces como si tuvieran delante a una piedra, o una silla, o un objeto un poco repugnante que sorprende por su presencia y su forma. Ésta es la mirada que debía tener aquel día el coronel para mi hermano.

—¿Sí? Sí, le oigo.

—...

135

—Eso es, Joffo, calle Clignancourt, 86...

—...

—Ya, muy bien.

—...

—Perfectamente. Muchísimas gracias.

El coronel ha colgado y mira a Henri que ha cruzado las piernas con indolencia y mira el cielo por la ventana con aire distraído.

Se pone de pie.

—En efecto, su padre no ha sido desposeído de la nacionalidad francesa. Voy a dar órdenes de que sea liberado, así como su madre.

Henri se levanta y se inclina.

—Mis respetos, mi coronel, y gracias.

Media hora después estaban los tres reunidos, Henri los abrazó, tomó las dos maletas y echaron a andar hacia la parada del autocar. No explotaron hasta que estuvieron bien resguardados, en una habitación de un hotel, cerrada con doble llave.

Albert tomó un cigarrillo.

—Y ¿cómo están?

—Bien, han adelgazado un poco, y durmieron como lirones. Pero la cosa estaba clarísima en su caso: la detención significaba la deportación.

Henri nos miró a Maurice y a mí.

—Estuvieron muy contentos al saber que estabais con nosotros. Os mandan muchos besos.

—Pero ¿dónde están? —preguntó Maurice.

—En Niza, no vamos a verles todavía. Tenemos que darles tiempo para que se instalen, y entonces, cuando estén a punto nos lo harán saber e iremos a verles.

Yo intervine.

—Pero ¿cómo es que el individuo de la prefectura dijo que papá no era judío?

Henri se puso serio de nuevo.

—He pensado mucho en ello, lo hemos discutido a menudo con papá, hay varias explicaciones posibles. La primera es que la desposesión no haya sido todavía registrada, un retraso en el papeleo, una distracción, siempre es posible. O bien...

Veía que estaba vacilante.

—O bien ¿qué?

—O bien el tipo que ha respondido ha dicho lo primero que le ha venido en gana porque no encontraba la ficha, o si no es que lo hizo a propósito.

Se produjo un silencio que Albert rompió:

—Yo no creo mucho en eso —dijo lentamente—, el personal de la prefectura que se encarga del censo debe de haber sido escogido entre la flor y la nata, y me extrañaría que entre ellos hubiera algún amigo de los débiles y oprimidos que se jugara el trabajo y la piel para salvar a gente que no conoce. No, yo, personalmente, me quedo con la primera explicación: fue un retraso en la inscripción, nada más.

Seguíamos maravillados.

—De todas formas —lanzó Maurice—, nunca sabremos el por qué. Es igual, lo importante es que haya ocurrido de este modo, y ya está.

Había una idea que me daba vueltas en la mente, y me aventuré con timidez:

—Tal vez hay otra razón.

Henri me miró con ojos burlones.

—Atención —dijo—, el gran detective Joseph Joffo va a desvelar el secreto de este misterio. Adelante, jovencito, somos todo oídos.

Yo seguí con mi idea.

—A lo mejor fue el coronel.

Todos me miraban sin comprender.

—Anda, dijo Albert, explícate.

—Pues claro, a lo mejor le dijeron por teléfono que

papá era judío y bien judío, y a lo mejor él dijo lo contrario para poder soltarles.

Me seguían mirando, pero su expresión era distinta, parecían querer encontrar un secreto enterrado entre mis ojos, y empecé a sentirme incómodo bajo la intensidad de sus miradas.

Henri fue el primero en reaccionar.

—Caramba con el muchacho —murmuró— a eso le llamo yo levantar la liebre.

Albert miró a su hermano.

—¿Tú crees que aquel tipo era capaz de hacer semejante cosa? ¿Tú crees que eso va con lo que él es? ¿Con sus responsabilidades? ¿Con su carácter?

Henri apoyó los codos en las rodillas y pareció sumirse en la contemplación de los tomates maduros que cubrían el suelo de la cocina.

—No tengo la menor idea —dijo al fin— francamente no lo creo, no puedo imaginarlo... Tenía un aspecto tan rígido, tan cumplidor a rajatabla, el sargento me advirtió que era un hombre muy duro, muy estricto, y además... y además qué sé yo, tal vez sí, en el fondo nunca se sabe.

—Jo, tú si algún día no sabes qué hacer, siempre podrás ganarte la vida escribiendo novelas policíacas.

Yo me hinché de satisfacción y me acosté con la seguridad absoluta de haber dado con la solución: un héroe que ocultaba su generosidad detrás de una máscara desagradable y gruñona, resultaba desde luego más hermoso que el descuido de un chupatintas.

Sí, así fue como mis padres fueron salvados.

Después cambié un poco de parecer.

Cuatro días después de la llegada de Henri recibíamos la primera carta de Niza. Papá se las arreglaba muy bien. Había encontrado un piso en un barrio algo apartado, cerca de la iglesia de La Buffa, y había alquilado dos habitaciones del piso superior. Se había enterado de que Henri y Albert encontrarían fácilmente trabajo en la peluquería de la ciudad. Por supuesto que él también trabajaría. Se acercaba la temporada turística y habría mucha gente. Con palabras bastante amargas papá nos decía que en efecto, a pesar de «las desgracias que se han abatido sobre Francia», los hoteles, el Casino y las salas de fiesta estaban llenos de gente, y que, en realidad, la guerra sólo existía para los pobres. Terminaba pidiéndonos que tuviéramos aún un poco de paciencia, pues pensaba que dentro de uno o dos meses nos sería posible ir allí. Entonces estaríamos de nuevo reunidos como antes, en París.

Mi opinión era que «uno o dos meses» era muy impreciso, y sobre todo, muy largo. Tenía prisa por verles, y además tenía ganas de conocer aquella ciudad soberbia, llena de gente y de grandes hoteles. Estas palabras me hacían soñar, en mi mente de niño no iba mucho de palacio a «palace», y veía Niza como un sinfín de columnas, de cúpulas, de suntuosos salones habitados por mujeres cargadas de joyas y de pieles, fumando larguísimos cigarrillos en boquillas aún más largas.

Pero antes de ir allí, había que seguir lavando los platos cada cuatro días, haciendo recados, deberes, yendo al colegio. Era el período de exámenes, y sobre todo el de geometría me daba fuertes quebraderos de cabeza.

Afortunadamente también había los partidos de fútbol en la playa, las tabas de Virgilio, y el cine del domingo por la tarde, cuando los mayores nos daban permiso.

Pasaron aún dos semanas, tuve un aprobado en los exámenes, lo que Maurice encontró mediocre, y ello fue pretexto para una pelea, una soberana paliza que nos propinamos en plena plaza de Saint-Pierre, bajo las chanzas de los mentoneses apoyados en sus ventanas.

Empezaba el buen tiempo. La temperatura subía paulatinamente, y los árboles en los jardines de las villas de Garavan se cubrían de brotes y de hojas.

Se acercaba el día en que podríamos bañarnos, y para no perder tiempo, un día, a la salida del colegio, fuimos a comprarnos un traje de baño. Maurice se lo compró azul con rayas blancas, el mío era blanco con rayas azules, y los dos estábamos convencidos de tener el más bonito.

Me probé el mío aquella misma noche después de cenar, y realicé algunas espectaculares acrobacias bajo la mirada furiosa de Maurice que secaba los platos.

Fue en aquel preciso instante cuando llamaron a la puerta.

Ocurría a menudo, eran amigos de Albert o de Henri que pasaban de vez en cuando, bromeaban con nosotros, y luego mis dos hermanos se iban a hacer una partida de billar o a tomar un trago a casa de uno de ellos.

Eran dos guardias.

—¿Qué desean?

El más bajito revolvió su cartera y sacó un papel que desplegó con una lentitud desesperante.

—¿Viven aquí Albert y Henri Joffo?

—Yo soy Albert, mi hermano no está aquí.

Tenía buenos reflejos Albert, si venían a buscarles, Henri tenía una oportunidad de escapar a menos que registraran la casa.

Henri lo comprendió así y vi cómo retrocedía silenciosamente hasta su habitación, donde esperó a punto de meterse debajo de la cama.

Yo me figuré lo peor: el error de París debía de haber

sido descubierto, el comandante del campo debía haber empezado su búsqueda, y todo eso iba a caernos encima.

Habríamos tenido que mudarnos de casa cuando llegó Henri. Bien mirado éramos de una imprudencia increíble.

—¿De qué se trata?

—¿Tiene usted el carnet de identidad?

—Sí, un momento.

Albert entró, tomó la cartera del bolsillo de su chaqueta que estaba colgada del respaldo de una silla, y nos miró a nosotros dos de una manera que significaba: tranquilos, no se ha perdido nada aún.

Maurice seguía secando el mismo plato ultra-seco con un movimiento regular del trapo, y yo estaba aún en traje de baño de pie sobre mi cama.

—Aquí tienen.

Se oyó ruido de papel arrugado y el gendarme que decía:

—Aquí tiene dos citaciones, para usted y para su hermano. Tienen que presentarse en la prefectura antes de dos días. Mañana, si es posible.

Albert carraspeó.

—Pero... ¿de qué se trata?

—Es para el S.T.O.

Hubo un breve silencio, y el que aún no había hablado, dijo:

—Ya sabe, todo el mundo tiene que hacerlo...

—Sí, claro, dijo Albert.

El mismo respondió:

—Nosotros sólo traemos las citaciones, no las escribimos...

—Desde luego.

—Bien —concluyó el otro—, nada más. Buenas noches y disculpe la molestia.

—No hay de qué. Buenas noches.

La puerta se cerró y mi corazón recuperó su ritmo normal.

Albert volvió y Henri salió de su habitación.

—¿Qué es el S.T.O.? —preguntó Maurice.

Henri sonrió forzadamente.

—El Servicio de Trabajo Obligatorio, esto significa que vamos a ir a Alemania a cortar el pelo a los teutones. O al menos esto es lo que ellos creen.

Yo les miraba triste. La tranquilidad no había durado mucho.

Me senté y escuché lo que hablaban.

El consejo de guerra fue breve por la sencilla razón de que el objetivo propuesto no presentaba duda alguna: no tenían la menor intención de irse a Alemania a meterse en la boca del lobo. Por consiguiente, tampoco se podía pensar en quedarnos en Menton, pues los guardias volverían.

Henri echó una mirada a su alrededor, al pequeño comedor provenzal, y comprendí que amaba aquel lugar, y es verdad que nos habíamos acostumbrado a él, y que lo echaríamos de menos.

—Bueno, pues entonces no hay problema, nos vamos.

—¿Cuándo? —preguntó Maurice.

—Mañana por la mañana. Hacemos las maletas en seguida y rápido, y mañana al amanecer nos largamos. No tenemos por qué esperar.

—Y ¿adónde iremos?

Albert se volvió hacia mí con el aire de quien va a dar una sorpresa o a traer un regalo.

—Vas a alegrarte, Jo, nos vamos a Niza.

Me sentía feliz por aquella precipitación, pero me costó dormirme; siempre es cuando uno se va que se da cuenta de que está ligado a las cosas, yo iba a echar de menos el colegio, las viejas calles, mi amigo Virgilio, incluso a la maestra, pero no me sentía triste, volvía a emprender la ruta, volvería a encontrar mi morral, y mañana llegaría a la ciudad de los cien mil hoteles, la ciudad de oro junto al mar azul.

7

Marcello! ¡Marcello!

Me lanzo tras de Maurice que cruza en diagonal la plaza Masséna. Yo troto con todas mis fuerzas, pero resulta difícil correr con un cesto de mimbre en cada brazo, sobre todo si los cestos van llenos de tomates. En el de la izquierda están los alargados, y en el de la derecha los pequeños y redondos, que son mis preferidos, y que las gentes del lugar llaman «pommes d'amour».

Cuatro kilos en cada cesto suman ocho, un peso respetable.

El soldado se ha parado delante de nosotros. El sol ilumina su rostro. Se ríe al verme correr con mi cargamento.

Si no fuera por su nariz aplastada y sus cabellos rizados y untados de brillantina, se parecería a Amadeo Nazzari, pero Marcello se había pasado muchas horas en el ring de una asociación deportiva de un barrio de Turín para conservar un perfil griego.

—Dame los tomates.

Habla bien el francés, casi correctamente, pero su acento es una catástrofe. Casi siempre se ríe.

—Seguidme, iremos donde Tite.

Tite es una taberna que hay cerca del puerto en la que nos reunimos para proceder a los intercambios. Allí se encuentran jubilados de Niza y sobre todo soldados italianos que cantan ópera y tocan la guitarra antes de ir a montar folklóricas guardias en los lugares estratégicos de la ciudad.

Ya está, ya hemos llegado. Es muy pequeño y la señora Rosso deja siempre la puerta de la cocina abierta, de forma que el local huele a cebolla las veinticuatro horas del día.

Ahí están los amigos de Marcello, tres soldados que nos acogen con los brazos abiertos. Los conozco a todos, hay un estudiante romano, alto, con gafas, que parece inglés e imita a Beniamino Gigli en *Tosca*, un carpintero parmesano (antes de conocerle creía que sólo los quesos eran parmesanos) y un cabo veneciano que antes de la guerra era empleado de correos, y al que sus compañeros llaman el cartero.

Éste es amigo mío, a menudo jugamos a las damas juntos.

Con aire de triunfo, Marcello aparta los vasos de vino blanco de encima del hule y deja los dos cestos de tomates.

—Aquí está la mercancía.

Hablan en italiano entre ellos con buen humor, y Carlo (que es el estudiante romano) nos da el litro de aceite que tenía escondido detrás del mostrador.

Los misterios de la intendencia militar italiana hacían que el rancho de las tropas de ocupación estuviera siempre compuesto de conservas: atún en aceite, sardinas en aceite, y recibían sin cesar camiones enteros de bidones de aceite.

Las quejas de los responsables eran letra muerta, y el aceite seguía llegando, camión tras camión. Finalmente, los italianos se habían dado cuenta de que estaban en posesión de una moneda de cambio nada despreciable, y que por trueque podían procurarse verdura, tomates, lechugas, lo que les permitiría comer otra cosa que las sempiternas conservas.

Marcello nos había hablado de ello, y nosotros habíamos entrado en tratos con un hortelano que vendía sus productos cerca del mercado. Él nos daba tomates, nosotros le procurábamos aceite italiano y nos daba dinero, con este dinero y algunos paquetes de cigarrillos que el cabo nos daba a hurtadillas después de haberlos sustraído de la intendencia, comprábamos arroz en el mercado negro, que a su vez era cambiado por sacos de harina que entregábamos a Tite, donde el parmesano, en la cocina de la señora Rosso, confeccionaba pastas. De ello recibíamos una comisión con la que comprábamos otros tomates, y al cabo de los dos meses que duraba este tráfico, Maurice y yo habíamos reunido un tesoro secreto que engordaba cada día.

Al pasar por delante del Negresco y el Ruhl, Maurice me señalaba las suntuosas fachadas y me decía frotándose las manos:

—Si seguimos así, dentro de poco nos lo compramos.

La vida era hermosa.

El cabo se rasca la barba y pone la palma de la mano sobre el tablero:

—¿Echamos una partida, bambino?

No tengo tiempo, son ya las once, y tengo que llevar el aceite al hortelano, que debe estar esperándome desde hace media hora.

Marcello ya ha empezado a cortar los tomates alargados en rodajas dentro de una gran ensaladera.

—Lo que tendríais que hacer es traernos esas pequeñas hierbas para ponerlas en la ensalada, unas cosas muy verdes... No sé cómo se dice en francés.

—Perejil.

—Eso es, perejil.

Cruzo una mirada con Maurice. Es más difícil de lo que parece. El carnicero del puerto debe de tener. Le conozco un poco. Es un fumador empedernido.

—¿Puedes conseguirme dos paquetes para esta tarde? —le digo al cartero.

—Sí, más hay que buscarlos. A las cuatro.

—*Va bene*.

Con dos paquetes conseguiré un puñado de perejil, un filete de cien gramos, y con un poco de gracia, una buena propina.

—*Que lucevan le stelle...*

Carlo emprende su romanza con voz gutural mientras remueve la salsa vinagreta.

Engullo una granadina pagada por el ocupante y salgo con Maurice.

El sol pega de firme, y cruzamos para ponernos al lado de la sombra.

—Tengo que llegarme al cuartel. Hay un amigo de Marcello que tiene café de verdad y necesitaría jabón de afeitar.

—¿Y sabes dónde encontrarlo?

Maurice piensa. Se ha convertido en un auténtico diccionario viviente, sabe dónde se puede encontrar, en pleno período de racionamiento, mantequilla, huevos, corbatas, y sin duda, jabón de afeitar.

—Me parece que el quincallero de la calle Garibaldi tiene existencias. Ya le conoces, el que nos vendió el kilo de lentejas.

Suspira y se seca la frente.

—Iré a ver. ¿Tú te encargas del perejil?

—Sí. Nos encontraremos en casa.

—Entendido. ¿Sabes una cosa? Con una bicicleta ganaríamos mucho tiempo.

Éste es nuestro sueño dorado, nuestro ideal. Pero encontrar una bici no es lo mismo que encontrar un kilo de tomates. Y además, la bicicleta no lo es todo, quedan los neumáticos, y eso vale un ojo de la cara, es decir, cinco cartones de cigarrillos, diez por los dos, y no siempre son nuevos. Ahorraríamos mucho tiempo y muchas alpargatas, porque recorrer la ciudad de arriba abajo y cada día, hace polvo cualquier suela de esparto, con gran desespero de mamá.

En todo caso, no hay nada que hacer hasta la una. Iré a comer, y luego volveré donde Tite para recoger los cestos y los cigarrillos, llevaré los cestos a la ciudad vieja, intentaré conseguir perejil en la calle Garibaldi y volveré al puerto. Una tarde cargada.

Mientras tanto voy a dar un paseo por la Promenade.

Hay muchísima gente, la playa está rebosante, sobre todo delante de los hoteles. Hay muchos oficiales italianos en las terrazas, a la sombra de las sombrillas, con sus rutilantes uniformes. Para éstos la guerra resulta realmente placentera. Siempre van acompañados de mujeres elegantísimas, con trajes de los que no se consiguen con los puntos de tejido. Son las que Henri y Albert peinan en la peluquería que hay frente al hotel Adriatique.

¡Menudo ascenso de categoría, el de mis hermanos! Ya no trabajan en una barbería del tipo de la calle Clignancourt o de la calle de París en Menton. Ahora están en un lugar de superlujo, y el «todo Niza» considera un honor pasar por las manos de los hermanos Joffo.

A menudo van a trabajar a domicilio, en un lujoso apartamento o en una suite del Majestic o del Negresco.

Papá y mamá se han acostumbrado de maravilla a su nuevo piso, y si no fuera por la ceremonia de Radio Londres de cada noche, creería que estoy pasando unas magníficas vacaciones en la costa.

Porque es tiempo de vacaciones, en pleno mes de agosto. Mi sueño casi se ha realizado: soy libre en esta rutilante ciudad dorada, en la que el dinero parece fácil, en la que todas las sillas de la Promenade des Anglais se hallan ocupadas por una multitud variopinta que se protege de los ardores del sol cubriéndose la cara con un periódico.

Resulta curioso, este periódico, no para de proclamar las victorias alemanas: allí, en el frente de Rusia, los panzers siguen avanzando victoriosos; han llegado a una ciudad que se llama Stalingrado, que no tardará en caer en sus manos.

Por la noche, por la radio, a pesar de la confusión de ondas, oigo también hablar de Stalingrado, pero las noticias son muy distintas. Dicen que durante el invierno han muerto muchos alemanes, que las cadenas de los tanques patinan en el barro, y que todo lo que está blindado se queda clavado en el suelo.

¿A quién creer? Por la noche, al acostarme, pienso que los alemanes perderán, que esta vez serán verdaderamente derrotados, y me duermo lleno de esperanza. Pero, luego, por la mañana, en el kiosco de la calle Carnot leo los titulares y veo las fotos de *blockhaus* con generales llenos de cruces gamadas con la expresión llena de orgullo y confianza, y me entero de que el frente ruso ha sido roto, que gracias a la barrera del Atlántico, se descarta la posibilidad de un desembarco aliado, que se estrellaría contra esta muralla infranqueable...

A menudo hablábamos de ello con Maurice en la playa, pero resultaba tan difícil, mientras nadábamos con placer en un mar caliente y claro, imaginar campos llenos de nieve, de fango, la noche poblada de metralletas y de aviones, que llegaba a no creer en la realidad de aquella guerra. Parecía imposible que en alguna parte existiese el frío, la pelea, la muerte.

Había, ensombreciéndolo, un punto negro en el horizonte: el mes de septiembre.

Septiembre significaría la vuelta al colegio. Había

uno cerca de mi casa, en la calle Dante, cada día pasaba por su vera antes de dar comienzo a mi jornada de diversión. Siempre apretaba el paso para no ver mucho rato la hilera de pupítres al fondo de un estrecho patio que el follaje de seis enormes plátanos mantenía en una sombra fresca y constante.

Me alejo de la orilla y voy hacia la ciudad. Ahí está la iglesia, otros veinte metros, y estoy en casa.

—¿Eres tú, Joseph?

El ruido del aceite friendo cubre la voz de mi madre.

—Sí.

—Ve a lavarte las manos antes de sentarte en la mesa. ¿Viene contigo Maurice?

Empiezo a enjabonarme con una especie de pasta verdusca endurecida que resbala entre las manos sin hacer la menor espuma.

—No, pero va a venir. Ha ido a la calle Garibaldi, donde el quincallero, para ver si consigue jabón de afeitar.

Papá acaba de llegar, me revuelve los cabellos. Parece de buen humor.

—Vosotros y vuestros líos...

Sabía que en el fondo estaba contento de que nos desenvolviéramos así. Un poco más arriba de la calle vivían dos niños de una edad aproximada a la nuestra. Ambas familias se invitaban de vez en cuando a sus respectivas casas, pero yo no podía sufrir a aquellos dos niños. Los encontraba presuntuosos a más no poder, y un día Maurice le pegó un tortazo al mayor, lo que le valió veinticuatro días sin salir de casa y una admiración sin límites por mi parte. El principal argumento de papá para disculpar nuestras andanzas era decirle a mamá: «Preferirías tener unos hijos como los V.» Ella se callaba un momento, movía la cabeza como quien no está del todo convencida, y objetaba:

—De todos modos convendría que no olvidaseis que

estamos ocupados. Estos italianos puede que sean muy simpáticos, pero quién sabe si algún día...

Entonces, Maurice y yo respondíamos:

—¿Los italianos? ¡Pero si los conocemos a todos!

Papá se reía, nos preguntaba cómo andaba nuestra hucha, se extasiaba con nosotros de su exhuberante salud, y un día le oí que decía a mi madre:

—¿No sabes que quieren comprar el Negresco? Y lo bueno del caso es que me parece que lo conseguirían.

Más tarde he pensado que a veces estaba preocupado, que a menudo miraba el reloj cuando llegábamos tarde, pero que había comprendido que el aprendizaje de la vida que estábamos realizando era una experiencia única que no había que echar a perder. Pateando el puerto y la ciudad vieja, acarreando litros de aceite, sacos de lentejas o paquetes de tabaco, aprenderíamos más sobre la vida que sentados en un banco de escuela, o vagabundeando sin hacer nada.

Engullí la comida en un momento, sorbí el almíbar de las ciruelas directamente del plato y me levanté al mismo tiempo que mi hermano.

—¿Y adónde vais ahora?

Maurice se lanzó a una complicada explicación: el quincallero que había ido a ver había vendido todo el jabón de afeitar, pero podría obtener más a cambio de que le pusieran suelas nuevas de cuero, así que había que convencer al zapatero de la calle Saint-Pierre a cambio de uno o dos litros de aceite, que era el patrón de base de todos nuestros trueques.

Papá que nos estaba escuchando levantó la cabeza por encima del periódico.

—Hablando de zapateros os voy a contar un chiste.

Esto era lo único que verdaderamente podía calmar nuestra exaltación.

—Veréis, es un señor que le dice a otro: «Para que

todos los hombres puedan vivir tranquilos, es muy sencillo, hay que matar a todos los judíos y a todos los zapateros». El otro señor le mira sorprendido y después de meditar, pregunta:

—«¿Pero por qué a los zapateros?»

Papá se calló.

Nosotros nos quedamos en silencio, sorprendidos, sólo mamá se echó a reír.

—Pero ¿por qué también a los judíos?

Papá esbozó una sonrisa algo amarga, y antes de sumergirse de nuevo en su periódico, dijo:

—Ésta es precisamente la pregunta que no se le ocurrió a aquel señor, y es por eso que el chiste tiene gracia.

Salimos a la calle pensativos. El sol caía como plomo sobre el empedrado de la ciudad. La ciudad dormía la siesta, pero nosotros teníamos otras cosas que hacer.

En la plaza nos cruzamos con el relevo de la guardia. Los soldados sudaban dentro de los uniformes, llevaban el fusil al hombro. El último de ellos también, pero en la mano que tenía libre llevaba una mandolina.

Decididamente, la guerra quedaba lejos.

El patio está gris y brilla bajo la lluvia. Ya ha empezado el frío y cada mañana el maestro enciende la estufa.

De vez en cuando, mientras yo pienso sobre la solución de un problema de geometría o me muerdo la lengua sobre un mapa de ríos (el Garona y el Ródano son fáciles, pero en mis cuadernos, el Sena y el Loira tienen cierta tendencia a juntarse), él se levanta, va a remover el rescoldo un poco, y una ola de calor más denso viene a envolvernos. El tubo cruza la clase en toda su longitud, y está atado al techo mediante alambres, a este techo sembrado de bolitas de papel secante bien masticadas, bien impregnadas de saliva, que se secan en lo alto y se despegan al cabo de un día o dos causándonos gran alegría.

Con gran ruido de zapatos y de crujidos de banco, nos levantamos. Acaba de entrar el director. Hace un gesto y volvemos a sentarnos. Es un hombre delgado que lleva un pantalón que le llega al esternón. Un día a la semana viene a darnos la lección de canto. Detrás de él, dos alumnos de los mayores traen un armonio y lo instalan junto a la mesa. Es como un piano pequeño con una palanca en el costado. Se aprieta y sale un sonido chillón, particularmente desagradable.

El director nos mira.

—Vamos a ver si mejoráis. Camerini, sal a la pizarra, y haz un pentagrama y una bonita clave de sol.

Empieza la lección. No se me da muy bien, y mezclo las notas: las de abajo sé conocerlas, pero así que la blanca o la negra sube más allá de la línea del *la*, empiezo a perder los estribos.

—Y ahora vamos a ensayar nuestra canción. Espero que cantéis de todo corazón. Para que lo recordéis pediré a François que lo cante una vez él solo.

François es sin duda el gamberro perfecto. Va manchado de tinta hasta los codos, tiene una mirada que parece burlarse del lucero del alba y raramente sale del colegio con los demás. Se queda castigado todos los días, y si algún día cruzara la puerta a las cuatro y media, él sería el primero en sorprenderse.

No obstante, François es el mimado del director, porque François posee una voz maravillosa. Aquel rey de los alborotadores, aquel campeón de tiro de gomas, aquel recordman de las copias, tenía la más hermosa voz de soprano que jamás he oído. Cuando cantaba en el patio, me olvidaba de mi partido de fútbol, y por lo demás, él comerciaba hábilmente con su talento. Soltaba su canción a cambio de plumas, rollos de regaliz y otros dones.

—Adelante, François, cuando quieras.

En medio del silencio total, se levanta la voz pura de François:

«*Allons, enfants de la patrie-ie...*»

Nosotros escuchamos admirados. Tendría que durar siempre, pero la voz llega al fin.

El director levanta las manos como un director de orquesta.

—Atención, ahora todos juntos.

Nosotros cantamos de todo corazón, sabemos que no se trata de una simple clase de canto, que a través de la letra se intenta transmitirnos algo.

Cuando se lo contaba a papá, éste se extrañaba y se admiraba de que nos hicieran cantar semejantes cosas. Un padre de alumno podía denunciarle, el director podía tener problemas... Entonces no sabíamos aún que los problemas no debían asustarle mucho, pues aquel hombre delgado con el pantalón demasiado alto era uno de los jefes del grupo de resistencia de los Alpes Marítimos.

Las cuatro y media.

Fuera ha cesado de llover.

El director señala a los dos más altos de la clase:

—Vosotros llevaréis el armonio a mi despacho.

Me busca con la mirada, y añade:

—Joffo, mañana por la mañana no olvides arrancar una hoja al calendario. Si no lo haces, encargaré de ello a otro muchacho.

—Sí señor.

Miro el calendario que hay encima de la mesa del maestro: 8 de noviembre.

El 8 de noviembre es un día importante, es el cumpleaños de mamá, y debe de haber hecho un pastel. Recibirá regalos: Maurice y yo acordamos sacar dinero de la hucha para comprar un broche dorado, mejor dicho, una aguja que representa un caballito de mar con piedras rojas en los ojos.

Desde que hemos vuelto al colegio, los negocios han disminuido, primero porque tenemos menos tiempo libre, y luego porque ya no es tiempo de tomates. Me he enterado de que ahora la mayor parte del tráfico se hace con vino, en un intercambio triangular vino-gasolina-cigarrillos, pero esto está fuera de nuestras posibilidades. En septiembre ganamos aún algo de dinero gracias a las tabletas de chocolate, pero después las ocasiones empezaron a escasear y la competencia de los adultos nos redujo a menesteres cada vez más insignificantes.

No obstante, seguíamos yendo de vez en cuando a la tasca de Tite. Yo jugaba a las damas con el cartero, Carlo cantaba como siempre, y Marcello, después de algunos tragos de blanco seco, reproducía incansablemente el último combate que había librado en Colonia contra un semipesado de Ferrara al que habían tenido que decir la cuenta al octavo asalto.

La intendencia italiana había reconocido por fin su error, y había cesado de inundar las guarniciones de la Costa Azul de camiones de aceite. Con ello quedó suprimida la principal moneda de cambio, y el tráfico empezó a tambalearse.

Marcello se secaba la frente después de su combate imaginario, y, como todos los soldados del mundo, enseñaba la foto de su novia buscando mi aprobación.

—*E bella, Giuseppe?*

Mientras saboreaba mi granadina, miraba de reojo intentando poner cara de entendido: una foto borrosa con las esquinas dobladas, en la que sonreía una muchacha rubia, lo cual me extrañó mucho, pues yo creía que todas las italianas eran morenas.

—Guapa, Marcello, muy guapa.

Marcello, muy divertido, reía a carcajadas, y me daba un empujón que por poco me tira al suelo.

—Es feísima, Giuseppe, feísima, no entiendes nada de mujeres, niente, niente.

Yo me sofocaba, porque evidentemente todo el bar se estaba riendo de mí.

—Y entonces ¿por qué es tu novia?

Marcello se partía de risa.

—Porque su papá tiene la sala de entreno, capito? Molto liras, muchas, muchas...

Yo meneaba la cabeza afligido porque Marcello se casaba por dinero, lo cual me parecía absolutamente anormal, y desolado al saber que no entendía nada de mujeres.

Al ver mi expresión de pena Marcello me cogía por los hombros y pedía al tío Rosso que me sirviera otra granadina, lo cual me consolaba en el acto.

Mamá recibió los regalos con entusiasmo, se puso en seguida la aguja en el vestido y nos abrazó. También abrazó a su marido que le había regalado junto con mis hermanos una máquina de coser Singer, que en aquella época tenía un valor inapreciable. En adelante podría hacer muchas más cosas sin tener que pasarse horas dándole a la aguja junto a la ventana.

Luego admiramos la demostración que nos hizo en el acto con un retal que encontró en un cajón. Funcionaba muy bien, era un modelo que se accionaba apretando con los pies una palanca de hierro que movía una correa, que a su vez movía el mecanismo.

—Realmente es un regalo digno de una Romanoff, concluyó Henri.

La broma estaba gastada, pero aún nos hacía reír. Muchos años antes, una niña judía había abandonado su país utilizando papeles falsos, los había conservado, y le habían salvado la vida poco antes, cuando su detención en Pau.

Mamá salió y volvió con un pastel, una especie de *kouglof* en el que no faltaba ni una almendra.

Papá comió un primer bocado y se levantó. Era la hora de la radio inglesa, y desde que estábamos en Niza, no se la había perdido ni una sola noche.

—Ya nos darás las noticias —dijo Henri— no tengo valor para dejar este pastel.

Papá hizo una señal de asentimiento, y mientras nosotros seguíamos hablando, vi por el resquicio de la puerta cómo pegaba el oído al altavoz, y manejaba el minúsculo botón.

Albert contaba su altercado con una cliente especialmente difícil que sostenía que Hitler era después de todo un ser inteligente y excepcional, puesto que había logrado ponerse al frente de su país e incluso de Europa. En aquel momento entró papá, un poco pálido.

—Han desembarcado —anunció.

Nosotros nos quedamos mirándole con la boca llena de pastel.

Se acerca a mi madre y la toma de las manos.

—Feliz cumpleaños, los aliados han desembarcado en el Norte de África, en Argelia y en Marruecos. Esta vez es el principio del fin, con un nuevo frente que defender, los alemanes están perdidos.

Maurice salta de la silla y va a buscar el atlas que hay en un estante del cuarto de mis padres. Todos nos apretamos sobre el mapa del Magreb.

Yo calculo las distancias: Argel-Niza, unos pocos centímetros de papel azul, no tienen más que cruzar el mar y ya están aquí. No tenemos ya nada que temer.

Henri medita con el ceño fruncido, él es el estratega de la familia. Su uña cubre Túnez.

—No comprendo por qué no han desembarcado

también aquí, me apuesto lo que queráis que en estos momentos las tropas italoalemanas reforzadas con el Afrikakorps están a punto de ocupar el país. A mi parecer, es un error.

—Podrías telefonear a Eisenhower, observa Albert.

—En cualquier caso —murmura papá—, es una noticia capital, y os digo que esto me huele a desastre alemán. Bueno, a principio del desastre.

Yo me terminaba el pastel de cumpleaños con los ojos llenos de imágenes de soldados corriendo con el fusil en la mano en medio de camellos y de ciudades muy blancas, mientras que los alemanes corrían a más no poder hundiendo las piernas en la arena del desierto.

A partir de aquella noche, todas las noches hubo una ceremonia que supongo que la mayoría de las familias francesas de aquella época conocieron. En un planisferio colgado en la pared, clavábamos pequeñas banderitas unidas entre sí por hilo de zurcir. Las banderitas eran alfileres con un pequeño rectángulo de papel pegado a ellos. Éramos detallistas hasta el punto de pintar los rectángulos de rojo para los rusos, y para los americanos hacíamos rayas blancas con una sola estrellita en la esquina de la izquierda. Londres recitaba nombres que nosotros apuntábamos a toda prisa, y en las ciudades recién conquistadas clavábamos las banderas de la victoria.

Una vez Stalingrado liberado, le llegó el turno a Jarkov, y luego a Rostov. Yo tenía ganas de plantar la bandera en Kiev para acelerar un poco la cosa, pero la ciudad tardó en ser liberada.

También había que ocuparse de África, y ahí había un problema: se estaba librando una gran batalla en El Alamein. Pero resultaba imposible localizar El Alamein en el mapa. Yo echaba pestes contra los fabricantes de planisferios, que no se habían preocupado de prever los lugares en que se desarrollarían los grandes hechos de la Historia. Pero lo que me llenó de entusiasmo fue el desembarco de los aliados en Sicilia el 10 de julio de 1943.

Lo recuerdo muy bien, sólo quedaban tres días de clase, pues las vacaciones empezaban el 13 por la tarde. Desde principios de semana no hacíamos ya gran cosa, el tiempo del recreo se prolongaba y se hacía igual, y después superior, al tiempo de trabajo.

Y es que ¡hacía tan buen tiempo! El invierno había sido duro en la región, la primavera tardía, y el verano había llegado de golpe. Teníamos los nervios a flor de piel, todo llegaba a la vez: el sol, las vacaciones, y los aliados, estábamos inaguantables.

En clase, cada vez que un niño llamaba a la puerta para preguntar algo: la lista de la media pensión, o pedir tiza, o un mapa, media clase se ponía de pie gritando: «¡Que llegan los americanos!»

Por la calle, los oficiales italianos seguían paseándose imperturbables, como si todo aquello no les afectase. Habían vuelto los uniformes a las terrazas de los cafés, y las muchachas aún más bonitas y bronceadas que el año pasado. Al pasar por delante de ellos yo soñaba con ser uno de aquellos guapos militares de botas relucientes que se pavoneaban en los cómodos sillones de rota.

Con el buen tiempo volvieron los tomates, y nosotros reemprendimos nuestras actividades.

Gracias a un compañero de clase había podido obtener una bicicleta. Era un poco pequeña para mí, y las rodillas me tocaban el manillar, pero sentándome en lo más atrás del sillín me arreglaba.

En un taller que había detrás de la iglesia de La Buffa nos colocamos un cajón atado con alambre que nos servía a las mil maravillas como portaequipajes. Estábamos ya preparados y nuestra hucha no tardaría en engordar de nuevo.

El último día hubo reparto de premios. Los libros, imposibles de encontrar, habían sido substituidos por diplomas. Maurice, que había crecido mucho y parecía que iba a ser un forzudo, obtuvo el premio de gimnasia, y yo el de lectura. Volvía a casa muy orgulloso de mí. Mi porvenir era resplandeciente: dos meses y medio de libertad, una bicicleta, y sin duda, en la época de volver al colegio, ya estaríamos liberados. Si todo iba bien, volvería a clase a la calle Ferdinand-Flocon.

Subo la pendiente pedaleando de pie, freno y me bajo.

Coloco el pedal contra la esquina del bordillo y cojo la bolsa de sémola que hay en el fondo del cajón. No llega a los cien gramos, pero mamá podrá hacer un pastel con ella, así variaremos un poco. La he conseguido a cambio de unas latas de corned-beef, resultado de una transacción anterior.

Me encuentro con Maurice en la escalera. Me para con aspecto excitado:

—Ven conmigo.

—Espera, voy a dejar la sémola y...

—¡Ve volando, te espero abajo, anda, vuela!

Echo a correr, dejo la sémola, bajo las escaleras de cuatro en cuatro, y el último tramo me deslizo velozmente por el pasamanos.

Maurice corre ya ante mí.

—¡Espera! Voy a coger la bici...

Me hace señas de que no lo haga, y yo le sigo a marcha atlética. El sudor me chorrea por la frente, se para en las cejas, gotea a lo largo de las sienes.

Casi hemos salido de la ciudad, se desvía hacia el interior, y, después de pasar el campo que antes servía para campamento de los nómadas, y ahora de campo de fútbol para los chicos del barrio, llegamos al vertedero de basuras.

Con el sol, el olor no es especialmente agradable, y las moscas vibran en el aire. Nos encaramamos por un sendero sembrado de papeles sucios y muelles oxidados y llegamos a la cumbre de una meseta de inmundicias.

Maurice se detiene jadeando y yo le alcanzo. Delante de nosotros hay dos muchachos en cuclillas. Son amigos de Maurice, hay uno que conozco por haberle visto en el patio del colegio.

—Mira.

Me asomo por encima de sus espaldas.

Sobre un cojín hay cuatro fusiles. Las placas metálicas brillan al sol. Están en excelente estado.

—¿Dónde habéis encontrado eso?

El amigo de Maurice, que se llama Paul, se vuelve hacia mí.

—Debajo de un somier, y te diré una cosa, ayer no estaban aquí.

—¿Estás seguro?

Paul se encoge de hombros.

—¡Digo! Vengo aquí todos los días, y si hubiera estado aquí, figúrate si no lo hubiera visto... Los han dejado aquí durante la noche.

Me entran ganas de tocar uno, de levantarlo, pero nunca se sabe, los chismes esos se disparan solos.

El chico que no ha dicho nada coge un fusil y con un movimiento brusco acciona la palanca de la culata.

Una bala amarilla sale, cae al suelo y me da en la pierna.

—No hagas el burro.

Ninguno de nosotros duda de que son armas italianas abandonadas allí por los soldados.

—¿Qué hacemos con ellos?

Yo pienso en los resistentes, en lo bien que les irían,

pero ¿cómo ponerse en contacto con ellos? Y en cuanto a venderlas, la cosa presenta muchos problemas, pero es factible.

Maurice toma la iniciativa.

—Lo mejor es que los volvamos a esconder tal como estaban. Ya pensaremos qué podemos hacer. Mañana nos encontraremos aquí para decidir, y que nadie diga una palabra.

Vuelvo con mi hermano a casa. Parece preocupado.

Le pregunto:

—¿De dónde pueden haber salido estos trastos?

—Parece ser que hay muchos soldados italianos que desertan. Corren rumores de que han detenido a Mussolini.

Me quedo estupefacto.

—Pero ¿quién?

—No lo sé. ¿Sabes qué podríamos hacer? Vamos a ir a donde Tite para ver si ponemos algo en claro. Pero ni una palabra sobre los fusiles.

—Entendido.

Delante de la taberna la cortina está echada para mantener el interior en sombra. Dentro se estaba fresco, fresco y oscuro como una gruta. Notaba cómo el sudor se me iba secando en la cara y en los costados.

La mayoría de los soldados que conocíamos se habían marchado. Carlo había sido enviado a Sicilia con el parmesano para hacer frente al avance aliado. Sin duda su presencia no había bastado, pues Sicilia había sido tomada en menos de seis semanas.

Debían de estar prisioneros en algún campo americano, o a lo mejor les había dado tiempo de embarcar antes del desastre. No podía pensar que estuviesen muertos.

También mi amigo el cartero había desaparecido. Marcello había recibido una carta con fecha de un mes antes en la que explicaba que pensaba partir con su nuevo regimiento hacia un puerto de Calabria en previsión de un desembarco en Italia. En la carta enviaba saludos para Giuseppe, y cuando Marcello me leyó aquel trozo, me entraron ganas de llorar.

En cuanto a Marcello, se había convertido en barman del bar de los oficiales, y parecía decidido a esperar el fin de las hostilidades preparando cócteles en la Costa Azul.

Los nuevos clientes eran más jóvenes, pero aun así, eran más tristes. Uno de ellos, un muchacho muy sensato y muy dulce, que había estudiado contabilidad en una escuela de Milán, se hizo amigo mío.

Aquella tarde estaba sentado estudiando francés con la ayuda de un diccionario y una gramática que le había proporcionado un colegial a cambio de cigarrillos.

Nos sonrió y yo me senté a su mesa. Esperaba poder hablar francés antes del final de la guerra, lo que le permitiría obtener un puesto más importante a su vuelta a Italia. Era muy trabajador.

Como que yo no lo sabía muy bien, me costaba Dios y ayuda explicarle la regla de los participios pasados y sudaba tinta con la concordancia de los verbos pronominales. De repente suspiró y cerró el libro.

—Vamos a dejarlo, Jo, de todas formas ya no me dará tiempo.

Yo le miré asombrado.

—¿Por qué?

El recogió sus libros con tristeza.

—Porque pronto nos marcharemos.

—¿Han trasladado a tu regimiento?

—No, no, nos vamos todos, todos los italianos...

Yo no entendía a qué se refería. Con paciencia, intentando hacer las menos faltas posibles, me explicó:

—Ahora ya no es Mussolini el que manda, ahora manda Badoglio, y todo el mundo cree que va a hacer las paces con los americanos, incluso dicen que ya se han visto libres. Entonces, si hacen las paces, nosotros nos volvemos a casa.

Me iluminó una llama de esperanza.

—Entonces, si vosotros os marcháis... ¡estamos libres!

Me miró con una expresión lamentable.

—No. Si nosotros nos marchamos, vienen los alemanes.

El bar, ya sombrío, se oscureció aún más. Maurice viene a sentarse a mi lado y mete baza en la conversación.

—¿Estás seguro?

El italiano hizo un gesto de fatalidad.

—No hay nada seguro, pero ya puedes comprender que si firmamos la paz con América por separado, nos encontramos en guerra con los alemanes, así que será preciso partir, combatir en nuestro país...

Maurice prosiguió:

—¿Y vosotros queréis combatir con los alemanes?

Él echó la silla hacia atrás y se desabrochó el cuello de la chaqueta.

—Nadie quiere hacer la guerra. Muchos de nosotros se han marchado.

Yo pensé en los cuatro fusiles que encontramos en el vertedero.

—¿Hay desertores?

El soldado hizo un signo de afirmación.

—No sabía cómo se decía, pero es eso, desertores.

Bebió y cuando volvió a dejar el vaso con un gesto de hastío, le hice la pregunta que me rondaba por la cabeza hacía rato:

—Y tú, ¿qué vas a hacer?

Su mirada se desliza errante por las escasas botellas que quedan en los estantes de la tasca.

—No lo sé, no me gusta la guerra, preferiría volver a

casa y vivir tranquilo en ella, pero es peligroso abandonar el ejército, hay guardias, y si te descuidas te fusilan.

—Y Marcello ¿qué va a hacer?

Tosió y rascó con la uña una mancha que había en la madera de la mesa.

—No sé, no hemos hablado de ello.

Cuando salimos del bar, comprendí que Marcello había ya marchado sin duda alguna, tal vez ya había pasado la frontera, a lo mejor se había reunido con su horrible rubia que yo había encontrado tan guapa, a lo mejor estaba ya boxeando; en todo caso, habría podido despedirse de mí.

Durante los días siguientes los soldados desertaron en masa; el 8 de septiembre la noticia fue oficial: el mariscal Badoglio había firmado el armisticio en las cercanías de Siracusa. Las unidades cruzaban la frontera para proseguir la guerra, pero esta vez contra los alemanes. En la peluquería, un oficial que vino a cortarse el pelo propuso a mis hermanos que se marcharan con ellos, estaba convencido de que la guerra había terminado en Italia.

Una mañana, Niza se despertó sin ocupantes. No obstante, las calles estaban tristes, los rostros preocupados, los transeúntes andaban pegados a las paredes. Londres había anunciado que Hitler enviaba treinta divisiones de élite más allá de los Alpes para ocupar la totalidad de la península.

El 10 de septiembre llegó un tren a la estación y de él bajaron un millar de alemanes. Entre ellos había S.S., gente de paisano y hombres de la Gestapo.

Había dado comienzo la segunda ocupación. Todos sabíamos que no se parecería en nada a la primera, y que ya no volveríamos a ver a una escuadra que iba a relevar la guardia, y al final, un quinto desharrapado, agarrando con la mano una mandolina.

8

Son las seis.

Qué pesado es un día entero sin salir. Me he pasado la tarde leyendo *Miguel Strogoff* y ayudando a mamá a matar a los gorgojos que se han metido en las pocas judías que nos quedan.

Se acabó la buena vida. Miramos cómo giran las agujas hasta que Henri y Albert hayan llegado, y cada minuto que pasa es un minuto de angustia: la Gestapo se ha instalado desde hace tres días en el hotel Excelsior; la mayor parte de hoteles han sido requisados. La Kommandantur está en la plaza Masséna, y se realizan redadas. Se detiene a muchos judíos por denuncias, pero los registros de barrios no van a tardar.

Papá anda arriba y abajo del piso. Hemos cerrado los postigos, y fuera aún es de día. Las seis y cinco.

—¿Qué pueden estar haciendo?

Nadie contesta a mi madre, que está preocupada.

No sabemos nada de los V., y no hay que pensar en ir a ver si se han ido o siguen en su casa. Dicen que cuando arrestan a alguien, los alemanes dejan vigilancia durante varios días.

Dobles pasos en la escalera, son ellos.

Nos precipitamos hacia la puerta.

—¿Y bien?

Henri se deja caer sobre una silla mientras que Albert va a la cocina a beber un enorme vaso de agua. Le oímos cómo traga con ruido.

—Pues bien, es muy sencillo, dice Henri. Hay que largarse, y sin pérdida de tiempo.

Papá le pone la mano en el hombro.

—Explícate.

Henri levanta hacia él una mirada cansada. Se nota que hoy no ha parado.

—Albert y yo no hemos parado de cortar el pelo a los alemanes, y hablaban entre ellos convencidos de que nadie les entendía. Era bastante confuso, pero hemos sacado en claro que detienen a todos los judíos, los encierran en el hotel Excelsior, y todos los viernes por la noche se los llevan en convoyes especiales hacia los campos alemanes. Van en vagones sellados, que tienen prioridad. Pasan antes incluso que las tropas y los envíos de armas. Quedarnos aquí significa tomar un billete directo para Alemania.

Papá se sienta y pone las manos planas sobre el mantel.

—Hijos míos —dice nuestro padre—, Henri tiene razón, será preciso separarnos de nuevo, y estos últimos días he tenido tiempo para pensar en ello. Os diré lo que vamos a hacer. Seguiremos fieles al método que nunca nos ha fallado: nos marcharemos de dos en dos. Para empezar Henri y tú, Albert, os iréis mañana hacia Saboya. Llegaréis a Aix-les-Bains, allí tengo la dirección de una persona que os esconderá. Joseph y Maurice, escuchad bien lo que vais a hacer: mañana por la mañana iréis para Golfe-Juan. Os presentaréis a un campamento que se llama «Nueva Mies». Teóricamente se trata de una organización paramilitar dependiente del gobierno de Vichy, una especie de anejo de los *Compagnons de France*, de hecho es algo muy distinto, en seguida os daréis cuenta de ello.

—Y vosotros ¿qué haréis?

Mi padre se levanta.

—No os preocupéis por nosotros, soy ya muy viejo en estos menesteres y no me faltan recursos. Y ahora, a la mesa, tenéis que acostaros temprano todos para estar en forma mañana por la mañana.

Y una vez más, comimos antes de separarnos, otra comida durante la que no se oía mucho más que el ruido de tenedores y cuchillos contra la porcelana. A veces la voz de mi padre o de uno de mis hermanos mayores rompía el silencio cuando éste les parecía demasiado tenso.

Cuando entré en mi habitación me encontré el morral sobre la cama. Hacía ya un montón de tiempo que lo había olvidado, pero seguía ahí, y al mirarlo tuve la impresión de que ya no estaba en Niza, sino en la carretera, marchando sin tregua hacia un objetivo que no lograba discernir.

«Nueva Mies»

Hay un gran letrero metálico en lo alto de la reja. A cada lado del cartel hay dos hachas tricolores.

Detrás de la reja hay adolescentes en pantalón corto, camiseta y boina. Acarrean bolsas de tela llenas de agua, cortan leña, todo tiene aire terriblemente *boy-scout*. Y éste es un aire que nunca me sedujo excesivamente.

Maurice no parece mucho más contento que yo.

—Bueno, ¿entramos o qué?

Nos hemos traído parte de nuestros ahorros y me entran ganas de proponerle a mi hermano que prosigamos el viaje, que subamos hacia el norte. Podríamos escondernos en una granja, trabajar durante cierto tiempo... Pero por otra parte, este campamento petainista es el último lugar donde los nazis vendrían a buscar a dos pequeños judíos. La elección no es, pues, dudosa. La seguridad por encima de todo.

—Adelante.

Empujamos la reja los dos a un tiempo.

En el acto, un larguirucho grandullón cuyos muslos de alambre desaparecen en un short demasiado ancho viene a nuestro encuentro. Da un taconazo y nos hace un extraño signo, una especie de mezcla de los saludos romano, nazi y militar.

Maurice se lo devuelve, adornándolo con algunas florituras suplementarias.

—¿Sois nuevos? ¿Quién os envía?

Este tipo se me hace en seguida antipático. A Maurice no parece gustarle tampoco mucho.

—Quisiéramos ver al jefe del campamento, el señor Subinagui.

—Seguidme.

Gira sobre los talones y con pasos menudos y rápidos nos conduce a un barracón que domina las tiendas. Casi en el umbral del barracón se levantaba un gran mástil blanco como los de los barcos. La bandera francesa colgaba en la ausencia de viento.

El grandullón llamó, abrió la puerta, dio un paso, un taconazo, saludó y dijo con voz nasal:

—Hay dos nuevos que quieren hablar con usted, señor director.

—Gracias, Gérard, puede retirarse.

Gérard dio la media vuelta reglamentaria y salió marcando el paso hacia la puerta, y sacudiendo el frágil piso con sus botas.

Debíamos de tener cara de susto, pues el director nos indicó con un gesto que nos acercáramos y nos sentáramos.

—No os dejéis impresionar —dijo—, Gérard es simpático, pero su papá era brigada en activo y fue educado en un ambiente un poco especial.

Era un hombre muy moreno, con la frente despejada

y una expresión indefinible en los ojos; me daba la impresión de saberlo todo sobre mí antes de que yo le dijera nada. Su porte me fascinaba: incluso en aquel oscuro reducto, rodeado de ficheros metálicos, de sillas desvencijadas, de carpetas y de un increíble y polvoriento desorden, daba la impresión de moverse con la misma soltura que si estuviese en el escenario de la Ópera sin ningún decorado.

—Vuestro papá me ha hablado de vosotros, he aceptado que os quedéis aquí aunque no tengáis la edad exigida. Pero los dos parecéis mayores. Creo que vais a estar bien aquí, y... seguros.

No añadió nada más, pero no hacía la menor falta.

—Así pues, ya formáis parte de «Nueva Mies»; y voy a explicaros en qué consiste la vida del campamento. Tenéis varias posibilidades: podéis quedaros en el interior y encargaros de trabajos comunitarios: rancho y limpieza. Naturalmente, tenéis juegos a vuestra disposición después de las horas de servicio. Pero tenéis otra posibilidad, es ir a trabajar y volver al campamento a las horas fijadas, aquí tendréis comida y techo a cambio de la remuneración que se os exigirá, y que será aproximadamente los tres cuartos de vuestro salario.

—Disculpe —dijo Maurice—, ¿qué clase de trabajo es?

—Es lo que os iba a explicar: podéis ayudar a los hortelanos de por aquí, o bien ir a Vallauris donde tenemos instalado un taller de alfarería. Vendemos nuestros productos, y ello nos permite seguir manteniendo a la comunidad. Ahora os toca a vosotros decidir.

Miré a Maurice.

—A mí me gustaría probar lo de la alfarería.

El director miró a mi hermano.

—¿Y usted?

—Yo también.

Subinagui se echó a reír por el tono poco convencido de Maurice.

—Está muy bien que se sacrifique. Me parece que os gusta estar juntos.

Cada uno de nosotros se habría dejado cortar una mano antes de contestar a semejante pregunta, y él no insistió.

—Queda entendido, iréis a Vallauris. Dormiréis aquí esta noche y empezaréis mañana por la mañana. Que tengáis buena suerte.

Nos dio la mano y salimos mucho más animados.

Fuera nos esperaba Gérard. Volvió a dar un tacona-zo, saludó, y nos dio la orden de seguirle.

Cruzamos el campamento. Todo parecía limpio, los platos estaban ya preparados en largas mesas de madera sostenidas por caballetes; el aire olía a arena, a pinos y a lejía.

Bajo una tienda caqui, Gérard nos señaló dos camas en cuyo extremo había dos mantas dobladas y dos sába-nas cosidas entre sí, que ellos llamaban el saco de la carne.

—A las seis cenar —dijo Gérard—, a las siete arriar bandera, a las ocho y media aseo, a las nueve acostarse, y a las nueve quince se apagan las luces.

Dio un enésimo taconazo, saludó, y salió con paso mecánico.

Una voz surgió de debajo de una cama.

—No le hagáis caso, está un poco sonado pero es un buen tío.

Apareció una cabeza, una maraña de pelos tiesos, dos ojos como el café, y una nariz de gancho. Acababa de conocer a Ange Testi.

Mientras yo hacía mi cama me informó de que en aquellos momentos él debería estar pelando patatas en la cocina, pero que se había escapado con la excusa de un cólico y que estaba descansando un poco antes de cenar. Por lo demás, la misma excusa le serviría para presentarse mañana a la enfermería con la esperanza de que le relevaran de todo servicio durante unos días.

Mientras tiraba de las mantas le pregunté:

—¿Se está bien aquí?

—¡Oh, sí! Es ideal, hay muchos judíos.

Yo di un respingo, pero lo había dicho tumbado inocentemente sobre su colchón. En realidad, por mucho que intente recordar, creo que nunca vi a Ange en posición vertical. Tenía una marcadísima tendencia a echarse a cualquier hora, siempre que se le presentaba una oportunidad.

—¿Tú no eres judío?

—Yo no ¿y tú?

Él se rió.

—¡Qué va! Lo tengo todo: bautizo, catecismo, comunión, confirmación, y monaguillo por añadidura.

—Y cómo has venido aquí?

Cruzó las manos debajo la nuca y miró a su alrededor con una mirada de buda bienaventurado.

—Pues ya lo ves, estoy de vacaciones.

Me invitó a un cigarrillo, que yo rechacé.

—No es broma, estoy de vacaciones, de verdad. Te lo explicaré, pero si no te molesta me volveré a meter bajo la cama, porque si el jefe de la cocina me encuentra aquí mano sobre mano, me arma la de Dios.

Él tumbado en el suelo, y yo sentado en mi cama, me puse a escuchar.

Era originario de Argel, nacido en pleno Bab-el-Oued, y había querido pasar las vacaciones en Francia, pues su padre y su abuelo hablaban maravillas de ella. Estaba visitando París, durmiendo en casa de un primo suyo, paseando por los Campos Elíseos, cuando en aquellos momentos, los americanos desembarcaron en el Norte de África.

La noticia no le afectó demasiado cuando, al cabo de uno o dos días, comprendió que, mientras durara la guerra no había que pensar en volver a ver la costa de Argel la Blanca.

Siguió riéndose bajo la cama.

—¿No te das cuenta? ¡Si la guerra dura diez años, tendré diez años de vacaciones!

Pocas semanas después de su llegada, el primo parisino tuvo la peregrina idea de casarse, y Ange se encontró en la calle sin demasiado dinero. Atraído por el sol como un tropismo, había llegado al Mediodía y se detuvo frente al mar que no podía cruzar.

Durante varios días había vivido de limosna, y un día pasó por casualidad por delante de la reja de «Nueva Mies», hacía ya tres meses de eso. Entró, y le recitó su historia a Subinagui, quien lo dejó quedar, y desde entonces pelaba patatas, barría el campamento, y sobre todo, hacía unas interminables siestas.

—En el fondo —concluyó—, en Argel me pasaba el día vendiendo zapatos en la tienda de mi padre, aquí me canso menos, y además cuanto más dure la separación, más contento estaré de volverles a ver.

Maurice que había salido a dar una vuelta, volvió y nos sorprendió charlando.

—¿Cuántos somos en el campamento?

—Oh, unos cien, la cosa no varía mucho, unos se marchan y vienen otros nuevos. Pero ya veréis, en el fondo se está bien.

Empezaba a lamentar tener que ir a Vallauris. Sentía que en Ange habría encontrado un buen amigo.

A las seis, una campana nos avisó de la hora de la cena. Gracias a Ange, que se conocía todos los trucos, enseguida encontramos sitio en el banco que estaba más cerca de la cocina. Las marmitas eran gigantescas, y un muchacho de unos quince años, que más tarde supe que era holandés, revolvía en ellas con un enorme cucharón que tenía que agarrar con las dos manos.

Había un ruido ensordecedor. A mi lado había dos belgas que también esperaban que terminara la guerra para volver a casa. Frente a mí se sentaba un rubito que se llamaba Masso, Jean Masso, también con él pensé que me haría amigo.

Después de cenar formamos en estrella frente a la bandera. Aquello me hizo un efecto muy raro, me parece que nunca me había puesto antes en posición de firmes, si no era para jugar con mis amigos.

Vi cómo la bandera descendía lentamente a lo largo del asta.

Después, la mayor parte de los chicos se retiraron a las tiendas centrales que eran circulares como la lona de un circo, y se pusieron a jugar a damas o a cartas. Otros se paseaban por el exterior, los había que tocaban la armónica o la guitarra, lo que me recordó a los italianos. ¿Dónde debían estar en estos momentos?

Jugué una partida de dominó con Ange, Jean y mi hermano, y a las nueve estaba en la cama. El responsable de la tienda, monitor diríamos hoy, estaba al otro extremo de la hilera. Me pareció simpático, pero lo suficiente severo como para que no hubiera el menor alboroto a la hora de acostarse.

En la oscuridad, por encima de mí, oía el rumor del viento en las hojas de los árboles que rodeaban el campamento, y también el zumbar de los insectos, pero lo que me molestaba más no era esto, sino los mil ruidos que se originan de la vida en comunidad: susurros de dos charlatanes, crujidos de las sábanas o de la madera de las camas, resoplidos, toses, suspiros; sentía a mi alrededor la confusa presencia de los cuerpos acostados; la respiración de los durmientes se mezclaba formando un soplo continuo y caótico. Nunca había experimentado aquello, y no logré conciliar el sueño hasta bien avanzada la noche.

El pitido me vibró en los tímpanos y salté fuera de la cama despavorido. A mi alrededor, los chicos ya estaban doblando las mantas y los sacos de la carne, se daban los primeros pescozones y corrían con el torso desnudo hacia los lavabos.

Únicamente Ange Testi no parecía tener prisa por salir de las sábanas.

—Joffo, Maurice y Joseph, ¡al almacén, en seguida!

Recibo en herencia tres camisas con bolsillos y charreteras, un pantalón corto, y tres pares de calcetines, todo ello del mismo color azul de fogonero.

Me puse dichas prendas, y mis ánimos bajaron alarmantemente. Me sentí ya por completo militarizado.

—¿Vais a Vallauris los dos?

—Sí.

—Pues en marcha, paso atlético, hacia la salida.

Salimos dando saltitos. Eso de los *Compagnons de France* puede que sea el escondite ideal, pero no es muy descansado que digamos.

Hay unos diez que nos están esperando. Con ellos está el director. Nos recibe con una sonrisa que me sube el ánimo un punto.

—Y doce, ya está, podéis marcharos. Trabajad lo mejor que podáis y hacednos bonitas piezas. Hasta luego.

Los jardines estaban llenos de rosas tardías. En el aire aún fresco había aroma de pétalos mustios. Avanzábamos en tropel a pesar de las súplicas de nuestro jefe de fila que había intentado hacernos andar en filas cantando el famoso *Maréchal nous voila*.

Vallauris no cae lejos de Golfe-Juan, pertenece al mismo municipio. Era una aldea con una plazoleta, y algo apartado, había un edificio de dos pisos con el tejado hundido. Dentro de aquellos viejos muros se encontraba el taller de alfarería de los *Compagnons de France*.

A lo largo de una de las paredes se hallaban alineados los modelos más recientes: vasijas de todas formas y de todos grosores: las había achatadas, alargadas, con pico, sin pico, con un asa, con dos asas, barnizadas, sin barnizar... En seguida me encontré delante de un bloque de arcilla, un torno, y a girar se ha dicho.

Desde la primera mañana hay algo que se me hace evidente con una claridad meridiana: uno puede amar un oficio y odiarlo poco después, si lo practica en malas condiciones.

Yo tenía ganas de hacer mis propias vasijas, me gustaba ver y sentir el bloque de arcilla entre mis dedos, sabía que con una ínfima presión de mis manos ahuecadas, la forma cambiaría, más afinada, distinta; y lo que hubiese querido por encima de todo, habría sido realizar un modelo que fuese el mío, es decir, inventar, improvisar un volumen que sin duda habría sido diferente de aquellos que veía alineados en la pared. Pero el maestro de aprendices que me había tomado a su cargo y me había tomado ojeriza desde que llegué, no era del mismo parecer. Tal vez tenía razón, tal vez antes de ser creador hay que ser imitador, hacer escalas antes de emprender una sinfonía, esto parece lo más obvio del mundo, pero a mí no me convencía.

Sea lo que fuere, cada vez que yo trataba de dar a mi obra un toque personal, era expulsado de mi taburete, y con un par de presiones del pulgar, mi guía restablecía la proporción correcta, devolvía al cacharro cierto abombamiento que yo hubiese querido disminuir. Luego yo recuperaba mi puesto, y sin querer menguaba aquella redondez que me parecía un defecto estético escandaloso.

Al cabo de dos horas de jugar a esto, el maestro paró el torno y me miró con perplejidad:

—No tienes el menor sentido de la proporción —murmuró—, vamos a tener problemas.

Yo pedí una oportunidad:

—¿Y no podría hacer una sin modelo, como diversión?

Acababa de cometer el mayor error que cometerse pueda. Me gané un sermón a gritos y poco a poco fui encogiéndome bajo el peso de sus argumentos: la alfarería no es ninguna diversión, antes de trabajar sin modelo hay que aprender a copiar, un alfarero no se improvisa, etc., etc.

Creí que le daba un ataque de apoplejía.

Cuando pareció recuperarse aplastó mi bloque de un manotazo y me dijo:

—Empieza de nuevo, volveré a pasar dentro de diez minutos.

Le di al pedal. Volvió, me riñó y me colocó detrás de uno de sus discípulos que parecía pegado al torno desde toda la eternidad, con la misión de no perder ni uno de sus gestos de forma que pudiese reproducirlos con la máxima exactitud.

Me aburría de lo lindo viendo levantarse una vasija que ya había visto repetida en un montón de ejemplares.

Al cabo de una hora volví a mi puesto, pero ya era hora de comer.

Maurice parecía tan fastidiado como yo. Había que reconocer que los Joffo no habían nacido para trabajar el barro.

Después de comer volví al trabajo, el maestro también, y al cabo de dos horas, con la cabeza retumbando de sus consejos-aullidos, lleno de barro hasta la coronilla, y empapado de sudor hasta los riñones, me dije que si no quería caer en la tentación de aplastarle un kilo entero de aquella tierra pringosa en pleno rostro, era preferible que abandonara definitivamente el oficio de alfarero.

Y así se pierden las vocaciones. Aquel día constituyó mi única experiencia con este arte que, en el lugar donde me inicié, tomaría la importancia de todos conocida.

Pero que conste: yo fui alfarero en Vallauris.

En todo caso, lo primero que hicimos por la noche al volver a Golfe-Juan fue ir a ver a Subinagui y exponerle la situación.

—Se acabó —dije—, la alfarería no me va.

—Y lo mismo digo —insistió Maurice—, la prueba ha resultado un fracaso.

Él nos escuchó con una calma que ninguna catástrofe podría turbar y nos preguntó:

—¿Podríais explicarme por qué no os ha gustado?

Yo exclamé:

—¡Pero si me gusta! ¡Me gusta muchísimo! Pero no consigo hacerlo tal como él quiere...

Me interrumpió con un ademán, y cuando nuestras miradas se encontraron, yo pude leer claramente en la suya que no me reprochaba nada, que él no compartía las opiniones pedagógicas del maestro de aprendices, y que casi me felicitaba por no poder seguir viviendo bajo su férula. Aquello me alivió muchísimo, y mi alivio creció cuando, después de consultar un fichero, añadió:

—Si os parece bien, podéis trabajar en las cocinas, espero que os sentiréis más a gusto allí. Se trata de una tarea menos artística, pero sin duda tendréis más libertad.

Maurice le dio las gracias. Yo también estaba contento, allí encontraría a Ange, y además, todo el mundo sabe que en una colectividad, la cocina es siempre el lugar donde tienen lugar las diversas transacciones de las que un hombre listo siempre puede sacar provecho.

Nos acompañó a la puerta y nos puso la mano en la espalda.

—Me alegro de que hayáis venido. Si algo va mal, no dudéis en acudir, mi despacho siempre está abierto.

Entonces comenzaron tres semanas maravillosas.

Aquella cocina resultó ser un filón. Maurice ayudaba a un carnicero profesional, y se pasaba el día cortando filetes y jugando a la manilla, aunque le ocupaba más tiempo lo primero que lo segundo. Por mi parte, recuerdo que revolví calderos de puré, mezclé marmitas de ensalada, corté toneladas de tomates, y siempre en compañía de Masso y de Ange, que no dudaba en renunciar a sus siestas y escondites siempre que fuera para trabajar conmigo. Formábamos un trío inseparable.

En el interior del campamento existía un tráfico basado sobre todo en el azúcar en polvo y en la harina. Personalmente, llegué a meterme en el bolsillo algunos plátanos de más, galletas, o chocolate debajo de la camisa para saborear con mis amigos, pero nunca participé en ninguna operación de envergadura. No es que presuma de una honradez por encima de toda sospecha, pero es que no habría podido soportar que Subinagui se enterara. Yo estaba al corriente de las dificultades con que chocaba para procurarse alimentos para el campamento, a menudo venía a hablar con el jefe de cocineros, y notaba su tensión cuando la camioneta de las provisiones tardaba más de la cuenta.

Gozábamos de alegres veladas, noches con guitarras, me gustaba el olor de los pinos y el mar cuando caía la tarde, y se levantaba un viento que barría el calor del día. Entonces todos, excepto Gérard, que seguía con su mecánico frenesí, nos relajábamos y repetíamos en coro las melodías que cantaba el solista. Aquello nos aliviaba al evocar la paz.

Pero en el campamento también circulaban las noticias. Nos las traían los repartidores y los que volvían de los permisos que el director concedía con facilidad, y así sabíamos que la guerra proseguía. La guerra asolaba Italia, los alemanes habían capturado regimientos enteros de aquellos que hasta hace poco habían sido sus aliados, y yo me preguntaba qué habría sido de mis amigos de la taberna de Tite... Marcello ¿estaba muerto, prisionero, había desertado? ¿Y los demás? En todo caso los alemanes seguían siendo poderosos y aguantaban firmes; a pesar de todos sus esfuerzos los angloamericanos no lograban avanzar, se habían encallado al sur de Nápoles y parecía que la ciudad nunca caería en sus manos.

En Rusia retrocedían, pero menos que antes. Empezaban a asaltarme las dudas, y Masso terminaba por creer en el mito de la defensa elástica. Parecían prepararse para un fantástico salto que sumergiría al planeta entero.

En el campamento hablábamos poco. Algunos adolescentes provenían de familias petainistas, unos pocos eran abiertamente proalemanes. Las conversaciones terminaban cuando éstos se acercaban, y Maurice me había aconsejado que no hiciera la menor confidencia a mis amigos.

No le faltaba razón: además de los partes de guerra, nos llegaban otras noticias, que podían resumirse en una fórmula: intensificación de la caza de judíos. Había sorprendido unas palabras sobre ello que pronunciaron Subinagui y el jefe de cocineros mientras limpiaban el comedor. De ellas se desprendía que había pasado el tiempo de los miramientos. Cualquier judío, incluso cualquier persona sospechosa de serlo, era enviado a los campos de concentración alemanes.

Hablaba de ello a mi hermano, pero él estaba aún mucho más enterado que yo.

Una mañana, a eso de las diez, mientras yo andaba limpiando los fogones, Maurice se acercó a mí con su gran delantal azul marino, uno de cuyos bordes se había levantado como en los capotes de los quintos de la guerra del catorce.

—Jo, se me ha ocurrido una cosa, si los alemanes hicieran una redada aquí y nos interrogaran, me parece que en seguida sabrían que somos judíos.

Yo me quedé con la bayeta en el aire.

—Pero ¿por qué? Hasta ahora...

Me interrumpió y yo le escuché con atención. Más adelante tuve ocasión de felicitarme a mí mismo por haberle escuchado con atención.

—Escucha, he hablado de ello con Subinagui. A estas alturas la Gestapo ya ni se molesta en llevar a cabo investigaciones, prescinden por completo del papeleo. Si les decimos que nos llamamos Joffo y que papá tiene un comercio en la calle Clignancourt, es decir, en pleno barrio judío de París, ya no querrán saber nada más.

Creo que debí quedarme pálido, porque él se esforzó en sonreír.

—Te digo todo eso porque en caso de que hagan una redada, hay que inventarse otra cosa, una vida completamente distinta. Y me parece que he dado con algo bueno. Ven por aquí.

Dejé mis polvos para desengrasar y le seguí hacia el otro extremo del local limpiándome las manos en el pantalón, que ya estaba bastante mugriento.

—Fíjate en lo que vamos a hacer. ¿Recuerdas la historia de Ange?

—¡Desde luego, no hace más que contarla!

—Bueno, pues para nosotros servirá la misma.

Me dejó pasmado, no veía a dónde quería ir a parar.

—¿No lo entiendes?

Tampoco era como para tomarme por idiota perdido.

—Claro que sí, vinimos de vacaciones a Francia, y nos quedamos aquí por culpa del desembarco.

—Exactamente. Y la cosa tiene una gran ventaja: no pueden ponerse en contacto con los amigos o parientes por la sencilla razón de que todos se quedaron allí; no tienen más remedio que creernos.

Todo me daba vueltas en la cabeza. Me parecía francamente difícil inventarse de cabo a rabo un nuevo pasado sin quedar cortado en el momento de un hipotético interrogatorio.

—¿Dónde vivíamos?

—En Argel.

Yo miraba a Maurice. Estaba seguro de que lo había previsto todo, pero había que asegurarse, y para ello hacer las mismas preguntas que tal vez algún día nos harían.

—¿Profesión de los padres?

—Papá es peluquero, mamá no trabaja.

—¿Dónde vivís?

—Calle Jean Jaurès, número 10.

No ha vacilado ni un segundo, pero esto precisa una explicación.

—¿Y por qué calle Jean Jaurès?

—Porque siempre hay una calle Jean Jaurès, y el número 10 porque es fácil de recordar.

—Y si nos piden que describamos la peluquería, la casa, el piso, todo eso, ¿cómo lo haremos para decir lo mismo?

—Pues describes la casa de la calle Clignancourt, así no nos equivocaremos.

Yo meneo la cabeza. Me parece muy bien pensado. Se levanta brutalmente me agarra por un hombro y me sacude gritando:

—¿Y a tonte ifas al colegio mutchatcho?

—En la calle Jean Jaurès, la misma calle sólo que un poco más abajo, no recuerdo el número.

Me da un puñetazo de satisfacción.

—Bien, muy bien, eres algo lento, pero tienes reflejos. ¡A ver si paras éste!

Un directo me alcanza el plexo, retrocedo, finto y tomo distancias. Él gira a mi alrededor bailando.

Masso asoma la cabeza y nos mira.

—Apuesto por el más alto y más fuerte.

Aquella misma noche, cuando ya estábamos acostados, me incorporé y me incliné por encima del pasillo que separaba mi cama de la de mi hermano.

—Tu invento no puede funcionar.

Él se incorporó a su vez. Veía su camiseta blanca recortada sobre las mantas pardas.

—¿Por qué?

—Porque Subinagui tiene nuestros papeles, sabe de dónde venimos y si los nazis le preguntan no tendrá más remedio que darles información.

—Descuida, dijo Maurice, yo hablaré con él y ya verás cómo nos ayudará.

Todo quedó en silencio, algunos dormían ya, o leían con una linterna debajo de las sábanas. Antes de darse la vuelta definitivamente, Maurice añadió:

—¿Sabes? Me parece que no somos los únicos que tienen este problema, aquí.

En la penumbra veía el rectángulo más oscuro de la foto del mariscal que estaba colgada en el palo central de la tienda, y me sentí invadido de agradecimiento hacia los *Compagnons de la France*. Pensé que a la gente acosada por los nazis, este tipo de organización les venía pero que muy bien.

—Eh, Joffos, ¿venís conmigo?

El motor de la camioneta está en marcha, y Ferdinand ya tiene un pie en el estribo.

El chófer nos mira. Es el que nos trae la comida los

viernes. Se queda a comer un bocado y vuelve a Niza a eso de la una.

Estamos a viernes, es la una, así que es la hora de irse. He oído rumores en las cocinas, parece ser que hay problemas con las facturas de varias de las casas que nos venden. Dicen que dos de ellas están empeñadas en cobrar, y tal vez para compensar, nos traen sacos cada vez más ligeros.

Ferdinand tiene veinticuatro años. La tuberculosis le ha tenido cuatro años en un sanatorio y le ha librado del servicio militar. Es el intendente del centro, el brazo derecho de Subinagui. Va intentar solucionar todos estos problemas.

Casi sin querer, Maurice y yo nos encontramos en la camioneta. Yo iba a buscar a Ange, y Maurice tenía en la mano las cartas para hacer una interminable partida de manilla, cuando nos han hecho la proposición. ¡Una tarde en Niza! ¡Qué chiripa!

—¿Y para volver?

—Tomaremos el coche de la tarde. Bueno, ¿sí o no?

Sin la menor vacilación:

—¡Sí!

La tentación es demasiado fuerte. Con el uniforme, no corremos peligro, y tengo demasiadas ganas de saber qué ha sido de mis padres. Creo que sólo con ver la fachada de la casa y la manera de dejar los postigos entreabiertos, sabré que siguen allí. Y además quién sabe, si todo está tranquilo... una escapada hacia la escalera y salimos de dudas.

La camioneta gira resbalando sobre la gravilla de la entrada y cruza la verja. Me agarro a los adrales para no caer. No han puesto el toldo y el viento me corta la respiración. Voy a colocarme junto a Maurice, al otro lado, donde el saliente del gasógeno forma un abrigo.

Ferdinand va al lado del chófer y se vuelve hacia nosotros.

—¿...alguien en Niza?

Este trasto arma un ruido abominable, y el traqueteo lo acaba de arreglar. Hago bocina con las manos y chillo:

—¿Qué?

—¡Que si conocéis a alguien en Niza!

Ahora es Maurice el que trata de hacerse oír.

—¡No! ¡Vamos a dar un paseo!

El tío ese conduce como un loco. El vehículo brinca de un lado a otro de la carretera, proyectándonos a uno y otro lado.

Empiezo a marearme. Siento que los fideos con sal exigen volver al aire libre.

Nos paramos bruscamente. El chófer maldice hasta romperse las cuerdas vocales, acaba de darse cuenta de que ha hecho quince kilómetros con una rueda pinchada. La rueda de recambio ofrece un aspecto lastimoso, está más remendada que un calcetín, pero servirá. En marcha de nuevo. A fin de cuentas, esta parada me ha resultado provechosa: me han vuelto los colores y mi estómago ha vuelto a su sitio habitual.

Además, estamos ya cerca de Niza. De repente veo la bahía que se abre después de una curva. Volver a ver esta ciudad me hace su efecto. En medio del hormiguero de diminutas casas que se aprietan junto a los muelles, ¿dónde estará el bar de tía Rosso? ¿Dónde la casa de detrás de La Buffa?

Ferdinand discute con el conductor y se vuelve hacia nosotros colorado como un tomate:

—Vamos a pararnos tres calles más abajo. Tengo que ver a un amigo en la calle de Rusia, estaré listo en un momento. Me esperáis y luego os enseñaré dónde está la estación de los coches de línea, para que no lo perdáis. Después os marcháis a donde queráis.

—Muy bien.

La camioneta se detiene y tocamos con los pies el suelo de Niza.

—Bueno, adelante.

Me cuesta trabajo seguirle; Ferdinand es tan largo como flaco, y tiene la nuez tan afilada como la nariz.

—Es aquí. Bajo dentro de dos minutos.

Apenas ha terminado de hablar, que desaparece por una puerta.

Ya no recordaba lo calientes que eran las calles. Unas casas nos separan del mar, y basta este pequeño obstáculo, para que no nos llegue su frescor. Las calles están desiertas. En una encrucijada que veo a lo lejos ha crecido toda una floración de pancartas. En el asfalto han clavado una especie de árbol cuyas hojas consisten en largas flechas amarillas en las que están escritas largas y negras palabras en caracteres góticos. Recuerdo que los vi parecidos en París antes de partir.

—Pero ¿qué hace?

Pienso que resulta difícil saber si ha pasado poco o mucho tiempo sin tener reloj.

—Aún no hace dos minutos que se ha marchado.

Maurice da un respingo.

—¡Pero tú estás loco de remate! ¡Hace al menos diez minutos!

Éste era el tipo de afirmación que me ponía frenético.

—¿Y cómo puedes saber que hace exactamente diez minutos? ¿De dónde lo has sacado?

Maurice toma aquel aire de superioridad que siempre me ha sacado de casillas.

—No lo he sacado de ninguna parte, pero lo noto. Si no eres capaz de notar si esperas dos minutos o tres cuartos de hora, más vale que te retires.

Yo me encojo de hombros.

—Pues yo digo que no se puede saber, que a lo mejor aún no hace dos minutos que estamos aquí.

—Cretino —murmura Maurice.

Yo no me doy por aludido, en realidad hace demasiado calor para pensar en peleas. Me siento tranquilamente en el suelo, a la sombra de una pared.

Maurice anda de arriba abajo, pasa por delante de mí una vez, dos, tres y bruscamente toma una decisión:

—Voy a ver qué pasa. De todos modos ya sabremos encontrar la estación. Y no vamos a pasarnos toda la santa tarde de plantón...

Empuja la puerta y entra.

Hay que reconocer que lleva razón, el tiempo pasa y nosotros lo estamos perdiendo como tontos en esta calle tan calurosa. O a lo mejor lo que pasa es que ya me he acostumbrado al aire libre y no puedo soportar el calor de la ciudad, que parece venir más de los muros que del sol.

Y ahora es Maurice el que no vuelve, esta sí que es buena.

¡Si al menos tuviera algo para jugar, pero ca! Tengo los bolsillos vacíos y por no haber, no hay ni piedras que puedan servir de tabas.

Voy hasta el final de la calle y vuelvo, contando los pasos.

Treinta y cinco de ida, treinta y seis de vuelta.

Es curioso, doy los pasos más largos cuando voy a alguna parte que cuando vuelvo. O a lo mejor es que la calle se ha dilatado con el calor. O es que he perdido la cuenta. En todo caso me aburro mortalmente.

¡Pero qué diantre estarán haciendo este par de memos!

Tan contento que estaba hace un rato, y luego, primero estoy a punto de vomitar en el camión, y ahora me pudro aquí ante esta maldita puerta mientras que..., ¡qué caray!, voy a entrar.

Van listos si se creen que porque soy el más pequeño van a zarandearme a su antojo.

El patio es agradable, hay hiedra en un muro, y una parra al fondo. Hay juguetes de niño tirados junto a un montón de arena.

No hay portera. Sólo una escalera al fondo.

Cruzo el patio y pongo el pie en el primer escalón.

La pared se lanza sobre mí, mis manos chocan contra ella. Las he puesto delante de mí para no romperme la cabeza.

El dolor se extiende por mi espalda, me vuelvo.

Allí está él, me ha golpeado con el cañón de la metralleta. El verde ferroso del uniforme acapara toda la luz de la habitación.

Quizá me matará, el agujero negro del cañón está a pocos centímetros de mi nariz. ¿Dónde está Maurice?

Se me acerca. Huele a tabaco. Me aprieta el brazo con la mano, y las lágrimas me inundan los ojos, me aprieta fuerte, muy fuerte.

Abre la boca.

—Judío —dice—, judío...

De un empujón me lanza contra una puerta lateral que vibra bajo el impacto.

El soldado se me echa encima y yo levanto el codo para protegerme el rostro, pero no golpea, hace girar el pomo de la puerta y yo aún no he recuperado el equilibrio dentro del cuarto, cuando él ya ha cerrado la puerta tras de mí.

Ahí están Maurice, Ferdinand, y dos mujeres, una de ellas llorando. Tiene un arañazo que le serpentea en la frente.

Aún aturdido, me siento. No entiendo nada, todo esto es un sueño, hace un momento estaba en la calle, hacía calor, era verano y estaba libre, y de repente aquel patio, un violento empujón, y ahora estoy aquí.

—¿Qué pasa?

Me cuesta articular las palabras, me temo que he hablado con una voz temblorosa, con una vocecita aflautada y ridícula.

Ferdinand tiene los ojos más dilatados que de costumbre, y llenos de agua. Tampoco mi hermano tiene la misma cara de antes, a lo mejor es que ya nunca más tendremos la cara de antes.

—Ha sido culpa mía —susurra Ferdinand—, hemos caído en una trampa. Aquí había un centro de resistencia que procuraba papeles falsos y contactos para pasar a España.

Maurice mira a Ferdinand.

—Pero ¿por qué tenías que venir aquí? ¿Tenías necesidad de irte a España?

Ferdinand asintió.

—Con los rumores que corrían por el campamento estos últimos días me ha entrado el pánico. Tenía esta dirección y quería largarme antes de que los nazis se presentaran en Golfe-Juan.

Yo me quedo contemplándole como un idiota.

—Pero ¿por qué querías huir?

Ferdinand mira la puerta de reojo y un rictus le deforma el labio:

—Porque soy judío.

Se queda mirándonos y yo veo cómo la nuez le sube y le baja.

—No os preocupéis, para vosotros no es problema. En cuanto sepan que no sois judíos os dejarán en paz.

—Ya veremos —murmura Maurice.

Y me mira. No temas, hermano, me sé bien la lección, lo tengo todo en la cabeza, no habrá ningún error.

—Pero ¿y tú, Ferdinand? ¿Qué vas a hacer? ¿Qué les dirás?

Un sollozo sacude sus hombros puntiagudos.

—No sé... No logro entender, lo había preparado todo para obtener un carnet de identidad nuevo, y precisamente cuando creía que iba a conseguirlo...

Las mujeres que hay delante de nosotros miran cómo llora Ferdinand. Son jóvenes, veinte, veinticinco años. Parece que no se conocen, están inmóviles en sus sillas.

La habitación está pintada con laca. Hay sillas y un armario, nada más. Sin ventana. Del techo pende una bombilla eléctrica. Sin ella no veríamos nada.

Bien mirada, resulta rara esta habitación, que... y de repente, ya caigo: hay una ventana que debe de dar al patio, pero han puesto el armario delante de manera que el acceso quede cortado y evitar así las tentativas de evasión. De momento sólo hemos visto un soldado, pero puede que haya otros.

No creo que el alemán haya cerrado la puerta con llave cuando me ha empujado, pero asegurarse de ello o intentar huir significaría recibir un balazo en la cabeza, sin la menor duda.

—Y ahora ¿qué va a pasar?

Maurice ha cerrado los ojos, parece dormir.

—Van a interrogarnos, y cuando se den cuenta de su error, nos dejarán marchar.

Me parece muy optimista. Es inútil intentar hablar con Ferdinand. Se ha acurrucado en la silla y se mece, arrullando un dolor insoportable. Las mujeres siguen calladas, y tal vez sea mejor así, a lo mejor es bueno que no nos hablen. El calor es ahora intenso. La calle, en comparación, parece gozar de una temperatura suave.

Miro cómo todos están sudando. Me da la impresión de que si apagáramos la luz estaríamos mejor, toda la canícula parece surgir de este minúsculo sol que es la bombilla, asocio frescor con oscuridad.

—¿Y si apagáramos?

Todos se sobresaltan. Quizá llevamos ya tres horas aquí, cociéndonos en nuestro propio jugo.

Una de las dos mujeres, la que tiene sangre en la frente, me sonríe:

—Creo que sería mejor no hacerlo, podrían creer que estamos conspirando o que intentamos evadirnos.

Comprendo que tiene razón, el tío que me ha empujado parecía pródigo en culatazos.

—Por favor, ¿qué hora es?

Es Maurice el que se lo ha preguntado a la mujer. Lleva un reloj de pulsera muy fino, casi una cadena, el reloj es menudo y triangular.

—Las cinco y cuarto.

—Gracias.

Hace ya tres horas que estamos aquí.

No ha venido nadie, no han detenido a nadie más.

El cansancio empieza a hacer mella en mí, tengo las nalgas doloridas de haber permanecido sentado durante más de tres horas. A lo mejor se han olvidado de nosotros, y además nosotros les tenemos completamente sin cuidado, lo que ellos debían buscar es a los responsables de la organización, los peces gordos, hombres perseguidos, buscados desde hace tiempo, pero nosotros, ¿qué representamos a los ojos de ellos? Nada de nada. Menuda cacería: dos mujeres asustadas, dos críos y un adolescente enclenque y larguirucho. ¡Para este viaje...!

Ahora que nos han atrapado, ya pueden estar seguros de ganar la guerra. Completamente seguros.

Las imágenes giran alrededor de mi cabeza, pasan por debajo de mis párpados, que la luz demasiado intensa llena de un doloroso amarillo.

Lo que menos entiendo es la violencia del soldado. Su metralleta apuntando, sus empujones, sobre todo sus ojos. Me ha dado la impresión que la ilusión de su vida

192

habría sido incrustarme en la pared de un culetazo, y yo me pregunto: ¿por qué?

¿Yo soy, pues, su enemigo?

Nunca nos habíamos visto antes, yo no le he hecho nada, y él quiere matarme. Y en este preciso instante empiezo a comprender un poco a mamá y a la gente que venía a la peluquería en París y que yo oía discutir; decían que la guerra era algo estúpido y absurdo, y esto no me parecía justo. Me parecía que en toda lucha armada había un ordenamiento, una razón de ser que yo ignoraba, pero que existía en la mente de la gente importante y responsable. En los noticiarios, los regimientos desfilaban en perfecto orden, unos tras otros; los tanques avanzaban en largas filas, y unos señores con expresión grave, corbata estricta o pechera constelada, discutían, firmaban, hablaban con vehemencia y convicción. ¿Cómo podían decir que todo aquello era absurdo? Los que así hablaban no entendían nada, cortaban por lo sano, pero la guerra, a mis ojos de niño, no tenía nada que ver con el caos, con el desorden, con la policía. Incluso en mi libro de historia, además de los lindos cromos que la hacían pintoresca y excitante, me habían presentado la guerra rodeada de acuerdos, de tratados, de reflexiones, de decisiones... ¿Cómo se podía llegar a pensar que Felipe Augusto, Napoleón, Clemenceau y todos los ministros, los consejeros, todos aquellos personajes llenos de sabiduría, que ocupaban los puestos más elevados, habían sido unos locos?

No, la guerra no era absurda, los que decían eso no habían entendido nada.

Y de repente, he aquí que aquella guerra pensada, hecha por adultos de corbatas siempre muy estrictas, y de medallas siempre más gloriosas, sólo servía a fin de cuentas para empujarme a culatazos a mí, un niño, dentro de una habitación cerrada, privándome de luz y de libertad, a mí, que no había hecho nada, que no conocía a ningún alemán. Esto es lo que mamá había querido decir, y después de todo tenía razón. Y además era posible que...

Se ha abierto la puerta.

Se ríen, ahora son dos, y llevan el arma bajada.

—Fuera, rápido, rápido.

Vienen los empujones. En el acto agarro fuerte la mano de Maurice, sobre todo, sobre todo que no nos separen.

Fuera hay un camión.

—Rápido, rápido.

La cabeza me da vueltas, yo corro detrás de una mujer que se ha torcido un pie por culpa de su talón de madera. Ferdinand resopla detrás de mí.

Al extremo de la calle hay un camión y dos oficiales esperando.

Nos apelotonamos todos en la parte trasera. No hay banco, hay que estar de pie.

Un soldado sube detrás de nosotros, el otro coloca la pesada plancha metálica que cierra el camión a media altura, luego salta, se encarama, y cae en medio de nosotros con gran ruido de hierros. La metralleta le embaraza y jura en alemán.

Nos agarramos unos a otros. La calle serpentea y desaparece.

Nos callamos y separamos los pies para no caer.

Por detrás no se ve más que calles que se mueven.

El camión frena bruscamente. Los soldados bajan la plancha y bajan los primeros.

—Vamos, rápido.

Me encuentro fuera, a pleno sol, y no me cuesta darme cuenta de dónde estamos.

Frente a mí está el hotel Excelsior. La sede de la Gestapo en Niza.

9

El vestíbulo está atestado de gente, de niños y de maletas. Hay hombres que corren con listas en la mano, hay ficheros en medio de los soldados.

Mucho ruido. Junto a mí hay un matrimonio de edad, unos sesenta y cinco años más o menos. Él es calvo y lleva puesto su traje de los domingos; ella es baja, con una permanente de pocos días, parece muy presumida, aprieta entre las manos un pañuelo del mismo color que el que lleva al cuello. Están muy tranquilos, apoyados en una columna miran a una niña de tres o cuatro años que duerme en el regazo de su madre. De vez en cuando se miran, y entonces tengo miedo.

Yo era pequeño, muy pequeño, pero creo que aun siéndolo más habría comprendido que aquellos dos ancianos se miraban como se miran dos personas que han vivido juntas toda su vida y que saben que van a separarse, y que sin duda harán solos, cada uno por su lado, la parte del camino que les queda por andar.

Maurice se acerca a un hombre sentado sobre una bolsa de viaje.

—¿Adónde va usted?

Parece que no le ha oído, no ha movido ni una ceja.

—Drancy.

Lo ha dicho sencillamente, como se dice gracias o adiós, sin darle la menor importancia.

De repente la gente empieza a moverse. En lo alto de la escalera acaban de aparecer dos S.S. con un hombre de paisano que lleva una lista clavada con un alfiler a un rectángulo de cartón. A medida que va pronunciando los nombres, mira si alguien se levanta, y hace unos garabatos con la estilográfica en la hoja de papel.

La lista es larga. Pero el vestíbulo se va vaciando poco a poco; en cuanto la llaman, la gente va saliendo por una puerta lateral. Un camión debe conducirles a la estación.

—Meyer Richard. 729.

El anciano señor ni parpadea, se agacha, lentamente, coge una maleta que hay a sus pies y avanza sin prisas.

Le admiro por su lentitud, por su temple, y sé que en este instante él no tiene miedo. No, no tenemos miedo, so bestias, ningún miedo.

—Meyer Marthe. 730.

La señora bajita ha cogido un maletín más pequeño que el de su marido, y se me hace un nudo en la garganta, acabo de verla sonreír.

Se vuelven a reunir en la puerta. Me siento feliz de que no les separen.

Nuestros dos guardias siguen ahí. El que me golpeó está fumando. Le miro de reojo. Lo increíble es que tiene una cara como la de todo el mundo, no tiene nada de cara de bruto, entonces ¿por qué?

Lentamente el vestíbulo ha quedado vacío. Pasan S.S. en todas direcciones, siempre llevando papeles en la mano. Parecen estar ocupados en un trabajo importante y laborioso. Pronto nos quedaremos solos, los cuatro apoyados en la pared del fondo.

Un oficial llama a uno de los soldados que nos vigilan chasqueando los dedos. El soldado acude en el acto. El S.S. llama al segundo.

Ahora estamos solos en el vestíbulo vacío. Me doy cuenta de que no he soltado la mano de mi hermano.

¿Qué hora debe ser?

Un hombre de paisano baja las escaleras y nos mira mientras se arregla el nudo de la corbata. A lo mejor viene a decirnos que nos marchemos.

Habla en alemán con alguien que yo no puedo ver y que está en el piso de arriba, mientras nos señala con el dedo.

Nos hace un signo y nosotros subimos.

Tengo ganas de hacer pipí desde hace rato, y tengo miedo. En el piso hay oficiales alemanes, y franceses que hacen de intérprete. Llegamos a un pasillo con muchas puertas.

—A ver sus papeles.

Las dos mujeres presentan los suyos, y Ferdinand también.

El intérprete entra en el despacho y sale inmediatamente.

—Entren las dos.

Los otros tres nos quedamos en el pasillo sin nadie que nos vigile. Se oye un ruido apagado de máquinas de escribir y de voces que vienen del piso superior, pero no oigo nada de lo que se dice en la habitación en la que han entrado las dos mujeres.

Maurice me mira. Hablamos como si nos costara trabajo separar las mandíbulas.

—¿Tranquilo, Joseph?

—Tranquilo.

La puerta se abre. Salen las dos mujeres. Ambas están llorando. Sé que no les han pegado, y esto me anima.

Ellas vuelven abajo y nosotros nos quedamos esperando. Esto me recuerda el dentista de la calle Ramey, cuando mamá me llevaba al salir del colegio.

Aparece el intérprete. Esta vez nos toca a nosotros. Entramos los tres.

Es una antigua habitación del hotel, pero no hay cama. En su lugar hay una mesa, y un S.S. detrás de ella.

Cuarentón, con gafas, parece fatigado y va a bostezar varias veces.

Tiene en las manos los papeles de Ferdinand y le esta mirando. No dice nada y hace una señal al intérprete.

—¿Eres judío?

—No.

El intérprete tiene una vocecita ridícula y acento meridional, seguro que es de Niza, se parece a un cliente de mi padre del que prefiero no recordar el nombre.

—Si no eres judío, ¿por qué tienes papeles falsos?

No miro a Ferdinand, sé que si le miro ya no me quedará coraje para mí mismo.

—Pero... si son mis papeles.

Cambian unas palabras en alemán. El S.S. habla y el intérprete traduce.

—Es fácil saber si eres judío o no, así que dilo pronto y sin cuentos, si no vas a ponernos a todos de mal humor, vas a recibir leña, y no vale la pena, así que más vale que cantes en seguida y asunto concluido.

Da la impresión de que basta con decirlo y todo terminará, estaremos de nuevo en la calle.

—No —dice Ferdinand—, no soy judío.

La traducción es innecesaria. El S.S. se pone en pie, se quita las gafas con montura de concha, pasa por delante de su mesa y se queda plantado delante de Ferdinand.

Su mano recorre el espacio y restalla en la mejilla parda de Ferdinand. Su cabeza se bambolea, y a la segunda bofetada vacila y retrocede dos pasos. Las lágrimas le resbalan por las mejillas.

—Basta —dice Ferdinand.

El S.S. espera. El intérprete le anima a hablar con un gesto.

—Anda, habla, ¿de dónde vienes?

Ferdinand habla de forma casi inaudible.

—Salí de Polonia el año cuarenta, mis padres fueron detenidos y yo huí a través de Suiza a...

—Bueno, bueno, deja esto para más tarde. ¿Reconoces que eres judío?

—Sí.

El intérprete se le acerca y le da una amistosa palmada en el hombro.

—Bien, muy bien, ¿y no te parece que habrías podido decirlo antes? Anda, puedes bajar, enséñale esto al centinela que hay abajo.

Le entrega un ticket verde y Ferdinand lo coge. Pronto sabré lo que significa el ticket verde.

—Y ahora vosotros. ¿Sois hermanos?

—Sí. Éste es Joseph, y yo Maurice.

—Joseph y Maurice ¿qué?

—Joffo.

—Y sois judíos.

El tío no pregunta, afirma. Quiero ayudar a Maurice.

—¡Ah! ¡Esto sí que no! ¡Es mentira!

Queda sorprendido por mi vehemencia. Maurice no le deja tiempo de hablar.

—No, no somos judíos somos de Argelia. Si quieren se lo contaré.

Frunce el ceño y habla al S.S., quien se ha vuelto a poner las gafas y nos está examinando. El alemán hace una pregunta. Cada vez lo entiendo mejor, en realidad se parece muchísimo al yiddish, pero sobre todo no deben notar que entiendo.

—¿Qué estabais haciendo en la calle de Russie?

—Veníamos del campamento de los *Compagnons de France*, acompañábamos a Ferdinand, le estábamos esperando, nada más. Nos dijo que subía un momento a ver a un amigo.

El S.S. juega con un lápiz entre los dedos.

Maurice toma confianza, noto que es completamente dueño de sí, y empieza a servirles la historia en bandeja: papá peluquero en Argel, el colegio, las vacaciones, y luego el desembarco que nos impide volver, todo marcha sobre ruedas, y de pronto, lo único que no habíamos previsto:

—¿Sois católicos?

—Desde luego.

—Entonces habréis sido bautizados...

—Sí, y también hemos hecho la comunión.

—¿En qué iglesia?

Mecachis, lo que faltaba. Pero la voz de Maurice resuena, mucho más clara todavía.

—En La Buffa, en Niza.

El intérprete se toca la barriga.

—¿Y por qué no en Argel?

—Mamá prefirió que lo hiciéramos en Francia. Tenía un primo en esta parte.

Nos mira, escribe unas líneas en un bloc y lo cierra.

—Bueno, pues vamos a comprobar si todo lo que decís es verdad. Para empezar, pasaréis una revisión médica. Veremos si estáis circuncidados.

Maurice ni parpadea. Yo intento seguir impasible.

El intérprete nos mira.

—¿Habéis comprendido?

—No. ¿Qué quiere decir circuncidado?

Los dos hombres nos miran. Maurice, me parece que esta vez has llegado demasiado lejos, hasta hace un momento, tal vez nos habrían hecho pagar caro nuestro descaro, pero ahora no hay duda de que todo el hermoso pastel va a venirse abajo.

Un soldado nos empuja por las escaleras y llegamos al piso superior. Van a descubrirlo todo, pero me da igual, saltaré del tren en marcha, a mí no me llevarán fácilmente a Alemania.

Ahora me encuentro en otra habitación, ésta está vacía, no hay mesa, sólo tres hombres con batas blancas.

El más viejo se vuelve cuando entramos.

—¡Ah! eso sí que no, vamos a pasar la noche aquí. Hace más de media hora que terminé el servicio.

Los otros dos protestan entre dientes y se quitan la bata. Uno de ellos es alemán.

—¿Quiénes son esa pareja?

El soldado que nos acompaña le muestra un papel. Mientras tanto, los otros dos se van poniendo la chaqueta.

El viejo está leyendo, tiene unas cejas muy negras, que contrastan con el pelo gris:

—Quitaos los pantalones y los calzoncillos.

Los otros dos siguen charlando, oigo palabras, nombres de calles y de mujeres, dan la mano al médico que va a examinarnos y salen.

El doctor se sienta en una silla y nos indica con un gesto que nos acerquemos.

El alemán que nos ha traído está detrás de nosotros, junto a la puerta. Nosotros le damos la espalda.

Con la mano derecha, el doctor levanta el faldón de la camisa de Maurice que oculta el sexo. No dice nada.

Me llega el turno. Mira.

—Y a parte de eso, no sois judíos.

Me subo los pantalones.

—No. No somos judíos.

Suspira, y sin mirar al soldado que espera, dice:

—No os preocupéis por él, no entiende el francés. Estamos solos aquí, podéis decirme la verdad, lo que digáis no saldrá de este despacho. Vosotros sois judíos.

—No, dice Maurice. Nuestros padres nos hicieron operar cuando éramos pequeños porque teníamos adherencias, pero nada más.

El médico menea la cabeza.

—Una fimosis, ya entiendo. Pues figúrate que todos los tíos que pasan por aquí tuvieron fimosis de niños.

—No era una... como se llame, eran adherencias.

—¿Dónde os operaron?

—En Argel, en un hospital.

—¿Qué hospital?

—No sé, éramos muy pequeños.

Se vuelve hacia mí.

—Sí, mamá vino a verme y me trajo caramelos y un libro.

—¿Qué libro?

—Robín de los Bosques, con muchos dibujos.

Silencio. Se ha apoyado en el respaldo de la silla y nos observa por turnos. No sé qué es lo que lee en nuestros ojos, pero es algo que le impulsa a cambiar de método. Con un ademán manda salir al soldado que sigue esperando.

Va hacia la ventana y mira la calle amarilla por el ocaso. Juega con la cortina entre sus dedos. Empieza a hablar con gran suavidad.

—Me llamo Rosen —dice— y ¿sabéis qué quiere decir que uno se llame Rosen?

Nos miramos.

—No.

Muy educadamente, yo añado:

—No, doctor.

Se me acerca y pone las manos sobre mis hombros.

—Quiere decir sencillamente que soy judío.

Nos deja tiempo para digerir la noticia, y añade, después de guiñar un ojo hacia la puerta:

—También quiere decir que conmigo podéis hablar libremente.

Tiene unos ojos muy penetrantes, casi negros. Yo no abro boca, pero Maurice reacciona en seguida.

—Muy bien —dice—. Usted es judío, pero nosotros no.

El médico no responde. Camina hacia la percha, revuelve su chaqueta, saca un cigarrillo y lo enciende. Sigue observándonos a través del humo. Resulta imposible saber qué ocurre en el interior de la cabeza de este hombre.

De repente, murmura como si hablara consigo mismo: *chapeau*.

Se abre la puerta, y ahí está el S.S. con gafas que nos ha interrogado antes.

Hace una breve pregunta. De la respuesta que le da el médico sólo entiendo una frase, pero vale la pena, es la frase que nos ha salvado la vida: *Das is chirurgical ghemart*.

Nos condujeron a una habitación que antiguamente debía haber servido para el personal del hotel, pero no dormí. A las seis de la mañana, nuevo interrogatorio. Esta vez nos separaron.

El S.S. que me interroga es muy distinto del primero. De vez en cuando interrumpe las preguntas y se pone gotas en la nariz. También el intérprete es otro. Éste pronuncia las erres a la italiana. Desde que entro, noto que se establece un acuerdo entre él y yo, sé que va a apoyarme. En un interrogatorio, el intérprete es de una importancia capital. Basta una palabra, una entonación para que todo cambie.

—Describe la habitación que tenías en la calle Jean Jaurès.

Sé que van a comparar mi declaración con la de Maurice, pero de momento no hay peligro de que nos pillen en falso.

—Dormía con mi hermano, su cama estaba junto a la puerta, y la mía junto a la ventana, el suelo era de parquet, y teníamos una alfombra roja al pie de cada cama. También teníamos una mesilla de noche para cada uno, pero las lámparas eran distintas, la mía tenía la pantalla verde, y...

—No hables tan de prisa, tengo que traducir.

Se lanza a una larga frase. El S.S. resopla y añade algo. El intérprete pone cara de enojo.

—Tu hermano ha dicho que tu pantalla era rosa.

—Pues se ha equivocado. Era verde.

—¿Estás seguro?

—Segurísimo.

Cortas frases en alemán. Rápidamente el intérprete me dice.

—Tienes razón, era verde. Y tus dos hermanos ¿qué hacían?

—Estaban en la peluquería, cortando el pelo a los clientes.

—¿Se metían en política?

Hago una mueca de duda.

—No sé, nunca les oí hablar de ello.

—¿Tu padre leía el periódico?

—Sí, cada noche, después de cenar.

—¿Era *Alger Républicain* o otro?

Cuidado, parece que me tiende una mano pero puede que después venga el puñetazo. Este hombre parece querer ayudarme, pero no debo fiarme de nadie.

—No sé los nombres de los periódicos.

—Muy bien, puedes salir.

Más pasillos, y de nuevo la habitación de servicio en la que Maurice me espera.

La puerta se cierra. Los soldados nunca cierran con llave, pero sería una locura intentar salir.

Hay una ventana, estamos arriba de todo, en el último piso. Nos apoyamos en el antepecho. Si alguien nos mira por el ojo de la cerradura, o por un agujero cualquiera, ni siquiera verá que hablamos.

—Otra cosa —dice Maurice—, el domingo íbamos a

la playa. Nos bañábamos en una playa pero hemos olvidado cómo se llamaba.

Yo pienso entre mí que ya son muchas cosas que hemos olvidado cómo se llamaban.

—También puedes añadir —dice Maurice entre dientes—, que había una mezquita que frecuentábamos, cerca de casa, en una plaza.

Lo grabo todo en mi memoria. Intento encontrar un detalle que haga más verosímil todo el conjunto. De repente me viene una idea.

—¿Y si tuviésemos un amigo árabe?

Maurice se ríe con sorna.

—Sí, y se llamaba Mohamed. No, no te inventes nada más, después nos haremos un lío. ¿Tú conociste a algún árabe en París?

—No.

—Bueno, pues en Argel tampoco, y sanseacabó.

Yo medito.

—No me negarás que es más normal encontrar árabes en Argel que en París.

—Te digo que no. Vivíamos en el barrio europeo y no nos tratábamos con los árabes.

No me parece muy razonable pero me callo. Más tarde me enteré que, en efecto, se podía vivir en Argelia y no conocer a ningún árabe; este Maurice Joffo tenía una especie de don de adivinación de los futuros problemas coloniales de Francia.

Pronto serán las doce y tengo hambre. Hace veinticuatro horas que no comemos nada. Oigo pasos en el pasillo. Es el intérprete.

—Joseph Joffo, al interrogatorio.

Es el tercero desde ayer, esto no terminará nunca.

Otra vez el S.S. resfriado. Ahora se dedica a chupar pastillas.

—¿A qué jugabais en el colegio?

Esto es tirado, podría hablarle durante dos días seguidos.

—A tú la llevas, al escondite, a las cuatro esquinas, a la pelota, a las canicas, y las canicas podían ser con guá, sin guá, también a las tabas...

El intérprete interrumpe mi retahíla y traduce. Me doy cuenta de que no sabe cómo traducir «tabas». A lo mejor es que los niños alemanes no juegan a eso.

—Si quiere le puedo enseñar cómo se juega con monedas.

Se echa a reír, se mete la mano en el bolsillo y me da calderilla. Tomo cinco monedas, las coloco en la palma de la mano, las lanzo al aire y tres de ellas se me quedan en el dorso de la mano.

El oficial me mira con atención. Yo sigo con mi demostración. El intérprete se ríe y noto que la atmósfera se distiende un poco, pero el alemán vuelve a ponerse en su sitio.

—Descríbenos la ciudad.

—Es muy grande, está el mar, papá nos llevaba cada domingo, cuando hacía buen tiempo, también había una calle muy grande que...

Empiezo a describir la calle, tomo por modelo la Canebière: los cafés, los cines, los grandes almacenes, mucho más tarde me daría cuenta de que había reinventado la calle de Isly con mucha más precisión que si hubiera vivido en ella.

—...El puerto es muy grande, siempre estaba lleno de barcos.

En Marsella vi barcos. Y si estaban en Marsella, también podían estar de vez en cuando en Argel.

—La mayoría tenían el casco rojo y negro, con chimeneas, una o dos. En general eran dos.

—Háblanos de tus amigos y de los de tu hermano.

—Eran distintos, porque íbamos a clases distintas. Mi mejor amigo era Zérati, un día...

Al cabo de dos horas sabré que Maurice también habló de Zérati. Este nombre debió de parecerles lo bastante argelino para dejarnos en paz durante el resto del día.

Sobre las siete, un soldado nos llevó a las cocinas y comimos un plato de sopa, de pie, ante una larga hilera de cacharros tiznados.

Empieza la segunda noche. Me pregunto si habrán detenido a papá y mamá. Si los detienen y mis padres tienen papeles falsos, será preciso fingir que no les conocemos. No, esto sería horroroso, no quiero ni pensar en ello.

Me cuesta dormirme, y esta sopa no me pasa. Pero no debo devolver, necesito todas mis fuerzas, mañana sin duda seguirán interrogándonos, y no debo flaquear. Dios de los judíos, de los árabes y de los católicos, haced que no flaquee.

Distingo en la oscuridad el cuadrado más claro de la ventana. A mi lado Maurice respira regularmente. Tal vez mañana estaremos libres. Tal vez.

Seis días.

Seis días hace ya que nos tienen detenidos y no nos sueltan. Hubo otro interrogatorio la mañana del tercer día y otro la tarde del cuarto. Y desde hace dos días, nada. Maurice ha preguntado al intérprete cuando nos cruzamos con él en un pasillo. Parece que están tramitando nuestro expediente, y que los alemanes esperan algún hecho más decisivo para clasificarlo de forma definitiva: es decir, para liberarnos o deportarnos.

Todos los servicios están sobrecargados de trabajo. Hay un movimiento incesante en el vestíbulo, en los dos salones y en los pasillos de los pisos. Las escaleras están siempre atestadas de S.S. de paisano y de militar. Están los servicios de identidad, los de verificación, los de entrega de Ausweiss, de control de domicilios. Día tras día, en los pasillos se encontraban las mismas caras, la misma palidez, las mismas arrugas de cansancio y de miedo; en el descansillo del segundo piso hay un hombre que lleva tres días esperando de pie, viene a primera hora y se marcha al caer la noche. ¿Quién es? ¿Qué quiere? ¿Qué documento viene en vano a buscar? Todo me parece absolutamente incomprensible, sobre todo este contraste entre los ladridos de los cabos de las S.S. que empujan al rebaño por las escaleras (por sus gestos y sus voces noto que les gustaría pegar y matar) y por otra parte estas investigaciones meticulosas, esta selva de tampones manejados con mezquindad, las huellas, las firmas, una meticulosidad que me fascina. ¿Cómo pueden ser a un tiempo asesinos y chupatintas quisquillosos y aplicados?

En todo caso, desde ayer, el sargento de servicio en el Excelsior está contento, le faltaban dos hombres para la cocina, y nosotros nos encargamos de ello. La primera mañana me sentí contento al poder salir de la habitación, pero bien pronto me desengañé: después de las verduras venían las ensaladas, y luego lavar los platos de la comida, y los de la cena. En el comedor del hotel comen más de sesenta S.S. y empleados. Anoche estaba tan cansado que no me dormí hasta muy tarde, oí las campanadas de las dos. Tal vez eran las campanas de La Buffa.

A las siete de la mañana vinieron a despertarnos, había que bajar a las cocinas. Cuando estén hartos de hacernos trabajar, nos matarán, estoy seguro. También noto que la moral está por los suelos, es culpa de un dolor de cabeza que me atormenta, una especie de migraña que se ha hecho casi constante desde el último interrogatorio.

Ayer, al subir, vi al doctor que se marchaba. No llevaba la bata blanca y estuve a punto de no reconocerlo. Él sí nos vio. Pareció muy sorprendido, y pasó deprisa. Desapareció por la puerta giratoria.

¿Por qué hizo aquello? ¿Por qué nos salvó, si cada día debe condenar a cientos de personas? ¿Por piedad hacia dos niños? Es muy dudoso, ayer había un gran contingente de mujeres judías en el salón, con sus tíquets verdes, y las había que llevaban niños en brazos, unos niños mucho más pequeños, mucho más monos, mucho más enternecedores que nosotros.

Entonces, tal vez fue porque no dijimos nada, porque le gustó nuestra tozudez, a lo mejor se dijo: «Esos dos sí que se agarran a la vida con furia, y se merecen que no se la quiten, voy a echarles una mano». Es posible. Pero a lo mejor ni él mismo lo sabe. Tal vez es él el primer sorprendido por habernos sacado de apuros, tal vez ni él mismo se lo explica... No sé, y además me cuesta pensar con este dolor de cabeza. Maurice ha pedido una aspirina, pero no tienen.

—Mira.

Mientras bajamos hacia el vestíbulo, la mano de Maurice me agarra brutalmente el brazo y se queda clavado. El gran salón es un hormiguero de gente, me parece que el número de detenciones aumenta, y recuerdo que estamos a viernes, el día de la salida de los convoyes. ¿A quién ha visto?

—A la derecha —murmura Maurice—, junto a la columna.

Y entonces los veo, los tres con calzón corto. Entre ellos está Masso, y otros dos del campamento. El más alto estaba a mi lado en Vallauris el día de la alfarería.

Jean me ha visto. Levanta los brazos y su rostro se ilumina. De repente me entran ganas de llorar y corro hacia ellos, Maurice me sigue pisándome los talones.

Nos estrechamos las manos en medio del tumulto, Masso me abraza y se ríe.

—Creíamos que os habíais marchado del campamento, estaba seguro de...

Todo resulta tan difícil de explicar que prefiero preguntar.

—Y vosotros, ¿qué estáis haciendo aquí?

Parece en plena forma, lleva el pelo revuelto, y me pone al corriente en pocas palabras.

—Fue esta noche. Los S.S. rodearon el campamento y entraron, tuvimos que levantarnos y quitarnos el pijama, nos miraron el pito con linternas, y se llevaron a todos los que estaban circuncidados, yo es porque me operaron cuando tenía seis años, aún no he podido explicárselo...

Maurice mira a su alrededor poniéndose de puntillas.

—¿Sólo estáis vosotros tres? ¿No hay otros?

El chico de la alfarería guiña un ojo.

—Cuando Subinagui supo que os habían detenido a Ferdinand y a vosotros dos, tomó precauciones.

Maurice hace un gesto elocuente: no hay que hablar tan alto, hay tíos de la Gestapo que se visten de paisano para mezclarse entre los sospechosos y escuchar. Si oyen algo interesante bajan a los charlatanes a la bodega, y allí nadie sabe lo que ocurre.

El chico comprende y baja la voz, habla casi en un susurro.

—¿Sabéis que había muchos judíos escondidos en el campamento? Subinagui les hizo marchar de noche, y les dio direcciones.

Miro a Masso. Sonríe de oreja a oreja y me da una palmada en el hombro.

—Te diré una cosa buena, Joffo, a nosotros nos traen sin cuidado todos estos líos, no se nos llevarán, como no somos judíos...

Maurice me tira del brazo repetidamente.

—Ven, tenemos que ir a la cocina, si no nos ven vamos a tener bronca.

Les damos la mano con rapidez. Antes de empezar a bajar la escalera me vuelvo: veo la cara de Jean, sonriente entre dos hombros. Aún no sé que no le volveré a ver jamás, que nadie volvió a ver jamás a Jean Masso.

Como llegó el mismo viernes por la mañana, los alemanes no tuvieron tiempo de examinar su caso. La Gestapo de Niza debía proporcionar a cada convoy un contingente de mil doscientas personas. A las seis de la tarde, estupefacto, oyó su nombre en la lista y subió al tren de la muerte. Él completó la suma. Gracias a él, aquella semana las estadísticas de judíos detenidos fueron exactas.

Durante los días siguientes mi dolor de cabeza empeoró. Ahora, incluso de noche el hotel estaba lleno de ruidos, de pasos, de gritos, y yo me despertaba sobresaltado, empapado de sudor. Ahora ya estaba seguro de que en las bodegas pegaban a la gente.

Habían dejado de interrogarnos completamente, y no sabía qué pensar del olvido en que nos sumíamos poco a poco. ¿Nos habrían olvidado por completo? ¿Habrían extraviado nuestro expediente? ¿O bien al contrario estaban entregados a una investigación mucho más minuciosa? Lo único cierto es que no podían ir a Argel, pero quién sabe si disponían de otros medios para saber quiénes éramos nosotros en realidad.

Cada mediodía y cada noche se repetía la misma escena, yo no podía tragar ni un bocado y Maurice me forzaba a comer. Entonces nos peleábamos y una noche en que me había esforzado en engullir un plato de puré con unos centímetros de morcilla, vomité en las escaleras al subir a la habitación. Me quedé aterrado, pues si un alemán me hubiese visto, sé que me habría pegado a lo mejor hasta dejarme sin sentido. Alguien subía detrás de nosotros, y mi hermano se me llevó a toda velocidad. Me derrumbé sobre la cama, el corazón me latía precipitadamente y sentía aún espasmos en el estómago. Antes de quedarme dormido sentí que Maurice me quitaba los zapatos y me secaba la frente con su camisa. Me dormí.

Por la noche tuve una extraña sensación, alguien rascaba la puerta. Me desperté y no sentía el menor miedo. Palpé con los dedos bajo la cama y encontré el metal frío de una metralleta. Me pregunté quién habría podido meterla allí, y la cogí. Sentí el frío del piso bajo los pies descalzos y fui a abrir la puerta. Me encontré de narices con el S.S. que nos había interrogado por segunda vez. Su rostro estaba rozando al mío, enorme, deformado por la proximidad. Podía distinguir todos y cada uno de sus poros con una claridad perfecta. Sus ojos se hicieron grandes, se fueron pareciendo a dos monstruosos lagos en los que iba a caer y morir ahogado, y en el preciso momento en que yo apreté el gatillo, él se derrumbó contra la pared, cubierto de sangre.

Me sentí divinamente y empecé a andar por el pasillo. De repente aparecieron alemanes de uniforme y hombres de la Gestapo en una esquina, se precipitaron hacia mí aullando, y yo solté una ráfaga. Les vi dar vueltas, las paredes se volvieron rojas, y empecé a bajar la escalera. Ahora todos corrían enloquecidos en todas direcciones. Empecé a disparar sin cesar, maravillado porque mi arma era completamente silenciosa, hice una auténtica carnicería, veía los boquetes de las balas en los vientres, en los pechos, las cabezas estallaban en pedazos. Jean Masso aplaudía encantado y gritaba: «Bravo, Joseph, mátalos a todos». Otros hombres salieron de la bodega y yo giré el cañón hacia ellos y los rocié de balas, a su vez se derrumbaron como títeres lastimosos, la sangre seguía manando y me llegaba ya a los zapatos, chapoteaba en ella, me salpicaba hasta las rodillas. El horror me sofocaba y volví a vomitar antes de caer sobre un montón de cadáveres. Entonces vi a mi padre que venía hacia mí desde el fondo de un túnel y quise correr hacia él, pero no lograba desasirme de los brazos y piernas que me atenazaban, iba a morir asfixiado entre los cadáveres, y entonces hice un esfuerzo terrible para subir a la superficie, un esfuerzo tan grande que conseguí abrir los ojos.

Me encontraba en una habitación desconocida y el silencio era completo. El techo era brillante, como lacado, y podía verme en el reflejo, me encontré ridículamente pequeño, sólo la cabeza salía de las sábanas y estaba apoyada en una almohada.

Cerré los ojos de nuevo, y unos instantes después sentí que una mano se posaba en mi frente. Logré abrir de nuevo los ojos. Había una muchacha que me sonreía, me parecía muy bonita, su sonrisa era dulce y sus dientes brillantes.

Comprendió que no tenía fuerzas para abrir la boca y respondió a todas mis preguntas como si las hubiese leído en mis ojos.

En la madrugada me habían encontrado en el pasillo, sin sentido. Me habían llevado a otra habitación y el médico que vino dijo que era grave, un principio de meningitis.

Yo la escuchaba. Me habría quedado días enteros escuchándola hablar. Supe que seguía en el hotel.

Se marchó unos momentos y volvió con una compota que me hizo comer con una cucharilla. Quise sacar la mano de las sábanas para tomar la cuchara pero la mano me temblaba demasiado. Tuve miedo de devolver, pero no fue así, y me sentí muy feliz, pues no quería manchar las sábanas y poner en apuros a aquella muchacha tan amable.

Cuando se fue cerré los ojos, pero había una imagen que siempre aparecía bajo mis párpados, y no podía deshacerme de ella: veía una puerta.

Sabía que aquella puerta era la de la bodega del hotel Excelsior; la puerta no tenía nada de especial, pero tenía un miedo horrible de que se abriera, que de ella salieran seres horripilantes cuya forma y color aún ignoraba pero sabía que eran cosas espantosas. En el momento en que vi que se entreabría grité tan fuerte que la enfermera volvió. De nuevo estaba empapado de sudor y ella me secó la frente y el cuello. Pude decirle unas pocas palabras, y ello pareció agradarle, me dijo que era una buena señal, que era la prueba de que empezaba a curarme.

Se quedó conmigo gran parte de la noche, cada vez que yo me despertaba, sentía su presencia sentada en el sillón y aquello me tranquilizaba.

Se hizo de día y me di cuenta de que estaba solo en la habitación. Entonces ocurrió algo extraño: me levanté y me acerqué a la ventana. Aunque había poca luz, distinguí una silueta abajo, tendida en la acera. Era un muchacho bañado en su propia sangre. Miré su rostro con más atención, estaba vuelto hacia mí y de pronto le reconocí: era el rostro de Joseph Joffo.

Qué curioso, estaba a la vez muerto sobre la acera, y vivo en la habitación de una clínica. Lo importante era saber cuál de ellos era el verdadero. Mis células debían funcionar con normalidad, ya que llegué a la siguiente conclusión: saldría, y seguramente me encontraría con alguien. Si este alguien me hablaba, es que yo era el verdadero Joseph, si nadie me decía nada, es que el verdadero Joseph era el niño muerto con un pie en el bordillo.

Salí y me encontré en un pasillo. No tuve que esperar mucho. Una voz me sobresaltó:

—¿Se puede saber qué diablos haces aquí?

Me volví y sonreí. Ya podía estar tranquilo: el verdadero Jo estaba vivo.

Volví a mi cuarto tranquilamente. El médico, azorado, estableció una constante de sonambulismo, y a partir de este momento ya no volví a ver la puerta de la bodega.

Ahora los días se sucedían tranquilos y casi felices. Me reponía con considerable rapidez y mi enfermera, que se llamaba señorita Hauser, me felicitaba por mi aspecto cada día mejor.

Una mañana, cuando hacía una semana aproximadamente que estaba allí, le pregunté por qué no llevaba una bata, como los médicos y las enfermeras. Ella sonrió y dijo:

—Esto no es un hospital, y yo no soy una enfermera.

Me quedé un instante sin poder hablar, y luego añadí:

—Pero entonces ¿por qué me cuida?

Ella se volvió y empezó a dar palmadas sobre mi almohada.

Antes de que pudiera preguntarle nada más, dijo con sencillez:

—Soy judía.

Nunca me costó tanto resistir al poderoso deseo de decirle «yo también», pero no podía hacerlo, no había ni que pensar en ello, tal vez en este momento había hombres con la oreja pegada a mi puerta. No respondí pero la cogí por el cuello y le di un beso. Ella me dio otro beso, me rozó la mejilla con sus dedos y salió.

Deseé con todas mis fuerzas que los alemanes necesitaran de ella largo tiempo, muchísimo tiempo, hasta el fin de la guerra, y que no se la llevaran en aquellos trenes de los viernes...

Por la noche volvió con un libro y me lo dio.

—Deberías leer un poco, Jo, hace tiempo que no vas al colegio, y esto te beneficiaría.

Empecé a leer, y llegué a adquirir un ritmo de dos y tres libros cada día. Ahora ya podía levantarme tanto como quisiera. A veces pedía permiso a la señorita Hauser para escribir a mi hermano, pero el reglamento era riguroso, cualquier correspondencia con el exterior estaba prohibida.

Una mañana, a eso de las nueve, mientras yo estaba sumergido en la lectura de un título deJack London, se abrió la puerta y entró el doctor. Le conocía bien, fue el que me visitó cuando llegué aquí.

Miró el gráfico de la temperatura que había al pie de mi cama, me dijo que sacara la lengua, y no se la miró. Se acercó, me levantó un párpado, y me dijo simplemente:

—Vístete.

Yo no daba crédito a mis oídos.

—Tus cosas están en el armario.

Intenté jugarme el todo por el todo a fin de quedarme por más tiempo.

—Pero si no puedo levantarme, a la que pongo los pies en el suelo, la cabeza se me pone a dar vueltas y me caigo.

Ni se tomó la molestia de contestarme. Consultó su reloj.

—Dentro de cinco minutos debes estar abajo, date prisa.

Me vestí. Mis ropas habían sido lavadas y planchadas, y en ello reconocí la mano de mi cuidadora. Salí, y no la vi en el pequeño despacho con cristales que ocupaba de costumbre, cerca de mi cuarto, y en el que tan a menudo habíamos estado charlando. Iba a escribir «no volví a verla», pero me doy cuenta que ya son demasiadas las veces en que he utilizado esta fórmula. Por desgracia, se impone una vez más. ¿Adónde se marchó usted, señorita Hauser? ¿A qué campo fue usted a parar, en una de aquellas mañanas brumosas y frías de Polonia o de Alemania oriental? Han pasado muchos años, y sigo viendo su rostro claro inclinado sobre mí, siento sus suaves manos sobre mi frente, oigo su voz:

—Deberías leer un poco, Jo, hace tiempo que no vas al colegio...

Recuerdo una bonita cara de gran ternura, y de nuevo me reúno con Maurice. Estaba más delgado y más pálido.

—La cosa está mal de momento. Hay un jefe nuevo, parece que antes había mucho desorden y nombraron a éste. Es un tipo duro, será preciso mantenernos a raya.

Ni que lo hubiera dicho a propósito. Al cabo de menos de dos horas de mi llegada, un francés de paisano vino a buscarnos a la cocina.

—Maurice y Joseph Joffo, interrogatorio.

Sobre la mesa estaba nuestro expediente abierto, ahora había más papeles, algunas cartas.

Así que no habían dejado el asunto. Aquello me dejó de una pieza. Tenían una guerra mundial que atender, retrocedían ante los rusos y los americanos, estaban luchando en los cuatro extremos del planeta, y empleaban hombres, y tiempo para saber si dos mocosos eran judíos o no lo eran, ¡y la cosa duraba ya más de tres semanas!

El alemán de paisano que se sentaba de forma imponente detrás de la mesa de despacho, debía de ser el tipo duro de que me habló Maurice. Vestía una chaqueta de tweed muy gruesa, que lo hacía aún más gordo. Incluso sentado, se notaba que era realmente muy bajito. El intérprete también había cambiado.

De pie, con el vientre rozando el borde de la mesa, estamos Maurice y yo esperando.

El hombre bajito nos mira, revuelve unos papeles y murmura una frase. La traducción surge inmediatamente.

—El jefe del campamento «Nueva Mies» ha confirmado punto por punto vuestra historia.

Hace un alto, y me siento invadido de calor. A lo mejor dentro de cinco minutos estamos fuera.

El alemán vuelve a hablar en un murmullo. Va demasiado aprisa para que pueda entenderle, pero el intérprete cumple con su cometido. Éste sí que no se anda por las ramas, la suya no es una voz humana con entonación, calor, acento, es una máquina de traducir de alta precisión, que debe anunciar los nacimientos y las muertes con el mismo tono. Sin moverse señala a Maurice con la barbilla.

—Hace ya demasiado tiempo que vuestro caso se pasea por los despachos, no podemos teneros aquí por más tiempo...

Ésta es también mi opinión. Prosigue.

—Tú que eres el mayor, sales. Te damos cuarenta y ocho horas para traernos las pruebas de que no eres judío. Necesitamos certificados de comunión, y hablar con el cura de Niza. Arréglate como puedas.

El alemán añade algo. El intérprete interviene.

—Si no vuelves en cuarenta y ocho horas cortaremos a tu hermano en pedazos.

Maurice da un taconazo. Yo le imito sin saber por qué, él ha debido notar que esto les gusta.

—Gracias, señores —dice— volveré.

El hombre de la Gestapo nos despide como quien se sacude el polvo de la manga. No hay tiempo que perder. Maurice se limpia los zapatos con el extremo de una manta. Yo me siento en mi cama.

—Maurice, tú márchate. Si ves que hay alguna posibilidad de que me suelten, vuelve. Si no, quédate fuera y huye. Es mejor que se salve uno que ninguno.

Se peina a toda velocidad mirándose en el reflejo de la ventana.

—Pierde cuidado. Dentro de dos días estaré aquí. Hasta la vista.

La puerta se ha vuelto a cerrar. Oigo el paso precipitado de sus zapatos contra la moqueta. No me ha abrazado ni me ha dado la mano.

¿Pero acaso se abraza uno para una separación de dos días? Es raro, aquellos dos días no se me hicieron más largos que los demás. No miraba el reloj más de lo ordinario. Sabía, o digamos que esperaba, que en cualquier caso no iban a cortarme en pedazos, simplemente me darían el tíquet verde para el viernes, pero como yo iba a fugarme del tren, en el fondo la cosa no era tan grave.

Me sentía mucho mejor que antes de la enfermedad, trabajaba en las cocinas, y empezaba a ser conocido. A veces, al pasar por un pasillo, o al bajar las escaleras, un alemán o un intérprete que se cruzaba conmigo me sonreía o me daba la mano. Sentía que me estaba convirtiendo en una figura tradicional del hotel Excelsior.

Aquel día me cuidaron de forma especial: después de pelar aguaturmas, desgranar judías y limpiar lentejas, me mandaron con un gran frasco de encáustico y dos clases distintas de trapos a sacar brillo a las puertas de los pisos.

Empezaba con la primera cuando recibí un puntapié en el trasero, sin mala intención, pero lo bastante fuerte como para hacerme soltar el tarro.

Era Maurice, la mar de sonriente.

Le aticé un derechazo al hígado, me respondió con un par de ganchos cortos, empezó a dar saltitos a mi alrededor, y terminó canturreando:

—Tengo los certificados.

Abandoné mis trastos de encerador de puertas y nos metimos en un cuartito que había en el pasillo en el que guardaban las escobas y el material de limpieza. Era un sitio desde el que nadie podía oírnos. Empezó a contarme los acontecimientos.

Jugándose el todo por el todo, había vuelto a casa: mis padres seguían allí, no salían nunca y apenas abrían los postigos, los dos habían adelgazado, y una vecina les hacía los recados. Les expuso la situación y mamá lloró. Entonces Maurice salió y fue a una iglesia cercana.

—¿No comprendes? —me dijo—, me acordé del cura de Dax, si un cura nos salvó la vida una vez, a lo mejor otro podía hacernos el mismo favor por segunda vez.

En la iglesia no había nadie, sólo un anciano que arreglaba las sillas. Maurice le preguntó dónde podía encontrar al párroco. El anciano le dijo que era él. El sacristán estaba en Alemania, en una fábrica, y él tenía que encargarse de todo.

Hizo pasar a Maurice al presbiterio, se puso una sotana y le escuchó. Maurice se lo contó todo. El cura no le dejó tiempo ni de terminar su relato.

—No te preocupes, te haré los certificados de comunión y te los daré en seguida. Además expondré tu situación y la de tu hermano a Monseñor el Arzobispo, y seguramente intervendrá. Vuelve tranquilamente al hotel, y consuela a Joseph. Yo iré a veros al Excelsior.

Cuando salió de la iglesia, Maurice estaba radiante de dicha, llevaba los certificados en el bolsillo.

En lugar de volver directamente, dio un rodeo por Golfe-Juan para ver a Subinagui, y volvió a contar nuestra situación.

—No os desalentéis, dijo el jefe del campamento, voy a telefonear al Arzobispo por mi parte, pues todas las precauciones son pocas. Te aseguro que él hará cuanto pueda.

No dijo nada más, pero Maurice comprendió que Monseñor Remond había evitado la partida hacia Drancy de todas las personas que pudo.

Aquella vez sí que estábamos en el buen camino. Apenas salimos del armario, se nos vino encima el intérprete-máquina.

—Bueno, ¿tienes las pruebas?

—Naturalmente, tengo los certificados de comunión.

Nos miró, resultaba imposible saber si se sentía satisfecho o decepcionado por la noticia.

—Esperad delante del despacho, voy a avisar al jefe.

Me costaba trabajo permanecer tranquilo, pero había que evitar el ofrecer un espectáculo de una alegría excesiva, había que actuar con naturalidad. Habíamos hecho la comunión en La Buffa y traíamos la prueba de ello, nada más. Lo más natural del mundo.

Entramos. El alemán lleva la misma chaqueta de tweed. Maurice le da los papeles. Los mira, les da la vuelta.

—*Das is falshe!*

Aún sin conocer la lengua, la traducción se impone: son falsos.

Nunca admiraré bastante la reacción de mi hermanito:

—¡Qué bien! ¿Así que nos van a soltar?

El intérprete deja filtrar las palabras por entre sus labios.

—No. Estos papeles son falsos.

Maurice ha tenido tiempo de prepararse.

—Dígale que se equivoca. Además el párroco va a venir y nos llevará con él. Me lo ha dicho.

—Esto hay que verificarlo. Salid.

En la carpeta que se cierra, nuestros dos certificados están en lugar seguro. Pero no han bastado para liberarnos.

Una vez fuera, Maurice silba entre dientes.

—Me cago en...

Una voz resuena desde el piso de arriba.

—Los Joffo, a la cocina, os están buscando.

Bajamos de nuevo. Un empleado nos entrega un cesto plano de mimbre, un gran cesto casi circular.

—Id por tomates, y sin perder tiempo. Escoged los más maduros.

Yo ya sabía dónde estaban los tomates. Había una pequeña escalera lindante con el edificio de al lado, y dicha escalera, que tenía unos diez escalones, daba a una especie de terraza cubierta, bastante fresca, en la que había cañizos, sobre los que dejaban las frutas y hortalizas que los de la cocina no encontraban bastante maduras. En la última hilera estaban los tomates.

Los conocía bien, había manoseado miles de ellos en el bar de Tite. Éstos estaban apenas amarillos, y en la parte superior las nervaduras verdes dibujaban una estrella esmeralda.

Maurice mira a su alrededor. Todo estaba tranquilo, en aquel decorado de patio trasero. Estábamos rodeados de altos muros amarillos de sol.

Tomé un tomate y lo dejé en el fondo del cesto, pero me faltaron fuerzas para tomar un segundo. Mis ojos estaban clavados en la pequeña pared que separaba el lugar donde estábamos del edificio de en frente.

No tenía más de cincuenta centímetros. Cincuenta centímetros que franquear, y la libertad nos esperaba.

Miré a Maurice. También él respiraba aceleradamente. Había que elegir con rapidez, teníamos escasos minutos para tomar una decisión.

Allí en el patio de enfrente, bajábamos las escaleras y

ya estábamos fuera, en la calle opuesta al hotel, se habría terminado la espera, los papeles falsos, los interrogatorios, los sudores de la angustia, una pared de cincuenta centímetros y la muerte se alejaría para siempre jamás.

No osaba ni hablar, sabía que Maurice estaba tenso como una cuerda de arco. Dejé un segundo tomate al lado del primero.

Maurice tomó uno a su vez pero la conservó en su mano.

—Adelante, murmura.

Me pongo de pie, y siento un escalofrío que me recorre la espalda. Hay que dar cuatro pasos.

La sombra de la pared dibuja en el suelo una línea clara, una recta de tinta tirada con regla. Tal vez es que el sol se ha movido, pero en la parte de abajo de la línea de sombra hay un bulto, algo que se mueve y que desaparece.

Me agacho y cojo un insecto imaginario. Es más bien poco probable que el centinela hable francés, pero todas las precauciones son pocas.

—Fallé, ha echado a volar.

Maurice ha llenado ya la mitad del cesto.

—Estás chalado si te has creído que puedes cazar mariposas con la mano.

Le ayudo y nos ponemos en marcha.

Antes de volver a bajar, doy un brinco, agito una mano en el aire y vuelvo a caer.

—Mecachis, he fallado otra vez.

El hombre ha desaparecido, en un abrir y cerrar de ojos he visto cómo se echaba hacia atrás, y la manga negra que forma el cañón de la metralleta.

Un pinche se vuelve cuando llegamos a la cocina y nos mira mientras dejamos el cesto sobre la mesa.

—¿Qué caray hacéis aquí?

—¿Cómo? ¡Pues le traemos los tomates!

Se queda un instante con la boca abierta y se vuelve bruscamente.

Su sorpresa no me ha pasado desapercibida. La comprenderé aún mejor cuando vea que en las tres comidas siguientes, la cena y la comida y la cena del día siguiente, no había ni asomo de tomates.

Realmente, Maurice llevaba razón: el jefe del Excelsior es un señor temible. Tal vez esta trampa no será la última.

El párroco de La Buffa vino tres días más tarde. Se sentó en una silla que le trajo un S.S. Fue una muestra de respeto muy poco frecuente en el Excelsior, pero fue la única. Pasó tres horas inmóvil sin pronunciar una sola palabra.

Al cabo de este tiempo, vinieron a avisarle de que no le recibirían.

Se puso de pie y llamó con el dedo a un intérprete que pasaba por el pasillo. Con voz suave y mesurada explicó que comprendía muy bien que los servicios de la Gestapo estuviesen sobrecargados de trabajo, y que así pues volvería a partir de mañana a las siete, se quedaría hasta la hora de cierre, y eso hasta la victoria del III Reich si era preciso, de forma que pudiera evitar que los servicios administrativos nazis cometieran un tremendo error del que sufrirían dos niños. Se permitía añadir que Monseñor el Arzobispo, que estaba informado de sus gestiones, estaba decidido a intervenir en las altas esferas, en Berlín, si fuese necesario.

A medida que iba hablando, a su alrededor se formaba un grupo de S.S., y, cuando el bueno del cura contaba esta historia, nunca se olvidaba de añadir: «después de mi discurso, todos se quedaron mirando, y poco faltó para que les diera la bendición».

Nos habíamos topado con el cura más testarudo, más humorista y más empeñado en arrancar a los judíos de las garras de los alemanes, que existía en el departamento de los Alpes Marítimos.

A la mañana siguiente, cuando la puerta no estaba aún abierta, y la guardia de noche no había sido sustituida aún por la de día, el centinela del vestíbulo vio entrar al buen cura de La Buffa que le hizo un amistoso saludo, avanzó con trotecito hacia la escalera, tomó una silla murmurando: «No se molesten...» a unos S.S. que estaban jugando a cartas, y se instaló frente al despacho. En esta ocasión se había provisto de un breviario, y sólo con verlo se comprendía perfectamente que resultaría más fácil cambiar el Mont-Blanc de sitio que pensar que aquel hombre podía desviarse ni un milímetro de la tarea que se había impuesto.

Cada vez que un intérprete, un empleado o una persona cualquiera pasaba por el pasillo, daba un ligero rodeo.

A las doce, aún no había sido recibido.

A las doce y cinco, el cura se metió una mano en el bolsillo profundo de la sotana, y sacó de él un trozo de papel blanco cuidadosamente doblado. El papel contenía dos rebanadas de pan moreno y una rodaja de mortadela.

El cura se comió el bocadillo con buen apetito, volvió a doblar con cuidado el papel, se lo metió en el bolsillo, se comió una pastilla de cachunde, que para él debía significar el postre, y cuando vio a un guardia alemán que le estaba mirando sofocado a diez metros de allí, se levantó, y en un alemán gramaticalmente correcto, pero con un acento de Niza clarísimo, le dijo:

—Perdone que le moleste, soldado, pero ¿tendría usted la amabilidad de traerme un vaso de agua?

Después de esta escena, se convirtió rápidamente en

la atracción del hotel, y los responsables empezaron a creer que podía representar un peligro, y así, a las dos, él fue el primero en entrar. La entrevista fue breve, seca, pero cortés.

Volvió al día siguiente, pero ya no tuvo necesidad de sentarse. Fue recibido inmediatamente. Traía los papeles que le habían pedido, y muchos más: tenía nuestros dos certificados de bautismo y una carta manuscrita del arzobispo que explicaba que los certificados habían sido expedidos en la catedral de Argel, ciudad en la que habíamos nacido, y que obraban en su poder, pues dichos documentos habían sido necesarios para la ceremonia de nuestra primera comunión, ceremonia que asimismo certificaba que había tenido lugar en la iglesia de La Buffa, en la fecha mencionada. En virtud de todo lo cual, pedía nuestra inmediata liberación, y se declaraba dispuesto, en el caso en que todas dichas pruebas no fueran suficientes, a ir en persona a explicarse a la sede de la Gestapo.

Desde luego, para la Gestapo habría sido muy desagradable que el episcopado se hubiese declarado oficialmente en su contra. Las razones de ello siguen siendo oscuras aún hoy en día. Incluso en aquellos años en que Francia se quedaba sin hombres, sin comida, sin material, incluso en el momento en que los trabajadores se marchaban a las fábricas alemanas, no se abandonó la política de colaboración europea, y así pues, no valía la pena, por mandar dos chavales a la cámara de gas, pelearse con la Iglesia francesa, que cuenta con muchos practicantes. Para salvaguardar su política de neutralidad para con la catolicidad de Niza, la Gestapo decide, después de más de un mes de arresto, liberar a Maurice y Joseph Joffo.

A menudo la vida depende de poca cosa; aquel año puedo decir que no dependió de nada para nosotros.

Simplemente el hecho fue que, habiéndonos detenido un viernes, habíamos entrado en el hotel Excelsior cuando el convoy semanal estaba ya formado, y que la manía administrativa alemana quiso que nos abrieran un expediente. Pocos entre nosotros gozaron de tal suerte.

Fue el cura el que se nos llevó cogidos de la mano. Cuando el hombre de la chaqueta de tweed firmó el acta de liberación, nuestro cura se la metió en el bolsillo como si fuera algo que se le debía desde hacía tiempo, y ni siquiera dio las gracias. En su actitud había incluso un deje de fastidio, como si quisiera decir: «pues sí que os ha costado tiempo decidiros».

Antes de salir del despacho, saludó con un gesto y nos dijo:

—Maurice, Joseph, decid adiós a este señor.

Y los dos a coro cantamos:

—Adiós, señor.

El hombre vestido de tweed no dijo una palabra, y el intérprete no tuvo necesidad de traducir.

Una vez fuera, quedé deslumbrado por el sol y el viento marino. Di un respingo: aparcada delante del hotel estaba la camioneta que nos había traído. Subinagui estaba al volante y nos abrazó radiante de dicha.

—Venga, en marcha, volvemos a «Nueva Mies», ya está bien de vagabundear por esta ciudad.

El coche se pone en marcha. Me vuelvo, los centinelas de delante del hotel se van haciendo pequeños y desaparecen en una esquina. Se acabó, ya estamos fuera.

Nos hallamos en el muelle, ahí está el mar, centelleante. Dentro de poco el sol va a ocultarse tras él.

El coche se detiene.

—Voy a buscar mi ración de tabaco —dice Subinagui—, en Golfe-Juan ya no se encuentra tabaco, a lo mejor tengo más suerte aquí.

Bajamos.

Aquí es donde la playa es más salvaje, los guijarros más grandes, más duros que en otras partes, me tuerzo los pies en los zapatos, pero a medida que me voy acercando al mar, las piedras se hacen más menudas, más planas, se convierten en una grava húmeda y resbaladiza cubierta por el oleaje.

Me cuesta deshacer los nudos de los cordones, Maurice ya se ha quitado los zapatos.

Ya está, ya estoy descalzo, el agua se me cuela por entre los dedos.

Avanzamos juntos. Al principio hace frío, pero es agradable, parece que la temperatura del agua sube a cada segundo.

El mar está llano e inmóvil, como un inmenso charco de aceite que el sol enrojece. En la playa hay gaviotas, y de repente todas echan a volar, pasan a ras de nuestras cabezas y suben planeando hacia alta mar.

El agua nos llega ya hasta las rodillas, y nos detenemos. El cielo está en el punto máximo de su azul. Nos quedamos parados, de pie sin decir nada.

No pienso en nada, tengo la cabeza vacía, sólo sé que voy a vivir, que soy libre, como esas gaviotas.

Detrás de nosotros, apoyado en la baranda, Subinagui nos está mirando.

Gérard aparece en la puerta de la cocina. Sigue tan impecable como siempre; cada noche coloca su calzón corto bajo el colchón para que conserve la raya. Es muy meticuloso.

—Jo, te llaman al teléfono.

Dejo mis judías. Con los hilos que he quitado se podría coser diez años seguidos.

Cruzo el campamento a todo correr hasta llegar al despacho.

Subinagui está hablando y me da el auricular en cuanto me ve aparecer.

—Es tu padre.

Me pego el auricular al oído con todas mis fuerzas mientras él sale y cierra la puerta.

—¿Papá?

Me debía temblar la voz, pues él no me reconoció.

—¿Eres tú, Joseph?

—Sí. ¿Cómo estás?

—Muy bien, muy bien. Y mamá también. Me alegro mucho de que volváis a estar ahí los dos.

—Yo también.

Noto que está emocionado, y un poco tembloroso. Añade:

—Qué bien que hayáis sido tan valientes. Fue muy emocionante ver aparecer a Maurice, pero ya sabía que todo saldría bien.

A juzgar por el alivio que expresa su voz, no debía estar tan seguro como eso.

—¿Te asustaste?

—No... bueno, un poco, no mucho, estuve enfermo, pero ya estoy curado del todo. ¿Y Henri y Albert?

—También están bien, recibo noticias de ellos con frecuencia. Todo se arreglará, ya verás.

—Bueno, eso espero.

—Bueno, pues escucha, no quiero hablar mucho, tu madre se preocupa, ya la conoces... Un beso a Maurice, y otro a ti, muy fuerte. Ahora ya pronto podremos vernos.

—Sí, papá.

—Adiós, Jo, y... pórtate bien.

Cuando dice «pórtate bien» es que ya no sabe qué más decir, y tengo miedo de echarme a llorar ante el teléfono.

—Adiós papá, hasta pronto.

Oigo un clic. Ya ha colgado.

Qué lástima que Maurice no esté aquí, trabaja en una granja a tres kilómetros.

Vuelvo a mis judías. La vida en el campamento ya no es como antes. Testi se ha marchado, una tía suya vino a buscarle, y no he podido dar con él. Y además, desde la redada de la Gestapo en plena noche, el ambiente ya no es tan confiado como antes. Y somos menos, muchos se han marchado. Dicen que uno de los mayores se ha alistado en la milicia. Por la noche, las veladas son más cortas, la desconfianza se ha instalado entre nosotros. Pero con todo y con eso, el campamento es para mí el paraíso, da gusto poder ir a donde uno quiere, y sobre todo, estar al aire libre. Los días se van haciendo más cortos, se acerca el invierno. Un invierno más de guerra.

—¿Terminará pronto la guerra, señor Subinagui?

Se ríe y traza una raya debajo de la última suma. Cierra la libreta de las cuentas y afirma:

—Tres meses. Apuesto lo que quieras a que no durará más de tres meses.

Me parece muy optimista, yo tengo la sensación que ya nos hemos instalado en ella para siempre, que la guerra se ha convertido en un estado permanente: la guerra y la existencia se han fundido, ya ni siquiera vale la pena huir para escapar de ella, pues está en todas partes. Los nombres que la gente pronuncia en voz baja evocan escenarios: Guadalcanal, Manila, Monte Cassino, Bengasí, bajo las palmeras, los minaretes, la nieve, las pagodas, los monasterios en la cumbre de una montaña, en el fondo de los mares, en el cielo, la guerra está en todas partes, triunfante. Y pasan los días... Pronto se cumplirán quince días que salimos del Excelsior.

Estoy en el barco que va a salir para el castillo de If. El capitán me sacude con violencia creciente, veo el brillo del ancla que lleva en la gorra, lo que me extraña es que sepa cómo me llamo.

—Jo, Jo.

Este tío me está poniendo nervioso, tengo que escapar, tengo que hundirme aún más en el seno del calor, tengo que...

—¡Jo!

Ahora sí que me he despertado. La luz de la linterna me deslumbra. Es una noche muy negra.

—Vístete sin hacer ruido.

¿Qué pasa? Los demás duermen en la tienda, en la hilera de más allá alguien se ha dado la vuelta, y el ronquido interrumpido durante un instante, se reanuda como si tal cosa. Me pongo la camisa en medio de la oscuridad. Vaya, está del revés, para variar. Noto la presencia de Maurice a mi lado, que rasca el suelo con las suelas.

No puede ser una redada de la Gestapo, habría gritos, todo el mundo estaría de pie. Es Subinagui el de la linterna.

—Salid, os espero en el despacho.

Fuera, la noche es fresca, hay millones de estrellas. La tela de la tienda está ya mojada por la humedad que sube de la tierra.

Todo duerme en el campamento. Todo menos nosotros. El despacho está abierto. Subinagui llega a penas entramos, su sombra más espesa casi no se distingue sobre el cielo oscuro. Viene cargado con dos paquetes. Cuando entra en la habitación que huele a madera blanca y a viejo papel, enciende la luz, y me doy cuenta de que lleva en los brazos nuestros dos morrales.

Así que habrá que ponerse en camino otra vez, no hace falta que lo diga, ya lo sé. Tal vez siempre lo supe.

10

Tenéis que marcharos en seguida, en el morral tenéis todo lo que podéis necesitar, dos camisas, mudas, calcetines y algo de comer. Ahora os daré dinero, y os iréis a Cannes a campo a través. Allí tomaréis un tren para Montluçon, y desde allí iréis a un pueblecito donde os está esperando vuestra hermana, el pueblo se llama...

Maurice le interrumpe:

—Pero ¿qué pasa?

Subinagui baja la cabeza.

—Hubiera preferido que no me hubieseis preguntado eso, pero, claro, era inevitable.

Se queda meditando, y luego anuncia con brutalidad:

—Vuestro padre fue detenido ayer en una redada, y ha sido conducido al hotel Excelsior.

Todo empieza a dar vueltas, finalmente, la Gestapo habrá sido más fuerte que el ejército del zar, y habrá capturado al viejo Joffo.

—Y eso no es todo, vuestro padre tenía papeles encima, a su nombre. Los alemanes no tardarán en relacionarlo con vuestro caso, y vendrán por vosotros. No hay que perder ni un minuto. Marchaos.

Maurice ya se ha pasado la correa del morral por el hombro.

—¿Y mamá?

—Pudieron avisarla a tiempo, se marchó, no sé dónde, pero podéis estar tranquilos, vuestros padres debieron prever un lugar para esconderse. Hala, marchaos, no escribáis, no deis noticia alguna, tal vez vigilarán la correspondencia que recibimos.

Imito a Maurice, y de nuevo el morral pesa sobre mi hombro.

Subinagui ha apagado las luces, estamos los tres en el umbral del barracón.

—Pasad por el sendero del fondo, evitad las carreteras, me parece que tenéis un tren sobre las siete. Adiós, hijos.

Echamos a andar. Todo ha ocurrido tan aprisa que no me ha dado tiempo de hacerme cargo. Tan sólo sé que mi padre está en manos de los nazis, y que quizá los alemanes están tras nuestra pista. ¡Qué triunfo para el individuo de la chaqueta de tweed, si nos cogen! ¡Y el cura de La Buffa! Han deportado a sacerdotes por cosas menos graves. El que ayuda a un judío, comparte su suerte; no, no hay que llamarse a engaño.

La tierra está seca y dura, pero las hierbas y las hojas de vid que rozamos nos mojan los pantalones y las mangas de la camisa.

El campamento ha quedado lejos. La noche es tan clara que las colinas proyectan su sombra sobre el llano y los cultivos en terraza.

¿Dónde cae Montluçon? No tengo la menor idea. Está claro que no estudié suficiente en clase de geografía. Maurice debe andar tan perdido como yo, no vale la pena preguntarle. Y además con el tren no hay cuidado, llegaremos de todas formas.

Lo que me parece es que pilla lejos del mar, lejos de la costa, es lo único de lo que estoy seguro. Me da pena alejarme del Mediterráneo, pero ya volveré cuando sea mayor, y vuelva la paz.

El camino se empina. Hay que evitar las granjas para

que los perros no ladren. Lo pesado es que esto nos obliga a dar grandes rodeos que nos desvían de nuestro camino.

Maurice se ha detenido. Ante nosotros aparece una carretera con toda visibilidad.

—Vamos a cruzarla —susurra Maurice—. Siguiendo recto se llega a Vence, tenemos que pasar al otro lado.

Cruzamos la carretera furtivamente, y después de escalar un talud, de nuevo aparece el mar a nuestros pies, ancho y gris, reluciente. La ciudad que hay a la orilla y que aún no se ve, es Cannes, ahora tenemos que bajar por los jardines hasta llegar a la estación.

Nos agachamos al pie de un árbol. No vale la pena darnos prisa, andar por las calles a una hora semejante resultaría sospechoso, más vale esperar que se haga de día.

El alba huele bien, un olor fuerte y seco, como el de los pimenteros de Menton.

Poco a poco las formas se precisan a nuestro alrededor, y los colores surgen uno tras otro, los rojos, los azules y los verdes vuelven a su sitio. Por encima de nosotros hay tejados que se confundían con la roca.

Aún soñoliento, atisbo el primer rayo que estalla brutalmente en la superficie del agua como el toque de trompeta que anuncia el estruendo de los clarines. Ahora nos toca a nosotros entrar en escena.

Nos ponemos en marcha y, a través de los chalets cerrados, llegamos al centro de la villa. Hay gente en bicicleta, los comerciantes empiezan a abrir las persianas de hierro.

La estación.

Hay ya gente. No tanta como en Marsella, claro.

—Dos a Montluçon.

El empleado maneja una máquina, consulta unos libros, horarios, me parece que nunca logrará calcular el precio del billete. Por fin.

—Ciento catorce francos con veinte.

Maurice recoge el cambio mientras que yo pregunto:

—¿Dónde hay que hacer trasbordo?

—Es un poco complicado. Primero vais a Marsella, tenéis un expreso dentro de tres cuartos de hora. Después vais hacia Lyon. Si no hay retrasos, sólo tendréis que esperar dos o tres horas. En Lyon tomáis el ferrobús hasta Moulins, y en Moulins hacéis transbordo hasta Montluçon. O también podéis ir por Roanne, Saint-Germain-des-Fossés, Gannat y Montluçon, o también Saint-Étienne, Clermont-Ferrand y la línea de Bourges, pero de una u otra forma seguro que llegaréis a vuestro destino. Lo que no puedo deciros es cuándo. De todas formas, dondequiera que vayáis, no puedo deciros cuándo llegaréis, ni siquiera si llegaréis, porque...

Con los brazos en cruz hace con la boca ruido de motor y de bombas.

—¿Entendéis lo que quiero decir?

Menudo charlatán nos ha caído en suerte.

Hace un guiño y añade:

—No son sólo los bombardeos, también están los...

Con los dos puños juntos aprieta un imaginario detonador, hincha los carrillos, se pone colorado.

—¡Buuum! ¿Entendéis lo que quiero decir?

Decimos que sí, fascinados.

—Y no son sólo los sabotajes. Están los retrasos, las paradas, los descarrilamientos, los desprendimientos de tierra, y además...

Hace bocina con las manos y se pone a aullar de forma siniestra.

—¿Entendéis lo que quiero decir?

—Las alarmas, dice Maurice.

Pone cara de contento.

—Eso es, las alarmas. Os digo todo eso para que veáis que no puedo deciros cuándo llegaréis, a lo mejor dentro de dos días, a lo mejor tres semanas, y de todos modos, ya veréis vosotros mismos.

—Eso es, ya veremos —dice Maurice—. Y muchas gracias por la información.

—No hay de qué, muchachos. El tren para Marsella está en la vía C.

Nos alejamos con unas ganas locas de reír, y estoy a punto de estallar en carcajadas, cuando lo veo a cinco metros de nosotros.

Mi hermano también lo ha visto, pero es demasiado tarde para escondernos o huir.

Seguimos avanzando con aparente indiferencia. Pero tengo la impresión de que se me debe ver el corazón latiendo a través de la camisa.

Se ha detenido, nos ha reconocido.

—Buenos días, señor.

Si intenta algo, si saca un arma, un silbato o si se nos echa encima, ya sé dónde hay que golpear, un chut con la punta reforzada de mi bota derecha en un sitio que yo me sé, va hacerle daño.

—Buenos días.

Tiene la misma voz mecánica, sin entonación. Es el intérprete del hotel Excelsior, el que traducía para el hombre vestido de tweed.

Por primera vez veo aparecer en su rostro un amago de sonrisa.

—¿Os vais de viaje?

—Sí, a otro centro de los *Compagnons de France*.

—Está bien. ¿Y dónde?

Afortunadamente nos topamos con un empleado particularmente afable. Me lanzo a una de estas improvisaciones que tanto me agradan.

—En Roanne. Pero cae muy lejos, tenemos que hacer trasbordo en Marsella, Clermont-Ferrand, Saint-Étienne y Moulins.

—Qué bien, qué bien.

Maurice adquiere confianza. Si no nos ha detenido, es que no está enterado de la detención de mi padre.

—Y usted, ¿sigue trabajando en Niza?

Afirma con la cabeza.

—He tenido unos días de vacaciones, y ahora vuelvo allá.

Nos quedamos allí, balanceándonos sobre los pies.

—Bien adiós, caballeros, ¡feliz estancia en Roanne!

—Gracias, señor, adiós, señor.

¡Uf!

—Si seguimos así —me dice Maurice—, vamos a morir de un ataque al corazón antes de que nos cojan los alemanes.

Llegó el tren, y, al contrario de lo que nos había dicho el empleado, tuvimos un tren para Lyon casi inmediatamente. Hasta Aviñón, el viaje fue casi agradable, pero pasada dicha ciudad, surgió un enemigo imprevisto: el frío.

Naturalmente, los trenes no llevaban calefacción, y subíamos hacia el norte, alejándonos cada vez más de la tibieza mediterránea. En Montélimar, me refugié en los lavabos, y me puse tres calzoncillos uno encima del otro, tres camisetas y dos pares de calcetines. En Valence, me puse dos camisas, dos pantalones y el tercer y último par de calcetines, con lo cual me costó gran trabajo ponerme las botas.

A pesar de estos espesores sucesivos, seguía con los brazos y las rodillas descubiertos, y en Lyon, en el andén de la estación barrido por un viento fresco y húmedo, Maurice y yo hicimos un concurso para saber a quién le castañeteaban más los dientes, gané yo de forma clara, aunque él pretendió lo contrario. Ello nos sirvió de pretexto para un pugilato que nos calentó un poco, pero cuando, tras una hora y media de espera, llegó el tren y nos llevó más hacia el noroeste, la situación se hizo dramática. En los compartimentos, la gente iba ya vestida de invierno, con abrigos, guantes bufandas, y nosotros seguíamos vestidos como dos veraneantes. Jamás hubiese creído que pudieran existir semejantes diferencias de temperatura en un mismo país. En la calle Ferdinand-Flocon me habían enseñado que Francia era un país templado, y ahora podía certificar que esto era mentira. Francia es un país frío, y de todas las ciudades de Francia, Montluçon es, con mucho, la más fría.

Bajamos morados y temblando a un andén gris, un empleado nos tomó los billetes, y nos encontramos en una ciudad totalmente desprovista de color en la que soplaba un viento glacial. Estábamos a principios de octubre, pero jamás el invierno se adelantó tanto como aquel año de 1943. La gente andaba arriba y abajo de las aceras para entrar en calor, pero el viento parecía venir de todos los lados a la vez. Aquella ciudad no era más que una corriente de aire glacial en la que, no obstante las superposiciones, los dedos de los pies parecían habérseme convertido en mármol. El aire me entraba por las mangas de las camisas, se deslizaba por las axilas, y desde Valence estaba de carne de gallina.

Entre dos choques de mandíbulas, Maurice, frigorizado, consiguió pronunciar:

—Hay que hacer algo, vamos a reventar de pulmonía.

Era exactamente lo que yo pensaba, y empezamos a correr a todo trapo por aquellas calles tristes.

La conocida frase «corre un poco, así entrarás en calor», es sin duda alguna la más gorda de la innumerable serie de majaderías que los adultos dicen a los niños. Yo puedo afirmar, por haberlo experimentado aquel día, que cuando uno tiene frío de veras, correr no sirve para nada. Uno se cansa, pierde el aliento, pero no entra en absoluto en calor. Al cabo de media hora de cabalgatas, de galopes frenéticos, de frotamientos de manos, yo jadeaba como un animal, pero tiritaba más que antes.

—Mira, Jo, debemos comprar un abrigo.

—¿Tienes vales de textil?

—No, pero lo intentaremos.

En una calle en forma de arco que rodeaba una triste plaza, vi una minúscula tienda, con una vitrina polvorienta, una fachada descolorida y un letrero casi invisible: «Confección para caballero, señora y niño».

—Vamos allá.

Apenas se cerró la puerta, experimenté lo que tal vez fue la sensación más agradable de mi vida: la tienda tenía calefacción.

El calor entró de golpe por cada uno de mis poros, me habría revolcado por el suelo de gusto. Sin ni siquiera mirar a la buena mujer que nos miraba desde detrás del mostrador, nos arrimamos a la estufa que roncaba dulcemente.

La tendera nos miró con los ojos muy abiertos. No le faltaba razón, no debía ser frecuente en Montluçon ver desembarcar a dos chiquillos con camisas superpuestas con manga corta, con un frío de bigote, y con un morral colgado al hombro.

Sentía que mis nalgas se asaban suavemente, estaba en éxtasis, cuando la buena mujer nos preguntó:

—¿Qué deseáis, muchachos?

Maurice se alejó de las delicias de la estufa.

—Quisiéramos abrigos o chaquetas muy gruesas, no tenemos vales, pero tal vez pagando un poco más...

Ella meneó la cabeza, desolada.

—Ni que me pagarais millones, no podría venderos nada, hace tiempo que no me llega género, los mayoristas no venden nada...

Maurice dijo:

—Es que tenemos frío.

Nos miró apenada.

—No hace falta que me lo digáis, se nota a la legua.

Yo entré en la conversación.

—¿Y no tendría un jersey, aunque fuera viejo, algo que abrigue un poco?

Ella se rió como si le hubiera contado un chiste especialmente gracioso.

—Pues no hace poco tiempo que no veo un jersey. Lo único que puedo ofreceros es esto.

Se agachó y de debajo del mostrador sacó dos bufandas. Eran de un sucedáneo de lana, pero más valía aquello que nada.

—Nos las quedaremos. ¿Cuánto le debo?

Maurice pagó, y yo hice de tripas corazón:

—Disculpe, señora, ¿le molestaría que nos quedáramos un momentito aquí dentro?

Sólo con pensar en salir fuera, se me ponían los pelos de punta, y debía adoptar el tono quejumbroso adecuado, porque ella aceptó. Incluso pareció contenta de tener alguien con quien conversar, no debía tener muchos clientes para charlar.

Cuando se enteró de que veníamos de Niza, gritó de gozo, ella había pasado allí unas vacaciones, y nos hizo contar todo lo que ocurría por allí, los cambios que había sufrido la ciudad.

Yo seguía pegado a la estufa a punto de quitarme una camisa, cuando me di cuenta de que estaba anocheciendo. No había ni que pensar en tomar el coche de línea para el pueblo donde vivía mi hermana, así que había que buscar un hotel.

Comuniqué mis inquietudes a Maurice, cuando intervino la señora:

—Mirad —dijo— en Montluçon no encontraréis hotel, hay dos que han sido requisados por los alemanes, y otro lo ha sido por la milicia, si por casualidad encontraráis una habitación, no tendría calefacción. Lo único que puedo ofreceros es la habitación de mi hijo, estaréis un poco apretados en la cama, pero al menos no pasaréis frío.

¡Qué buena fue aquella mujer de Montluçon! Me habría puesto a dar brincos de gozo. Por la noche, nos hizo el mejor *gratin dauphinois* que he probado en mi vida. Ella seguía charlando mientras yo casi lamía el plato vacío. Para terminar nos dio una tisana, y en seguida me dormí, sumergido en un edredón rojo atiborrado de plumas.

Durante la noche se produjo una alarma, pero las sirenas no lograron siquiera despertarnos.

Al marcharnos aquella señora nos dio un beso a cada uno y se negó a cobrarnos nada.

Fuera, hacía algo menos de frío, y además contábamos con nuestras bufandas para abrigarnos.

El autocar asmático era del mismo color que Montluçon, era gris, y la única nota alegre de la carrocería la constituían las manchas de pintura de minio que habían puesto en los puntos oxidados.

Traqueteó a través de un paisaje que me pareció particularmente siniestro al lado del que acabábamos de abandonar. No quedaba una sola hoja en los árboles, y empezó a caer una fina lluvia, golpeando los cristales.

Al cabo de menos de una hora, el coche nos dejaba delante de la iglesia de Ainay-le-Vieil.

Era una aldea más que un pueblo, unas pocas casas apretujadas unas contra otras, una estrecha calle, y una panadería-carnicería-comestibles-quincallería-bar-estanco. Los campos empezaban junto al pueblo mismo, y en seguida me di cuenta que los cobertizos estaban vacíos. Los grandes graneros que bordeaban la carretera no guardaban ni media bala de paja cada uno.

Nuestra hermana Rosette vivía con su marido en una casa junto a la iglesia. Nos abrazó y lloró cuando le dijimos que papá había sido detenido por la Gestapo.

En la gran cocina embaldosada, nos sirvió leche de verdad en grandes tazones de loza, y nos hizo poner un jersey, esta vez de lana verdadera. El de Maurice era muy grande, y el mío otro tanto, pero arremangando las mangas y metiéndolo dentro del pantalón, podía servir. Ya podíamos hacer frente a la escarcha.

Desde que llegamos yo noté en Rosette, a pesar de su clara alegría por volver a ver a sus hermanos, una inquietud, un temor que eran desconocidos en ella. Maurice también se dio cuenta, y preguntó:

—Parece que estás preocupada por algo, ¿no?

Ella nos cortó otra rebanada de pan, nos sirvió más leche y se sentó a nuestro lado.

—Mirad, no creo que podáis quedaros, no sería prudente.

Nosotros la mirábamos en silencio.

—Os explicaré —dijo ella—. Hay un delator en el pueblo.

Estruja su delantal entre las manos.

—Hace poco menos de dos meses, llegaron aquí dos mujeres, una de ellas tenía un niño de meses. Se instalaron en casa de un granjero que vive al otro extremo del pueblo. Al cabo de menos de una semana de llegar ellas, vino la Gestapo. Se las llevaron, y también al niño. El granjero fue detenido junto con ellas. Volvió al cabo de tres días..., le habían roto un brazo. Dijo que si alguien volvía a esconder a un judío, sería fusilado.

—¿Pero quién les denunció?

—Pues ahí está la cosa —siguió Rosette—, nadie lo sabe.

Yo digerí la historia, y tomé la palabra a mi vez.

—Pero al menos tendréis una idea...

Ella meneó la cabeza con lentitud.

—Resulta imposible decirlo. Ésta es una aldea de unos ciento cincuenta habitantes, y si dejamos a parte los niños, queda un total de ochenta o noventa adultos. Todo el mundo se conoce, y todo el mundo sospecha, aquí no se habla de otra cosa... Cuando me encuentro con el maestro, me dice que es la vieja de allí abajo, que se pasa el día espiando desde su ventana, para nuestros vecinos, es justamente el maestro, que tiene una foto de Pétain en el comedor, otros pretenden que es el viejo Viaque, que es un antiguo *Croix de feu*, y dio cobre a los alemanes, el pueblo se ha convertido en un infierno, cada uno sospecha del otro. Ayer estaba en la tienda, y ya nadie se hablaba, sólo intercambiaban guiños disimulados. Parece ser que si uno denuncia, la Gestapo le da dinero, y entonces nadie se atreve a comprar por miedo a parecer que gasta demasiado, pero entonces las sospechas recaen justamente sobre el que no compra nada... Es un círculo vicioso.

—Y tú, ¿no tienes miedo del delator?

Rosette hace un movimiento de hombros fatalista.

—No, no creo, hace ya mucho tiempo que vivo aquí, y supongo que mis papeles darán el pego. De todos modos tengo un escondrijo que Paul ha encontrado en caso que haya un registro.

Yo dejo escapar un suspiro. Me habría gustado bastante vivir aquí por algún tiempo, en el pueblo habríamos podido encontrar trabajo, y pasear, y jugar, pero está claro que no es posible, hay que largarse, y deprisa.

Maurice piensa en voz alta.

—No creo que nos hayan visto entrar...

Rosette sonríe con un deje de tristeza.

—¿Sabes? Al principio yo tampoco creía que la gente se fijara en mí, pero luego me he dado cuenta de que incluso cuando la calle está vacía, y las ventanas cerradas, la gente no pierde un detalle de tus gestos, aquí todo se sabe, no podéis imaginaros...

Se queda callada y nos mira. Cuando se pone pensativa se parece asombrosamente a mi padre.

—¿Sabéis qué podéis hacer? Id con Henri y Albert a Aix-les-Bains.

—¿Dónde está Aix-les-Bains?

Rosette me mira como una maestra apenada que pregunta al tonto de la clase.

—En los Alpes, en plena montaña, os daré dinero para...

Maurice lo rechaza con un gesto soberano.

—No vale la pena, vivimos aún de los ahorros de Niza, y...

Han llamado. ·

Rosette se queda petrificada, y yo me quedo con la boca llena, sin atreverme a tragar el pan mojado en la leche.

¿Esconderse? Sería un error, lo peor que podríamos hacer, no hay duda de que nos han visto entrar. Rosette lo comprende, y con un gesto nos ordena quedarnos donde estamos.

Va a abrir.

La oímos exclamar:

—¡Ah! ¡Es usted, señora Vouillard! ¿Viene por los huevos? Pase, pase...

—No quisiera molestarla, he visto que tenía visita...

Es una voz de vieja. Y en efecto, entra una anciana flaca, con mantón negro, chaqueta negra, medias negras, zapatos forrados, y arrugas en todas direcciones. Una auténtica abuela de campo, como las de los libros de Alphonse Daudet.

Nosotros nos ponemos de pie.

—Buenos días, señora.

—¡Oh! ¡Qué altos están! ¡Y qué fuertes! Seguro que

tú eres el más chico, porque no hay duda de que sois hermanos, os parecéis como dos gotas de agua...

Sigue perorando, y mientras la cólera se va adueñando de mí: si hay algo que nunca he podido sufrir, es que me digan que me parezco a mi hermano. No es que sea más feo que otro cualquiera, pero me parece que es un atentado contra mi individualidad. Basta esta observación para que mis sospechas caigan sobre ella. Apuesto lo que sea a que ella es la delatora, tiene una nariz de hurón que no puede engañar a un experto en contraespionaje como Joseph Joffo. Nos ha visto entrar, ahora viene a asegurarse, y dentro de dos horas irá a dar el soplo a la Gestapo.

—¿Habréis venido a ver a la hermana mayor, supongo?

No para de hablar, ahora empieza con las preguntas. No me queda la más ligera duda.

Rosette vuelve con cuatro huevos.

—Aquí tiene, señora Vouillard.

La vieja le da las gracias, se mete la mano en el delantal y saca un viejo monedero sujeto con una goma. No le quito los ojos de encima, está claro que es millonaria, ahí dentro hay fajos de billetes, el dinero de los nazis.

—¿Y vais a estar mucho tiempo por aquí?

Bueno, señora, esto ya es demasiado.

—No, sólo hemos venido a saludar a Rosette y nos vamos a Roanne.

Envuelve los huevos en un gran pañuelo.

—Bueno, pues adiós, chicos, hasta luego, Rosette.

Tiene el típico andar de un soplón, anda con lentitud, para retrasar lo más posible el momento de irse, lo cual le permite anotar un par de detalles suplementarios.

Rosette la acompaña a la puerta y vuelve.

Se sienta y señala a la puerta con gesto de hastío.

—Pobre mujer, está muy sola, viene a menudo con una excusa u otra, para poder charlar un poco.

Yo me río burlonamente.

—Claro, claro...

—Y además, no se llama Vouillard, éste no es su nombre verdadero.

Cada vez estoy más seguro de haber acertado, todos los espías tienen varios nombres, incluso a veces tienen números.

—Por cierto —prosigue Rosette— se llama Marthe Rosenberg.

La carrera de detective privado que planeaba desde hace tres minutos, acaba de alejarse para siempre jamás.

La delación de las dos mujeres judías y el niño trastornó a Marthe Rosenberg, que vive en este pueblo desde 1941. No tiene los papeles en regla, y no vive de inquietud.

Pobre abuelita, le pido perdón en silencio y vuelvo a la conversación.

Bueno, ya está decidido, lo más prudente es irse a Aix. En el fondo no me desagrada; después del mar, la montaña. Puestos a viajar, más vale ver lugares distintos, y además me hace ilusión volver a ver a mis hermanos mayores.

—Comeréis aquí, ni siquiera habéis visto a vuestro cuñado.

Maurice dice que no con la cabeza. Si Rosette supiera lo que es estar detenido, sabría que en presencia de un peligro, por pequeño que sea, hay que huir, no perder ni un segundo, ni una décima, a veces una centésima separa la vida de la muerte, la cárcel de la libertad.

A toda prisa nos llena los morrales de calcetines y de bocadillos. No hay autocar, así que partiremos a pie, una vez más. Ahora puedo andar largo tiempo, ya no se me hacen ampollas. La planta de los pies y la piel de los talones se me deben haber endurecido. Ya no siento el mismo dolor que antes en las pantorrillas y en los muslos, por los puños de las camisas y los bajos de los pantalones me doy cuenta de que he crecido.

Crecer, endurecer, cambiar... Tal vez también el corazón se ha acostumbrado, se ha gastado a fuerza de catástrofes, tal vez se ha vuelto incapaz de sentir pena profunda... El niño que yo era hace dieciocho meses, aquel niño perdido en el metro, en el tren que le llevaba hacia Dax, sé muy bien que no es el mismo que el de hoy, que se perdió para siempre en un matorral del bosque, en una carretera provenzal, en los pasillos de un hotel de Niza, se fue desvaneciendo poco a poco, cada día de huida... Mientras miro a Rosette que está cociendo huevos y diciendo palabras que no escucho, me pregunto si aún soy un niño... Me parece que las tabas ya no me tentarían ahora, ni las canicas, un partido de fútbol si, pero no mucho... Y, sin embargo, ésas son las diversiones de los chicos de mi edad, aún no he cumplido los doce años, todo eso debería gustarme, bueno pues no me gusta. Tal vez hasta ahora he venido creyendo que saldría indemne de esta guerra, y tal vez ahí estaba el error. No me han quitado la vida, pero seguramente han hecho algo peor, me han robado mi infancia, han matado en mí el niño que hubiese podido ser... Tal vez es que soy demasiado duro, demasiado malo, cuando detuvieron a papá, ni siquiera lloré. Hace un año, no hubiera podido siquiera pensar en ello.

Mañana estaremos en Aix-les-Bains. Si algo va mal, si surge una complicación cualquiera, nos iremos a otra parte, más lejos, al este, al oeste, al norte, al sur, no importa hacia dónde. Me importa un rábano.

En el fondo, a lo mejor es que ya no me importa demasiado la vida es sólo que el fuego está en marcha, la partida sigue, y la regla manda que la presa corra siempre delante del cazador, y aún me siento con fuerzas. Haré todo lo posible para evitar darles el gusto de cogerme. En la ventana, los campos tristes y ya grises de invierno, han desaparecido, las praderas melancólicas y uniformes se han esfumado, me parece ver ya las cumbres, las nieves, el lago azul y profundo, las hojas rojas de otoño, cierro los ojos y me siento penetrado por las flores y los perfumes de la montaña.

11

Lo más difícil es no rasgar el papel, y sobre todo, no alterar el color debajo del número. Lo ideal sería tener una bombilla muy fuerte y una lupa de relojero, uno de esos cilindros negros que se sostienen en el ojo frunciendo la ceja.

Saco la lengua, inclino la cabeza hasta rozar la mesa, y sigo con mi trabajo de precisión: la hoja de afeitar rasca con suavidad. Poco a poco, la barra negra del 4 desaparece. Y ¿qué es lo que queda cuando se saca la barra transversal del número 4? Pues sencillamente, se obtiene un 1.

Esto no parece particularmente interesante a primera vista, pero a fines de 1943, la ventaja es inapreciable: los tíquets de alimentación número 4 dan derecho a raciones de féculas, y los tíquets número 1 representan un kilo de azúcar. La ventaja es inapreciable. Así, si usted dispone de una superficie lisa, de una miga de pan y de una vieja hoja de afeitar, usted puede pedir a todas sus amistades sus tíquets número 4 y convertirlos en tíquets número 1. Resultado: incluso en aquel año de intensas privaciones, puede usted morir de diabetes.

Empiezo a ser popular en el pueblo. Los que conocen mis modestas habilidades me paran por la calle y me confían las preciosas hojas. Yo se las devuelvo transformadas... A cambio de dicho trabajo, yo recibo un poco de dinero, y si las cosas siguen así, voy a obtener beneficios casi equivalentes a los de Niza.

Me soplo en los dedos. No es posible hacer el trabajo con los guantes puestos, sería como si un cirujano operara con los ojos cerrados. Y, sin embargo, me gustaría ponérmelos en estos momentos, los guantes, porque en esta habitación estamos a... me falta coraje para ir a ver el termómetro colgado a la cabecera de mi cama, como un crucifijo sin la parte horizontal.

En cualquier caso, el hielo que he roto esta mañana en la jofaina de porcelana, se ha vuelto a formar en una película más frágil en la que quedó atrapado un pedazo de jabón como un pez muerto.

Sentado ante la mesa de jardín plegable que ocupa la mitad de una habitación minúscula, sólo sobresalen mi cabeza y los brazos. Lo demás está cubierto por la colcha de mi cama, y si a ello añadimos dos jerseys, una camisa, y dos camisetas, fácilmente se comprenderá que sigo destinado a los amontonamientos sucesivos. Bajo el amarillo fuerte del pesado tejido, tengo aspecto de oruga friolera.

Es de noche. Y además tengo sueño, debería dormir, tanto más cuanto que mañana, el viejo Mancelier va a golpear mi puerta con el puño de su bastón a las cuatro, y ya siento en cada una de mis fibras la dificultad prodigiosa que va a costarme salir de la tibieza de las mantas para lanzarme al frío, a la ropa helada, por mucho que hayan estado debajo del colchón, al agua helada del jarro y a la madrugada nocturna en la que voy a pedalear en medio de un silencio total que parece emanar de la nieve misma. Delante de mí, la linterna de la bicicleta arroja una mancha amarilla y pálida, una luz anémica que no me ilumina.

Pero poco importa, conozco el pueblo palmo a palmo, es un pueblo grande, una ciudad, en la que la casa Mancelier (librería-papelería) ocupa el centro. Al menos una de las casas principales, la que está situada en el rincón más hermoso de la plaza, desde el que se ve todo el macizo como un inmenso circo desplegado en cuyo fondo está la ciudad. Incluso en verano, el sol desaparece pronto detrás de la línea de la cresta. Vivo en un país de sombras, de blancura y de frío.

En los dos meses que llevo en R. han aparecido en mi vida nuevos personajes. Los más importantes son los Mancelier, mis patrones. Empecemos, pues, el retrato de familia.

En el centro está el padre, posee un bigote y unos ojos de persona con no demasiado buenas pulgas, tiene cincuenta años pasados, una rodilla que no se dobla, y una cadera que se dobla en exceso. Esta desgracia doble explica el bastón en el que se apoya. En su solapa se distinguen dos lazos: medalla militar y Cruz de guerra (con palma, como no olvida nunca de precisar). Tanto las medallas como las heridas le vienen de la guerra del catorce. Estuvo en el Marne, Graonne, Esparges y Verdun, en particular a las órdenes de Pétain, que sigue siendo, y cada día más, su ídolo número uno. En el salón hay fotos de Pétain. Una, en blanco y negro, en la que el mariscal va a caballo, está encima de la mesilla; otra, en color, en la que va a pie, encima de la puerta. Cuando uno sale, encuentra a Pétain en el pasillo, de perfil y con la cabeza descubierta, y al entrar en la alcoba, lo vuelve a encontrar de frente y con quepis, pero esta vez en forma de una estatuilla colocada sobre el tapete que cubre el mármol de la mesilla de noche.

Ambroise Mancelier venera al mariscal, piensa que la colaboración con Hitler es la única oportunidad de supervivencia para una Francia podrida por años de chanchullos parlamentaristas, y explica el actual revés de Alemania por una crisis pasajera en el seno del Estado Mayor alemán.

Detalle importante, mi adorado patrón tiene unos

253

enemigos personales: los judíos. Dice que no puede sufrir a ninguno de ellos.

En cuanto a mí, tengo la sensación que en los últimos dos meses ha empezado a cobrarme afecto. Si bien es cierto que yo no tengo nada que ver con la raza maldita, como todos ustedes sabrán.

Pero sigamos con la galería.

A su lado, Marcelle Mancelier. Basta con mirarla para que se me pasen las ganas de describirla. No tiene ningún rasgo distintivo, pelo ceniciento; en el almacén viste una bata, en casa un delantal, y en la iglesia un mantón negro.

Es una trabajadora de aúpa, y se encarga de la parte administrativa de la tienda.

De pie y detrás de ellos, Raoul Mancelier, el hijo. Casi nunca está en la librería. Vive en un barrio bastante apartado, donde practica el bonito oficio de pasante de notario. Es un petainista notorio, no oculta en absoluto sus opiniones y pregona sus sentimientos proalemanes de forma muy clara.

Y luego, de pie junto a ellos, está Françoise.

Françoise Mancelier.

Cuando pienso hoy en aquellos años, lo que surge ante mí primero es el rostro de aquella niña, antes que las caras de los S.S., la gente del Excelsior, incluso antes que el rostro de papá. Si durante aquellos tiempos de huida, no hubiese tenido mi historia de amor, habría faltado algo al cuadro. Bueno hablar de historia de amor es mucho decir, no pasó nada, no ocurrió nada, ni beso, ni juramento, ni nada... Por lo demás, ¿qué habría podido ocurrir? Françoise Mancelier tenía poco más de catorce años, y yo aún no había cumplido los doce.

¿Cómo contar algo que no tiene historia? Yo sólo sentía en la tienda, en mi habitación, en la calle, aquella presencia rubia y sonriente que no cesaba de danzar ante mis ojos cerrados. La veía sobre todo en la mesa, y si recapacito, me asombra que ella me hablara tan poco: «Hola, Joseph», «Adiós, Joseph», «Joseph, podrías ir a la tienda, a la panadería, a la lechería...» En invierno llevaba unos grandes gorros de lana cruda con un pompón que caía y se balanceaba junto a su mejilla. Una mejilla rosada, muy rosada, como las de los niños de los anuncios de estaciones de esquí. Y yo, prisionero de la carencia de mis doce años, sentía que mis respuestas eran cada vez más breves, sentía que Françoise Mancelier no podría amarme jamás, que dos años de distancia eran demasiados, que ella era una muchacha y yo un niño.

Y además, yo había entrado con demasiado mal pie en aquella familia para poder albergar esperanzas de casarme algún día con ella. Había llegado a R. un sábado, después de pasar dos días en Aix-les-Bains. Albert, Henri y mamá, que se había reunido con ellos habían estado muy contentos de vernos, pero cinco personas juntas era un peligro demasiado grande, así que Maurice se marchó a R., donde un amigo de Albert que regentaba el Hotel du Commerce le contrató. Pocos días más tarde, Maurice se enteró de que la librería Mancelier buscaba un mozo para recados, y allí fui yo a mi vez. En seguida pensaron que yo era la persona adecuada, pero al día siguiente de mi llegada, el domingo, Ambroise Mancelier, con su traje oscuro que reservaba para el desfile del 11 de noviembre y para la misa dominical, me puso la mano con firmeza sobre el hombro.

—Muchacho —dijo—, tú duermes bajo mi techo, comes en mi mesa y trabajas en mi casa, luego formas de algún modo parte de mi familia. ¿Estás de acuerdo en este punto?

—Sí, señor Mancelier.

Yo no veía en absoluto adónde quería ir a parar, y

tomé sus palabras por las premisas de uno de aquellos discursos con los que obsequiaba a sus allegados, y que consistían en variaciones sobre el tema «Trabajo-familia-patria» con la inevitable conclusión a la mayor gloria del gobierno de Vichy, y de su jefe indiscutible Philippe Pétain.

Pero no obstante, aquel día no habló de eso.

—Y si formas parte de la familia, debes compartir todas sus costumbres, y te habrás dado cuenta de que la que nos es más querida es la de ir todos los domingos por la mañana, a las once y cuarto a seguir el oficio religioso a la iglesia. Apresúrate en vestirte.

Aún oía el ruido de su bastón, cuando me di perfecta cuenta de lo cómico de la situación, pero había tres razones que me incitaban a obedecer: primera, no es fácil contradecir a un hombre como Ambroise Mancelier, segunda, sentía curiosidad por asistir a un culto católico, y finalmente, podría estar durante casi una hora en la embriagadora presencia de la hermosísima Françoise, la de hermosas mejillas.

En un salto me puse un abrigo que me había comprado en Aix-les-Bains, y me encontré arrodillado en un reclinatorio, al lado de Ambroise, que no se arrodillaba pues su rodilla no lo permitía, y de su devotísima esposa. Mi amada se encontraba justo delante de mí, lo cual me permitió admirar su nuca rubia y sus pantorrillas torneadas. Yo imitaba concienzudamente las genuflexiones, y los santiguamientos de los fieles, y empezaba a sentirme soñoliento y encandilado cuando estallaron los órganos, y la gente se puso de pie.

Prefiero contar lo que sigue en presente, tal vez ello hará la aventura más anodina, le privará del aura sagrada que dan los tiempos pasados, desde el imperfecto al pretérito indefinido. El presente es un tiempo sin sorpresa, un tiempo ingenuo, con él las cosas se ven tal como van ocurriendo, son todavía nuevas y vivas, es el tiempo de la infancia, es lo adecuado.

Las vidrieras son rojas, la luz de la mañana salpica las losas de perfiles de santos escarlatas que parecen sangrar en el suelo.

Yo voy siguiendo el lento pisoteo del rebaño que va hacia fuera a encontrar de nuevo la ciudad. Los susurros son ya menos discretos.

Poco a poco las naves se van vaciando, como en los restaurantes; los monaguillos quitan la mesa mientras ruge el órgano. Me gusta el órgano, se diría una gigantesca y pesada caballería, millares de carros con gruesas ruedas que giran sobre nuestras cabezas, el sonido resuena y muere, como un trueno que en su retumbar va decreciendo; ¡cuánto teatro en todo esto!

Estamos entre los últimos y parece que la oleada circule con dificultad. Hay un atasco junto a la puerta. Françoise va detrás de mí. En medio del barullo contenido adivino su paso más leve, casi deslizante.

De repente, ante mí, una señora muy gruesa y vestida de negro moja la mano en una especie de cuenco que hay colgado a una columna, se vuelve, me mira, y tiende hacia mí dos dedos amorcillados. Yo quedo sorprendido, pues no la conozco. Tal vez me ha visto pasar por la mañana en bicicleta, a lo mejor es uno de los trescientos abonados a los que reparto el periódico todas las mañanas. De todos modos, me conoce.

Yo le estrecho la mano afectuosamente.

—Buenos días, señora.

¿Por qué Françoise contiene una carcajada? ¿Por qué el viejo Mancelier, que se ha vuelto, mueve las cejas a un ritmo frenético e inquietante? Hay incluso un tío larguirucho, sin duda el marido de la señora gorda, que se ríe descaradamente.

Me doy cuenta de que aquello no es lo que había que

hacer, pero lo más grave es Françoise. Ya nunca más me tomará en serio, ¿cómo podría casarse con un hombre que dice buenos días a una señora que le ofrece agua bendita? Para recuperar mi prestigio sería preciso realizar una acción brillante y espectacular, un acto grandioso, inaudito, sería preciso que ganara la guerra yo solito, o que la salvara a ella de un incendio, o de un naufragio... Pero, ¿cómo salvar a alguien de un naufragio en la Alta Saboya? Bueno, pues entonces, ¡de un alud! Pero la nieve que recubre la montaña no baja nunca hasta aquí; así pues, tengo que hacerme a la idea: Françoise no será nunca mi esposa, yo no soy digno de ella. Es horroroso.

Después de la misa, el almuerzo. La señora Mancelier se ha puesto el delantal, y las zapatillas con pompón, y trajina en los fogones. Françoise ha abierto la puerta del aparador y saca los platos de porcelana con pequeños tintineos. Tienen flores azules pintadas en el borde y otras en el fondo. Cuando la sopa es clara, me parece que van a ponerse a flotar y que las pescaré con la cuchara, será una sopa de flores, un potaje de geranios.

Mancelier se ha sentado en el sillón. Lee libros gruesos, fuertemente encuadernados, y el título y el nombre del autor se destacan en caracteres dorados en la cubierta. Son libros de generales y de coroneles. De vez en cuando relincha de satisfacción, me da la impresión que el que ha escrito se parece al que lee como dos gotas de agua. Durante largo tiempo, todos los oficiales superiores han tenido en mi mente la cara de Mancelier.

El almuerzo empieza con rábanos del jardín, completamente vacíos. Esto es un perpetuo motivo de estupefacción para mi patrón. Es él el único que posee en la región un terreno que produce rábanos vacíos. Y, sin embargo, él vigila el crecimiento de las hojas, él riega, él añade abono a la tierra, la rocía con un sinfín de pro-

ductos blancuzcos que mide en el secreto de su coberti-
zo, pero no hay manera. Cuando los dientes rompen la
fina película rosada, se encuentran con el vacío. A lo
mejor el año que viene los rábanos del viejo Mancelier
van a echarse a volar por los aires como globos minús-
culos.

Lo que me extraña es que aún no haya dicho que si
los rábanos salen vacíos es por culpa de los judíos. Claro
que hoy la conversación versa sobre otro asunto, sobre
Europa.

—Ves, Joseph, esto no te lo enseñan en la escuela,
porque la escuela se ha hecho pública, pública como una
mujer...

Un vistazo inquieto hacia su mujer que no lo ha
oído, y prosigue con alivio:

—Decía que lo que jamás te enseñarán en la escuela
es que lo que caracteriza a los grandes hombres, es el
tener un ideal. Y un ideal no es una idea, es otra cosa.

No dice qué cosa y se sirve una copiosa ración de
judías blancas, rascando con el tenedor para conseguir la
mayor parte posible de tocino.

—Es una cosa muy distinta. Pero antes hay que saber de qué ideal se trata. Pues bien, en política, un
hombre que no es ni turco, ni negro, ni comunista, y
que ha nacido entre el Atlántico y el Ural, no tiene mucho donde escoger, no hay más que una cosa por hacer:
Europa.

La cosa está clara, neta y perentoria, está fuera de
discusión. Por lo demás no tengo la menor gana de discutir, estoy demasiado ocupado en mirar a Françoise de
reojo.... No tiene apetito, la veo cómo juega con el tenedor sobre el hermoso mantel de los domingos.

—Pero ¿quién quería hacer Europa? ¿Una Europa
clara y limpia, una Europa capaz de luchar contra sus
enemigos del oeste, del este o del sur? No han sido mu-

chos a lo largo de la Historia. Han sido... ¿cuántos han sido, Joseph?

Doy un respingo y le miro. Me tiende una mano fuerte en la que el pulgar, el índice y el corazón están erguidos.

—Así que ¿cuántos son?

—Son tres, señor Mancelier.

—Muy bien, Joseph, exactamente. Son tres.

Esconde el pulgar.

—Luis XIV.

El índice desaparece.

—Napoleón.

El corazón va a reunirse con los demás.

—Philippe Pétain.

Engulle un trago de tintorro para recompensarse por su soberbia demostración, y vuelve al ataque con más ánimo.

—Y lo bueno del caso es que estos tres hombres no encontraron la menor comprensión mientras vivieron, la gran masa de mal nacidos y estúpidos...

La señora Mancelier suspira con los ojos en blanco.

—Por lo que más quieras, Ambroise, modera tus palabras.

Ambroise se bate en retirada. Bueno, en realidad nunca vi a un militarista tan fogoso batirse en retirada con tanta rapidez como él.

—...La gran masa, decía, siempre se levantó contra los hombres de genio. Cortaron la cabeza al nieto del primero, encarcelaron al segundo y sé muy bien que el tercero tiene enemigos, pero éste es duro de pelar, estuvo en Verdún, y recuerda bien una cosa muchacho, cuando uno ha estado en Verdún, pasa por lo que sea.

Yo ya no escuchaba, había terminado las judías y estaba esperando el postre, Ambroise se dirigía sobre todo a mí, era dichoso de tenerme a mí como nuevo auditorio, pues ni Françoise ni su madre disimulaban su indecible aburrimiento ante todos aquellos discursos, no lo decían a las claras, pero su actitud era perfectamente elocuente. A la hora del café llegaban Raoul y su mujer. Y entonces se reanudaba el numerito. Raoul era más lúcido que su padre, él no veía tan segura la victoria alemana, preveía dificultades, graves obstáculos, en especial la «masa tecnológica americana». Durante mucho tiempo yo estuve convencido de que los americanos se habían inventado un arma fabulosa, un martillo gigante, una «maza» que pulverizaba a los ejércitos alemanes por divisiones enteras.

—Si me hubiesen hecho caso —decía Raoul— nos habríamos aliado con Mussolini y con Hitler ya en 1936, y nada se hubiese resistido a los tres unidos. Franco estaba de nuestra parte, entrábamos en Inglaterra como Pedro por su casa, luego nos encargábamos de Rusia, y nos hacíamos los amos. Además esto nos habría evitado una derrota.

La mujer de Raoul, una rubia filiforme con ojos saltones y cara de cabra, preguntaba:

—¿Y por qué no hicimos eso?

Entonces Ambroise Mancelier estallaba en una carcajada que derramaba el café en el plato que sostenía entre los dedos.

—Pues porque en vez de ser gobernados por franceses que defendieran su patria y sus derechos, el gobierno estaba podrido de judíos.

Raoul levantaba el dedo como un profesor:

—Cuidado —decía magnánimo— no eran ellos los únicos.

En mis oídos resonaban palabras que no lograba comprender y que citaban con frecuencia: extranjeros, masones, socialistas, frente popular, etc.

Françoise llevaba ya rato en su habitación haciendo

los deberes, y entonces yo me levantaba, pedía permiso para salir, y corría a la calle.

Entonces corría con todas mis fuerzas al hotel du Commerce. En general Maurice me esperaba andando por la acera con los bolsillos repletos de todo lo que había podido afanar en la cocina. Se defendía bien, tenía un tinglado con un carnicero que le daba bastante dinero y con mi tinglado de los tíquets, nuestra hucha tomaba unas proporciones francamente interesantes.

Mientras andábamos, él me comunicaba las noticias: trabajaba con un hombre que era de la resistencia y escuchaba radio Londres, y las noticias eran buenas, los alemanes seguían retrocediendo.

Un día, cuando llegamos al límite del pueblo, me señaló una montaña lejana, brumosa, oculta entre las cumbres.

—Allí están los maquis. Dicen que son muchos, y atacan a los camiones y a los trenes.

Yo salté de gozo.

—¿Y por qué no vamos con ellos?

Era la ocasión ideal para conquistar a Françoise, volver como coronel, con el fusil al hombro, cubierto de rosas, y llevármela montada en la grupa al galope. Y además sería divertido que la presa se convirtiera en cazador. Sería un giro de la situación muy justo.

—No, dijo Maurice, no nos aceptarían, somos demasiado jóvenes, ya se lo he preguntado a mi amigo.

Un poco decepcionado, entré en el campo de fútbol y nos pasamos hasta las seis dándole al balón.

Al principio nos había costado bastante que los chicos del pueblo nos aceptaran. Ellos iban al colegio, y nosotros no. Ello había creado envidia, y por consiguiente animosidad. Pero luego me vieron con mi bici y la bolsa repartiendo periódicos, y finalmente los hermanos Joffo fueron aceptados.

El estadio era lastimoso, la hierba crecía en matas diseminadas, chutábamos a los dientes de león, las porterías no tenían red, y a una de ellas le faltaba el larguero, no quedaban más que los dos postes, lo cual daba ocasión a infinitos altercados. Nos pasábamos horas discutiendo si el balón había pasado por encima o había entrado en la portería.

Y luego llegó la nieve, llegó puntual a su cita el primer domingo de invierno. Habían caído treinta centímetros durante la noche, y nos encontramos diez chavales dando taconazos en el suelo para entrar en calor. Fue imposible jugar; el balón se elevaba y se hundía en la nieve, incapaz de rebotar. Fue un duro golpe.

También era una lata para el trabajo. Resultaba imposible ir en bicicleta por la nieve, y la bolsa pesaba mucho. Recuerdo que me pasé muchas horas meditando cómo fabricarme un trineo con una caja de madera encima para meter en ella mis malditos diarios, pero no llegué a realizar el proyecto.

Navidad de 1943.

Soplo ante mí y mi aliento se expande por aire frío en forma de blancas volutas. Maurice ha recibido una carta para los dos de Henri: todo el mundo está bien, y nos desean felicidades. Mi hermano ha trabajado por la noche hasta muy tarde, había un grupo de alemanes y de «collabo» que celebraron un revellón, se ha acostado a las cuatro y está que se cae de sueño. Me da varias rebanadas de pan con foie-gras, unas gambas en una bolsa de papel, una pechuga de pollo, y tres cuartos de brazo de gitano de mantequilla metido en una caja de zapatos. Yo camino por las calles desiertas con mis provisiones bajo el brazo. Detrás de las ventanas la gente aún come, se oye el ruido de los cubiertos y de los vasos, las risas. Las calles están tristes y yo voy solo por ellas.

Mis pasos me han llevado al estadio, he vuelto a él de forma maquinal. En el borde del campo de juego la tribuna se hunde casi bajo el peso de la nieve, pero no obstante protege parte de las gradas de madera.

Cuando cruzo el campo, mis pies se hunden hasta el tobillo y producen un leve crujido, lo único que rompe el silencio total.

Me siento en una grada, la pared me protege del viento, estoy casi bien.

Y entonces, solo en la tribuna, ante un estadio vacío y blanco de nieve, cercado por los Alpes, Joseph Joffo se atiborra de foie-gras y de pastel con crema de moca mientras se desea a sí mismo felices pascuas. Sabe que es una fiesta católica, pero nunca se le ocurrió prohibir a un cristiano que practicara el Yom Kippur.

Una vez llenada la tripa, vuelvo a la librería, me quito los zapatos al entrar y subo las escaleras a hurtadillas: hay que evitar que se me venga encima el guerrero de Verdún. Ahora está escuchando con compunción el editorial de Philippe Henriot. No se ha perdido ni uno desde la creación del gobierno de Vichy. Asiente gravemente con la cabeza unas diez veces durante la emisión, y cuando Henriot ha terminado, gira el botón de la radio con gesto amplio y murmura invariablemente: «Si publican estos editoriales en un libro, yo seré el primero en comprarlo en todo el país».

He llegado a mi habitación, donde me parece que hace más frío que fuera. Levanto el colchón y tomo el libro que he birlado en la librería, «Viaje en globo», de la *Bibliothèque verte*. Sin lugar a dudas, mi cultura infantil se desarrollará bajo el signo de la esperanza.

Dentro del libro hay unos quince tíquets del número 4. En total son muchos palos que borrar. Me envuelvo en el cubrecama, y adelante, al trabajo, sin prisas para no rasgar el papel.

Ya van tres que encuentro que se ríen a mi espalda. ¿Será que tengo un agujero en el pantalón?

Me paso la mano discretamente y mis dedos encuentran el pez de papel que me cuelga en medio de la espalda.

¡Es verdad, había olvidado la fecha! Estamos a primero de abril de 1944.

Es curioso que a los críos les guste tanto gastar bromas. La guerra sigue ahí, cada vez más presente, pero no les impide tocar timbres y atar cazos a la cola de los escasos gatos supervivientes que no han sido estofados.

Y sin embargo las cosas andan mal, bueno, bien y mal a la vez, para los alemanes es la derrota, y pronto será el desastre. Tanto más cuanto que en R. los maquis llevan a cabo acciones por todas partes. Hace dos días el depósito de la estación fue volado, el viejo Mancelier salió al pasillo furioso, agitando su bastón al aire, y queriendo dar una buena ración de palo a todos estos jovenzuelos sinverguenzas que no estarán contentos hasta que vean a los ingleses en Francia, con lo que quedará reducido a nada el trabajo de Juana de Arco.

Actualmente anda muy agitado, el viejo Mancelier, a veces lo sorprendo mirando el retrato de Pétain con una mirada que no es aún de crítica, pero que tampoco es completamente de admiración. En ello conozco que los aliados avanzan; para mí, los ojos de Ambroise son más reveladores que radio Londres.

En todo caso, hace buen tiempo, y el buen humor de la población de R. ha aumentado claramente. El panadero me ha dado una *brioche* a cambio del periódico, y las propinas están aumentando en vertical.

Me siento contento, y pedaleo como un condenado. No me quedan más que cuatro diarios para el Hotel du Commerce, y habré terminado mi trabajo. Hoy voy adelantado.

Cierro la puerta tras de mí y saludo a los bebedores sentados en las mesas.

Ahí está el patrón, de palique, habla algunas palabras en dialecto y me cuesta entenderle.

—Hola, Jo. ¿Quieres ver a tu hermano?

—Sí, desde luego.

—Baja, está en el cillero.

El chirrido de los frenos me ha hecho volver la cabeza, aunque la puerta está cerrada el sonido ha llegado fuerte y estridente.

A través de los visillos veo los dos camiones bloqueando las calles.

—¡Mirad!

No hay necesidad de decirlo, todos los hombres se han quedado en silencio y miran bajar a los soldados de negro con las boinas inclinadas. Éstos son los más odiados, los cazadores de resistentes, los milicianos.

Con la metralleta apoyada en el vientre uno de ellos corre hacia el pasaje Saint-Jean: conocen la región, ya deben saber que por ahí puede uno escaparse pasando por la pradera.

En el centro hay otro que hace grandes ademanes, y veo a cuatro que se dirigen directamente a nosotros.

—Vienen aquí, dice el patrón.

—¡Niño!

Me vuelvo y miro al hombre que ha hablado: es uno de los que estaban bebiendo, pero no lo había visto antes, es un hombre más bien bajo y ya mayor, vestido de terciopelo oscuro. Me sonríe con serenidad y viene hacia mí.

Desde la calle no pueden vernos.

Dentro de mi bolsa cae un sobre arrugado, él se lo ha sacado del bolsillo. Luego echa encima del sobre el diario que lleva en la mano.

Los milicianos empujan la puerta.

Los labios del hombre bajito no se mueven, pero está hablando. Sus ojos no me miran, pero yo sé que me está hablando a mí.

—Señor Jean —dice— en el Cheval Blanc.

Con la mano me empuja hacia la puerta. Salgo y me topo con dos torsos oscuros cinchados de correas. Son dos tipos de tez bronceada, la sombra de sus boinas les oculta los ojos.

—Manos arriba, rápido.

El más delgado brinca como un gato, es un tío supernervioso, empuja con la cadera una botella que cae al suelo y con el cañón de la metralleta traza un zigzag. El patrón abre la boca, y una mano atezada lo agarra por la solapa y lo empuja contra el mostrador.

El segundo miliciano me mira y hace un gesto con el pulgar por encima del hombro:

—Lárgate, mocoso.

Yo paso por entre ambos hombres con mi bolsa bajo el brazo. Lo que hay en la bolsa es pura dinamita, pero a veces la dinamita no estalla.

Ya estoy fuera. La plaza está hormigueante de hombres de negro. Cojo la bicicleta de la acera y me pongo en marcha. ¿Quién va a fijarse en un pequeño repartidor de periódicos? Mientras voy pedaleando, pienso. ¿Quién debe ser aquel hombre menudo vestido de pana?

Al llegar a la esquina, vuelvo la cabeza.

Él está ahí, con las manos en la cabeza. Está lejos, tal vez es que hace una mueca por el sol demasiado fuerte, pero tengo la impresión de que sonríe, y de que la sonrisa se dirige a mí.

Y ahora, al Cheval Blanc, a toda prisa.

Ya conozco este café, todas las mañanas dejo un periódico en él.

A esta hora hay pocos clientes. Cuando entro, Maryse, la camarera, parece sorprendida al verme y deja de limpiar una mesa.

—¿Qué estás haciendo aquí?

—Busco al señor Jean.

Veo que se sobresalta. Además parece preocupada, deben haber visto pasar los camiones de la milicia, y esto siempre es mala señal.

Maryse se pasa la lengua por los labios.

—¿Qué quieres de él?

—Quiero verle, tengo un recado que darle.

Ella vacila. Al fondo, tres campesinos golpean el tapete verde con las cartas.

—Ven conmigo.

La sigo. Cruzamos las cocinas, el patio, llama a la puerta del garaje. Llama de una forma extraña, unos golpes que forman un redoble como el galope de un caballo y luego otro golpe, muy distanciado...

La puerta se mueve sobre sus goznes. Ahí hay un hombre, con botas de cazador. Se parece un poco a mi hermano Henri. No dice nada.

Maryse me señala.

—Es el repartidor de periódicos, quiere hablar con el señor Jean.

—¿Qué tienes que decirle?

Su voz es un poco fría. Se me ocurre que más vale ser amigo de este hombre que su enemigo.

—Un cliente del Commerce me ha dado un recado para él.

El señor Jean se acerca a la luz, de repente parece muy interesado.

—Descríbemelo.

—Un señor bajo, con traje de pana, los milicianos acaban de detenerle.

Las manos del señor Jean se apoyan en mis hombros, son dos manos fuertes, aunque cariñosas.

—Dame el recado, dice.

—No es posible, el hombre aquel me dijo que se lo diera al señor Jean, y...

Maryse me da un codazo.

—Ya puedes hablar, él es el señor Jean.

Él me mira y yo le doy el sobre.

Lo abre y saca un papel que yo no intento leer, sé muy bien que en este terreno hay que andarse con mucha discreción.

Jean lee, se guarda el sobre en el bolsillo, y me acaricia el pelo.

—Buen trabajo, muchacho —me dice—, Maryse nos servirá de enlace. Cuando necesite de ti ella te lo comunicará. Y ahora vuelve en seguida a casa.

Y así fue como entré en la Resistencia.

Tengo que decir en honor a la verdad que éste fue el único y modesto servicio con el que contribuí al combate de la Francia libre. Yo esperaba con impaciencia que Maryse me avisara, y pasaba a menudo por delante del Cheval Blanc, pero la camarera seguía secando vasos y me desdeñaba soberbiamente. Hoy pienso que tal vez debían encontrarme demasiado joven y, sobre todo, la presencia de Ambroise Mancelier debía hacerles desconfiar de forma terrible. En cuanto a éste, ya no salía de casa y ya no escuchaba la radio.

El seis de junio, el día del desembarco, fue sin duda alguna el día más largo, y también el más dramático del año para el viejo petainista: el enemigo hereditario mancillaba las playas normandas, una armada de negros con casco, de judíos neoyorquinos, de obreros ingleses comunistas, se lanzaban al asalto de la «douce France», cuna del Occidente cristiano. Su bastón martilleaba por los pasillos, y su mujer ya no bajaba a la tienda. Había tenido algunos altercados con clientes que indicaban bien a las claras que la temperatura había cambiado.

Una tarde, mientras yo deshacía una caja de libros que acababan de llegar, entró el hijo del panadero, compró un diario, y mientras pagaba señaló el escaparate que estaba presidido por un libro ilustrado con fotos en color a la mayor gloria del mariscal.

—¿Cuánto?

Yo estaba sofocado, pues le conocía de vista, era un amigo de Maurice y se decía que ayudaba a los francotiradores, les daba harina y pan. La señora Mancelier fingió revolver en las facturas.

—Cuarenta francos.

—Lo compro. Pero no me lo llevo, déjelo en su sitio, en el escaparate, si no le molesta.

La patrona estaba azorada, balbució que no tenía inconveniente, pero que no entendía por qué quería comprarlo si no iba a leerlo.

En seguida lo comprendió.

El hijo del panadero Mouron tomó una etiqueta que corría por allí, y escribió con un lápiz y en hermosas letras de imprenta: VENDIDO.

Luego tomó la etiqueta y la pegó sobre la cubierta del libro, en plena corbata del tío Pétain, Salvador de Francia.

Ella se puso verde y dijo:

—Prefiero guardárselo a parte, no puedo tener un libro pagado en el escaparate.

Lo dijo en un tono bastante seco, Mouron la miró.

—En tal caso no vale la pena gastar cuarenta francos,

porque dentro de unas semanas me lo quedaré por la cara.

Abrió la puerta, y antes de cerrarla con un gran portazo dijo:

—Hasta muy pronto, señora Mancelier.

En aquel tiempo, yo lo hacía prácticamente todo en la librería. Por fortuna los clientes eran escasos; en el año 44 no había muchos lectores en R. Aparte de los diarios y los tebeos para niños que yo devoraba y daba a montones a mi hermano, no vendía ni tres libros por semana.

También hacía los recados, y en la panadería, cada vez que Mouron padre o hijo me servían —me repetían—: «¿Aún no ha empezado a cagarse encima, el idiota de Ambroise?» Todo el mundo se reía en la tienda, yo también, pero no obstante me sentía algo molesto: ¡trataban tan mal al padre de Françoise! Por otra parte Françoise se había marchado a finales de junio, a casa de una tía, cerca de Roubaix. Y allí me había quedado yo, con el corazón encogido, sólo con aquel par de viejos que no se atrevían a salir de casa. Una noche se oyó un ruido de cristales rotos, y bajé a toda prisa: habían roto un cristal de la cocina. Mouron tenía razón, el viejo no tardaría en cagarse en los pantalones.

Cada tarde, después de pasar las menguadas cuentas de la jornada, iba a reunirme con Maurice y nos íbamos al campanario de la iglesia, un campanario rechoncho con unas enormes vigas. Desde allí se veía la carretera nacional que zigzagueaba a lo lejos, en la llanura, por la que circulaban camiones llenos de soldados. Venían del sur, y a veces pasaban caravanas de ambulancias. No teníamos ya noticias de Aix-les-Bains, el correo no llegaba, los trenes explotaban, la gente no se movía.

Maurice me asegura que una noche vio a unos maquis que fueron al Hotel du Commerce, y bajaron de un tractor, llevaban chaquetas de cuero, pistolas y ametralladoras, y zapatos claveteados. Iban bien armados y estaban optimistas, decían que a veces resultaba duro, pero que sólo quedaban unas pocas semanas de esfuerzo.

Una noche llevé un enorme paquete de libros al Hotel du Commerce en mi portaequipajes. Los había robado de las estanterías e iban destinados a los maquis. Me quedé algo asombrado de que tuviesen tiempo de leer, pero Maurice me explicó que eran sobre todo para los heridos, que descansaban en unas cuevas y necesitaban distracción.

Después de la detención de aquel hombre bajito, los milicianos no volvieron más. Maurice me comunicó semanas más tarde que lo habían fusilado detrás del muro de una granja. Aquello me tuvo enfermo durante todo el día, tuve la misma sensación que tuve en Niza de tener la cabeza vacía, el mismo sentimiento de que nada sirve para nada, y que los malos siempre ganan.

Los alemanes ya no se mueven mucho del campamento, sólo van y vienen. El panadero se pasa el día espiándolos con los prismáticos desde su tejado. Dice que ha visto llegar tanques, los panzers.

Por la noche, la noticia es conocida en todo el pueblo, y cunde el pánico. Mouron está convencido de que los alemanes van a convertir R. en una fortificación para detener el avance aliado. Al cabo de pocos minutos de discusión, nuestra pequeña área se ha convertido en la última barrera antes de Berlín, si nosotros somos liberados, el III Reich se desmorona.

—Vamos a tener que vivir en los sótanos —dice un granjero— y la cosa puede durar. Pero eso a los yanquis les tiene sin cuidado, éstos lo aplastan todo, sin mirar dónde ponen los pies, y si uno revienta, pues que reviente, ¡ellos tan frescos!

Ya lo conozco a este patán, día si día no gruñe porque el diario llega tarde, tiene un genio de mucho cuidado.

El viejo Flandrin, primero le riñe, y luego anuncia que en el ayuntamiento ya tienen preparadas las banderas americanas, que han confeccionado con la ayuda de la maestra. No van a tardar mucho, dicen que están a menos de cincuenta kilómetros.

Dios mío, es verdad, la guerra se acaba, toman un aire serio cuando dicen esto, no sé si se lo creen de veras, si se dan cuenta de lo que representa esto: «la guerra se acaba». Yo no me atrevo a decirlo aún, apenas me atrevo a pensarlo por una especie de superstición absurda, como si las palabras fueran gorriones, y que al decirlas muy alto, hubieran de echar a volar para siempre jamás, al país de las esperanzas perdidas.

Paso cuentas yo solo en la tienda vacía. Los Mancelier se han enclaustrado ahí arriba. Ambroise anda rozando las paredes, la mayor parte del tiempo no sale siquiera de su habitación. Ya no escucha la radio, hace ya tiempo que no oigo a Philippe Henriot.

Detrás de la persiana metálica siento la noche de verano. En la plaza hay un grupo de jóvenes discutiendo, a pesar del toque de queda. A lo lejos se oye un rumor oscuro, lejano, que parece venir del otro lado de las montañas, a lo mejor es la guerra que viene hacia nosotros, es el alud que estaba esperando para salvar a Françoise, y que va a sepultarnos a todos.

Tengo sueño, es ya tarde y estoy en pie desde las cinco. Además, mañana habrá que volver a empezar a pedalear por la carretera. A propósito, que cada vez voy más deprisa, unos meses más a este régimen y llegaré a campeón ciclista.

Bueno, las sumas ya están terminadas. Al principio de la libreta están las soberbias líneas caligrafiadas de la señora Mancelier, las líneas tiradas a regla, el suma y sigue en rojo al principio de cada página. De un tiempo a esta parte, mis garabatos han sucedido a aquel hermoso ordenamiento. Borro una mancha con la goma, y después de la línea horizontal que separa un día de otro, escribo la fecha de mañana: 8 de julio de 1944.

—¡Jo!

Me parece que es la voz de Maurice, pero no puede ser, a esta hora él duerme aún, y a la hora que duerme Maurice, yo también duermo, así pues todo esto es un sueño y...

—¡Jo! ¡Despierta de una vez, por lo que más quieras!

Esta vez abro los ojos. Se oye un rumor lejano, un fragor como si la montaña se estuviese acercando.

Abro los postigos. La plaza aún está vacía. Es de día pero el sol no ha salido aún, es la hora que precede a la aurora, la hora en que las cosas y los seres se sacuden las últimas brumas de la noche.

Yo parpadeo. Allí abajo Maurice levanta la cabeza hacia mí. Está solo, es el único ser viviente en la pequeña plaza.

—¿Qué pasa?

Maurice me mira y sonríe.

—Que se han marchado.

Fue así de sencillo, tan sencillo que me sentí casi decepcionado. Yo me esperaba más espectáculo, más alboroto. Yo creía que las guerras y las persecuciones terminaban como una ópera, con gestos, brazos levantados, posturas espléndidas... bueno, pues nada de nada.

Una hermosa mañana de verano, me apoyé en la ventana, y todo había terminado, era libre, ya no intentarían matarme, podría volver a mi casa, tomar trenes, andar por la calle, reír, tocar timbres, jugar a las canicas en el patio de la calle Ferdinand-Flocon, pero esto ya no lo encontraría divertido. No, pensándolo bien, ya no lo encontraría divertido. Desde hacía varios meses, yo era el que llevaba la librería, y después de todo resultaba más divertido que todo lo demás.

Bajé y los dos fuimos al pueblo. Había un tropel de gente delante de la panadería: jóvenes en bicicleta, brazales F.F.I. y pequeñas pistolas en la mano. Conocía algunos de ellos. Pero éstos no eran de verdad, habían surgido de repente, precisamente el día que los otros se habían marchado hacia el norte.

Además las calles están llenas de banderas que adornan las ventanas: francesas, inglesas, americanas. Americanas, pocas, porque hacer cuarenta y ocho estrellas es un trabajo de chino, pero algunas había. La gente se abrazaba en el Cheval Blanc y en el Commerce, y yo estaba loco de alegría porque había logrado salir con vida, y porque esta mañana no tenía que repartir periódicos. No llegarían hasta el día siguiente, y ya no eran los mismos: *Les Allobroges*, *Le Dauphiné Libéré*, y otros. Los vendía a cientos, la gente corría hacia mí, me lanzaba monedas, sin esperar el cambio, y yo iba llenando la caja. Fue como un torbellino del que hoy me cuesta recordar imágenes concretas. Veo sobre todo el rostro lívido de Ambroise Mancelier apoyado contra el papel con flores de la sala de estar, y todo el mundo a su alrededor, Mouron hijo el primero, y éste le agarraba la barbilla con el puño. Había llegado la hora de pasar cuentas, por la tarde pasaron tres chicas en medio de dos filas de F.F.I., tenían la cabeza rapada y les habían pintado cruces gamadas en la cara, también decían que habían fusilado al hijo de una vecina, le habían encontrado cuando intentaba esconder su uniforme de miliciano. Y ahora le tocaba al viejo petainista.

La primera bofetada restalló como un disparo de gran calibre.

Yo acababa de llegar en aquel momento, vi cómo la cabeza de Mancelier rebotaba contra la pared, y cuando vi sus viejos labios, a los que yo había oído tantas idioteces, echarse a temblar, me abrí paso hasta Mouron.

—Déjalo, después de todo me tuvo escondido durante mucho tiempo, y hubiese podido costarle caro esconder a un judío.

El número salió bien, y todo el mundo se quedó en silencio. Pero Mouron volvió al ataque.

—Muy bien, eres judío, de acuerdo, pero ¿acaso lo sabía este pedazo de animal?

Yo vuelvo la vista hacia el viejo, que me mira con ojos extraviados. No, si ya sé lo que piensas, aún tengo el oído todas tus palabras: «los cerdos judíos», «la chusma hebrea», «habría que hacer una buena limpieza», «cuando hayan eliminado a la mitad, eso dará que pensar a la otra mitad».

Bueno, pues ya lo ves, tenías a un judío en casa, y además de los de veras, y lo bueno del caso es que un judío va a salvarte la vida.

—¡Pues claro que lo sabía!

Mouron no da su brazo a torcer.

—Pero esto no quiere decir que no sea un «collabo», y que nos ha hecho la puñeta todo lo que ha podido con su...

Alguien le interrumpe.

—Sí, pero a lo mejor es que lo hacía para proteger a Joseph...

Yo me voy. Si discuten es buena señal, es que no van a matarlo. No lo mataron, se lo llevaron a la cárcel de Annecy junto con su mujer. Cuando subió al camión estaba temblando de pies a cabeza, pero yo solo podía saber la causa de su temblor. Deber la piel a un judío después de haber aplaudido a Henriot todas las noches durante cuatro años, era una de las cosas que no podía digerir.

Lo mejor de la historia es que me he convertido en patrón de la librería, me dan ganas de borrar «Librería Mancelier» y poner mi nombre en su lugar, sería lo justo.

¡Y es que hay tantos periódicos ahora! Cada día salen otros nuevos, todas las hojas clandestinas salen a la luz del día, y la gente quiere saber cómo andan las cosas, me he convertido en un personaje más importante que el alcalde, más que el panadero, soy el gran repartidor de noticias del mundo, ¡un cometido de la mayor importancia! Trabajo jornadas de quince horas y más, la caja está rebosante, el dinero irá a los herederos Mancelier, pero de momento yo soy el responsable, y no hay que dormirse sobre los laureles.

Y de golpe, un buen día, en todos mis diarios, unas letras enormes, que ocupan toda la página, unas letras que nunca hubiera podido creer que existieran en las imprentas:

PARÍS LIBERADO

Fue una mañana temprano, vuelvo a ver el camión que se aleja; en el pueblo todo duerme aún, tengo unos paquetes mal atados que repiten todos lo mismo, y me siento en la acera delante de lo que ya es mi tienda.

El agua corre por el arroyo bajo mis piernas... es el Sena.

Cerca de mi talón izquierdo, este montoncito de tierra, esta colina, es Montmartre, detrás, junto a la ramita, está la calle Clignancourt, y ahí, en el preciso lugar donde empieza el musgo, está mi casa.

El letrero «comercio judío» ha desaparecido, ya no

volverá a aparecer jamás, van a abrir las ventanas de encima de la peluquería, van a salir las primeras bicicletas, abajo debe de haber ya un rumor que va subiendo, que se encarama por encima de los tejados.

Me pongo en pie, me lanzo a la escalera y llego a mi cuarto. Debajo de la cama está el morral, y sé que ésta es la última vez que lo cojo.

No hay duda de que me costará trabajo encontrar un tren, y mucho más poder subir en él, pero nada puede detenerme.

Nada puede detenerme.

Éste es un tipo de frase que nunca hay que decir, ni siquiera pensar.

De la librería a la estación no hay mucha distancia, sin duda menos de un kilómetro, es paseo recto, umbroso, con bancos macizos en los que nunca se sienta nadie, y que en otoño se cubren de hojas muertas.

Yo iba al trote, silbando, me parecía que al final del camino iba a toparme con el metro Marcadet-Poissonier.

Pero no fue esto lo que me encontré.

Llegaron los tres, con el brazal al bíceps, el cinturón un poco flojo, como si hubieran visto la última película del Oeste. Uno de ellos llevaba un pañuelo al cuello anudado como un legionario y botas de caza, y los fusiles en bandolera, tres máusers alemanes, los fusiles más antipáticos que jamás hayan existido.

—¡Eh, tú! Ven acá.

Yo me detengo estupefacto.

—Media vuelta, chaval.

No los conozco, nunca los vi antes en el pueblo, deben de ser de otros maquis, y en todo caso no parecen estar para bromas.

—¡Pero bueno! ¿Qué es lo que pasa?

El hombre del pañuelo se ajusta la correa del fusil y me señala el lugar de donde vengo. Yo obedezco.

Esta sí que es buena. Me detiene la Gestapo, me persiguen durante toda la guerra, y ahora me cogen unos resistentes franceses el día de la liberación de París.

—¡Vosotros estáis chalados! ¿Me tomáis por un S.S. disfrazado, o qué?

No contestan. Tozudos, los F.F.I. del sector, pero eso no va a quedar así, van a oírme, y entonces...

Otra vez en la plaza. Ahora hay gente delante de la tienda, sobre todo hombres con cazadora de cuero, armados todos, hay uno muy joven al que llaman «mi capitán», y más lejos un grupo con mapas del Estado Mayor en el capó de una camioneta.

Uno de mis guardianes da un taconazo ante un hombre flacucho vestido de paisano.

—Aquí tiene, mi comandante, lo hemos atrapado.

Esto sí que me deja de piedra, ahora me cazan a mí como a los colaboracionistas.

El flacucho me mira, tiene una ceja más alta que otra.

—¿Adónde ibas?

—¡Pues a París!

—¿Por qué a París?

—Porque allí vivo.

—¿E ibas a dejar todo eso aquí?

Con un ademán de la mano barre los montones de periódicos y la librería.

—¡Pues claro que iba a dejar todo eso aquí!

Me mira fijamente y sus cejas se ponen al mismo nivel.

—Me parece que no comprendes bien la situación.

Con un gesto me hace entrar en la librería.

Otros nos siguen y se instalan, no sé si lo hacen para impresionarme, o es que han adquirido la costumbre últimamente; el caso es que se sientan en fila detrás de la mesa grande, con el coronel en el centro.

Yo estoy al otro lado, como un acusado ante sus jueces.

—No has entendido la situación —prosigue el coronel— tú eres el responsable de la circulación de las noticias en el pueblo, y debes seguir en tu puesto, porque aún estamos en guerra, y tu misión es parecida a la de un soldado que...

—¿No quieren que vuelva a París?

Se ha quedado un poco cortado, pero se recupera en seguida. Simplemente pronuncia:

—No.

Yo no me inmuto. Amigo, los tíos de la Gestapo no lograron echarme el guante, así que no serás tú quien me asuste.

—Muy bien, pues entonces fusiladme.

Al gordo del extremo de la fila se le cae la colilla de la boca.

Esta vez el coronel no encuentra respuesta.

—Hace tres años que me marché de mi casa, que estamos todos separados, y hoy que puedo volver, volveré, y vosotros no me lo impediréis.

El coronel pone las palmas de la mano sobre la mesa.

—¿Cómo te llamas?

—Joseph Joffo, soy judío.

Respira ligeramente, como si temiera lastimarse los pulmones respirando demasiado profundamente.

—¿Tienes noticias de tu familia?

—Voy a París por ellas.

Se miran.

El gordo golpea la mesa con el índice.

—Oye, no podrías quedarte un poco para...

—No.

Se abre la puerta. A éste le conozco, es el señor Jean.

Sonríe. Tenía yo razón al pensar que era mejor ser amigo suyo, ahora va a probarlo.

—Conozco a este muchacho, nos hizo algunos servicios. ¿Qué ocurre?

El coronel se sienta, en el fondo parece simpático, si no fuera por las cejas que le dan un aspecto un tanto diabólico, sería el tipo perfecto del papá de familia.

Levanta la cabeza.

—Quiere volver a su casa, y como es lógico, esto plantea problemas para la librería.

El señor Jean me pone las manos en los hombros como la primera vez que nos vimos.

—¿Quieres marcharte?

Yo le miro.

—Sí.

Desde este momento sé que he ganado la partida. Mis jueces no ponen ya cara de juez. Ha sido el alivio lo que me ha hecho saltar las lágrimas, han llegado a traición, como para ponerme en ridículo.

Es difícil impedirles que caigan.

Me puse de nuevo en camino, ellos eran quince acompañándome, el malo de antes, el del pañuelo, me llevaba el morral, me dolía la espalda de tantas palmadas.

—¿Quieres un bocadillo para el tren?

—¿Crees que encontrarás asiento?

—Dale un beso de mi parte a la Torre Eiffel.

Me dejaron un poco antes de llegar, porque llegó un camión con otros maquis y los acompañaron. Dije adiós una vez más y empujé la puerta de acceso al andén.

En el andén había diez millones de personas.

¿Y Maurice?

Antes de irme hacia la estación fui a verle, su patrón no le dejó marchar. Qué manía. Pero no hay que preocuparse, se las arreglará bien, le conozco.

En los libros que he leído más tarde, he visto que los escritores suelen decir que la multitud «bulle». En el andén de R. la multitud no bullía, no había suficiente espacio para ello. Había una masa densa, comprimida, hasta el mismo borde del andén. ¿De dónde venía toda esta gente?

Seguramente de todos los rincones del departamento, o de otros departamentos. También ellos debían haber estado escondidos y ahora volvían a la capital con bultos, cajas; en París no debía haber nada que comer, llevaban sacos de harina, cestos repletos de carne, gallinas atadas por las patas, un éxodo completo pero al revés.

—No cabremos todos.

Me vuelvo.

La que ha hablado es la señora que está detrás de mí, le tiembla la barbilla, en ella tiene dos largos pelos que también tiemblan un poco. Respira muy fuerte, lleva una bolsa bajo el brazo y una enorme maleta atada con cordeles que crujen como una manzana en el horno, una auténtica catástrofe en potencia.

Me pongo de puntillas y logro ver al jefe de estación que escala montañas de paquetes, un trabajo de alpinista.

Hay oleadas, y los que están al borde del andén arquean la espalda para no caer a las vías.

Oigo lo que hablan a mi alrededor, el tren lleva retraso, una hora ya, y eso no es todo, hay líneas que aún no están reparadas.

Lo esencial es acercarse lo más posible, y yo tengo una ventaja sobre toda esta gente, es que soy pequeño.

—¡Aaaay!

He pisado un pie, su dueño me agarra por el morral y abre una boca como un túnel, pero yo soy más rápido.

—Discúlpeme, mi hermanito pequeño está allí y van a aplastarlo.

El tío gruñe y realiza la hazaña de desplazarse cinco

centímetros, lo cual me permite a mí avanzar veinte. Ante mí hay una muralla de baúles superpuestos.

Tiro el morral por encima de ellos y los escalo como un alpinista. Ahora estoy encima, veo a mis miles de cabezas, parece como si fuera a dar un discurso.

—¡Eh, mocoso! ¡Bájate de ahí!

—Mi hermanito pequeño está ahí, y...

Pongo voz suave, voz de parvulito. Ello me permite bajar por la otra vertiente del obstáculo. Hay que adaptarse al terreno: avanzo a gatas entre dos pares de nalgas. Las de la derecha parece que no han sufrido restricciones. Me inclino hada la izquierda. Oh milagro: hay un hueco entre dos piernas, me deslizo, me arrastro en diagonal, y ¿quién es el que está ahora en primera fila? Jo Joffo.

Imposible sentarse, no podría volver a levantarme o moriría asfixiado. Me da miedo sólo pensar en la avalancha que se producirá cuando llegue el tren. Hay una señora a mi lado. Sería más justo decir contra mi. Lleva unos altísimos tacones de madera, y un gran bolso, va muy bien peinada, se ha puesto guapa y la oigo que no cesa de gemir suavemente. Intenta sonreírme tristemente.

—Ojalá no dure mucho.

Estuvimos esperando dos horas y media.

Lo más malo son las rodillas, es como si dos placas de madera se te pegaran delante y detrás de la rótula, y van apretando, primero suavemente, y al fin con una fuerza terrible.

Entonces uno levanta una pierna, pero a la que queda en el suelo empiezan a darle calambres al cabo de diez segundos, entonces uno cambia de pierna, y resulta una danza primitiva y lenta, como osos pesados y balanceantes que...

—Ahí está.

El rumor ha corrido como un murmullo, y se produce una especie de ola de movimientos, las manos agarran las asas de las maletas, los dedos se aprietan sobre las correas de las mochilas, la gente se reagrupa, y todos los objetos se apretujan alrededor de su propietario.

Me asomo un poco, no mucho, no sea que me caiga a la vía.

Sí, ya lo veo, la locomotora avanza muy lenta, sin lanzar humo al cielo de la mañana, hasta ahora no me había dado cuenta del magnífico día que hace.

Me echo hacia atrás, paso por debajo de la correa del morral y espero crispado, con todos los músculos doloridos. Jo, amigo, si quieres volver a casita, será mejor que te des prisa.

El tren.

Rebosante de gente.

Racimos de cuerpos parecen a punto de caerse por las puertas. Esto va a ser espantoso. Siento ya el empuje detrás de mí. Avanzo insensiblemente a pesar de mi resistencia, rozo con el vientre los estribos que van desfilando.

—¡Eh, un poco de cuidado!

Se oyen gritos, algún paquete debe haber caído bajo las ruedas, pero yo no vuelvo la cabeza, un segundo de distracción y estoy perdido.

Con un chirrido de los frenos que parece que va a romper las vías, el tren se detiene.

Las puertas se abren por sí mismas, y de forma brutal me siento aspirado por una bomba, hay dos tíos delante de mí, me lanzo como un obús y paso a uno, un empujón con los riñones y logro colocar medio zapato en el estribo. Aprieta los dientes, Jo; empujo como un condenado todo lo que se me pone por delante, y por detrás me empujan por la espalda. Van a romperme los omoplatos.

Me siento el pecho como en una prensa, el aire no entra, me desprendo de un tirón y ahí está el muro, he entrado por donde no debía: hay un tío enorme, un hércules, los músculos se le contraen bajo la ropa, es el tipazo más grande que he visto en mi vida, sube un escalón, dos, empuja, entra, y ya no se mueve, ocupa la puerta entera.

Detrás hay gritos, sollozos de mujer.

Veo la mano del forzudo que busca la puerta a tientas para cerrarla detrás de él. Estoy en el segundo estribo, y este bestia no me dejará los diez centímetros que me faltan para entrar. Veo su mano, un paquete de músculos que va a cerrarse, y entonces, de un violento golpe de trasero me empuja hacia atrás con todas sus fuerzas, haciendo retroceder al mismo tiempo a la masa que me asfixia.

Yo doy un brinco con furia, adelanto la cabeza, y ñac, con toda la fuerza de mis mandíbulas muerdo salvajemente en la carne de la mano.

El tío da un aullido, se vuelve un poco, y yo me lanzo por el hueco que deja como un jugador de rugby. Estoy en posición completamente horizontal, oigo como la puerta se cierra tras de mí, tengo la cabeza sobre el antebrazo de alguien, el resto del cuerpo sobre un montón de maletas y los pies me salen por la puerta.

Necesitaré treinta kilómetros largos para recuperar la posición vertical.

El gordo al que he mordido me mira con cara de pocos amigos, pero no dice nada, más vale que lo haga, su golpe de trasero ha sido una canallada, y él debe saberlo. Y por lo demás, qué importa, el tren avanza, despacito, pero avanza, y cada vuelta de las ruedas me acerca, ahora sé que llegaremos: esta noche, mañana, dentro de ocho días, estaré en mi casa.

Mientras que yo me hundía en el compartimento como un clavo en un madero, el gran Maurice no se había quedado mano sobre mano. El chico siempre tuvo unos gustos muy definidos.

El asunto salió a pedir de boca. Un amigo de su patrón. Un coche, pero sin gasolina. Maurice se apresura a hablar con él: si le proporciona una plaza, él pondrá la gasolina. Baja a la bodega como un torbellino, encuentra una botella de coñac anejo, y llena otras diecinueve de té ligero para que dé el color. Da a probar la primera al primer sargento, y le ofrece otras diecinueve a cambio de cinco bidones de gasolina, lo suficiente para el trayecto R.-París.

Maurice recoge sus cosas y se acerca a su patrón con la mano tendida, con el doble objetivo de decirle adiós y de cobrar. No hubo nada que hacer. Entonces vino lo de los quesos *reblochons*.

En París, la gente pasa hambre, o casi hambre, y estos quesos representan una mina de oro. Maurice protesta porque no le pagan, tiene un pagaré, pero piensa en algo mejor.

—Si usted quiere —dice Maurice— me llevo algunos *reblochons*, los vendo en París, y le mando el dinero.

El patrón comprende el negocio. No se fía demasiado, pero vale la pena probar suerte. Este muchacho nunca fue listo, él siempre encontró el modo de no pagarle, un buen bocadillo de *rillettes* para merendar, y una palmada afectuosa en la espalda.

—Aquí estás bien, Maurice ¿no es verdad? No puedes quejarte, y además estamos en guerra, los tiempos están difíciles para todos, aquí tú comes todo lo que quieres, y además no puedo pagarte como a León que tiene diecisiete años, y hace el doble de bulto que tú...

Por fin, toma una decisión.

—Estoy de acuerdo en lo del queso.

A continuación vino una larga serie de recomendaciones a propósito de precios, plazos, precauciones, etcétera.

Y así fue como, con veinte botellas vacías, dos cajas de té, y una botella de coñac, Maurice Joffo llegó a la capital, suntuosamente sentado en la parte trasera de un coche ligeramente traqueteante, con la cabeza apoyada en una almohada de queso, que revendió a lo largo de la semana siguiente, y del que su legítimo dueño nunca jamás volvió a oír hablar. Lo cual fue absolutamente justo.

«Marcadet-Poissoniers.»

Tres años antes tomé el metro hacia la estación de Austerlitz una hermosa tarde, y hoy vuelvo.

La calle es la misma, el cielo metálico de siempre por entre los canalones de los tejados, y este olor que flota y que es el olor de París por la mañana, cuando el viento agita las hojas de los escasos árboles.

Llevo el morral de siempre, pero lo llevo con más facilidad, he crecido.

La abuela Epstein ya no está. La silla de anea también ha desaparecido de la puerta. El restaurante Goldenberg está cerrado. ¿Cuántos hemos vuelto?

«Joffo. Peluquería.»

Las mismas letras bien escritas, con trazos gruesos.

A pesar de los reflejos, detrás de la vitrina veo a Albert, está trabajando.

Detrás de él mamá está barriendo.

También veo que papá no está ahí, y comprendo que ya no estará nunca más... Se terminaron las hermosas historias contadas por la noche a la luz verde de la pantalla.

Finalmente, Hitler habrá sido más cruel que el zar.

Henri me mira, veo que mueve los labios, Albert y mamá se vuelven hacia la calle y dicen palabras que no puedo oír a través del cristal.

Me veo reflejado en la vitrina, con el morral a cuestas.

Es cierto, he crecido.

Epílogo

Y colorín colorado...

Ahora tengo cuarenta y dos años, y tres hijos.

Miro a mi hijo como mi padre me miraba a mí hace treinta años, y se me ocurre una pregunta, puede que tonta, como muchas preguntas.

¿Por qué he escrito este libro?

Es evidente que esta pregunta tendría que habérmela hecho antes de empezar, habría sido más lógico, pero a menudo las cosas no ocurren de manera lógica. El libro salió de mí como algo natural, tal vez me era necesario. Pienso que él lo leerá más adelante, y con esto me basta. Lo rechazará, lo considerará un montón de recuerdos archisabidos, o al contrario, le dará que pensar, pero le tocará a él entrar en juego. En todo caso, me imagino que esta noche, en el momento en que va a entrar en su habitación, al lado de la mía, me veo obligado a decirle: «Hijo, toma el morral, aquí tienes 50.000 francos (antiguos) y ahora tienes que marcharte». Me ocurrió a mí, le ocurrió a mi padre, y me invade una alegría sin límites al pensar que a él no le ocurrirá.

El mundo ¿irá mejor?

Hay un anciano al que yo admiro mucho: Einstein.

Escribió cosas muy sabias, y dijo que entre cinco minutos pasados sobre la plancha roja de un fogón y cinco minutos en los brazos de una muchacha hermosa, existía, a pesar de la igualdad de tiempo, el intervalo que separa el segundo de la eternidad.

Mientras miro cómo duerme mi hijo, sólo puedo desearle una cosa: que jamás conozca el tiempo del sufrimiento y el miedo como lo viví yo durante aquellos años.

Pero, ¿por qué temer? Estas cosas no volverán a producirse más, nunca jamás.

Los morrales están en el desván, y allí seguirán para siempre. Tal vez...

Papel certificado por el Forest Stewardship Council®